授業改革 実践講座❷

考える力を高める

国語科の授業づくり

～「主体的・対話的で深い学び」の実現に向けて～

◉編著

東京学芸大学　准教授

中村和弘

東京学芸大学附属小金井小学校　教諭

大塚健太郎

前田　元

成家雅史

高須みどり

土屋晴裕

今村　行

西川義浩

文溪堂

まえがき

～考える力を高める国語科の授業づくりに向けて～

平成29年版の学習指導要領では、思考力・判断力・表現力等の育成がうたわれ、「A話すこと・聞くこと」「B書くこと」「C読むこと」のすべての領域において、「考えの形成」に関する指導事項が位置づけられています。

言語活動には、話すこと、聞くこと、書くこと、読むことがありますが、これらの活動が行われている時には、同時に頭の中で「考える」ということも行われています。

書くことの活動を例にすれば、「自分の考えが明確になるように構成を考える」「自分の考えが伝わるように書き表し方を工夫する」などのように、「書く」能力と「考える・判断する」能力は連動しながら働いています。

本質的に言葉を学ぶということは、考えるということと切り離せません。

考えることを通して言葉が学ばれるし、言葉を学ぶことを通して考えるという、コインの表と裏のような関係にあります。

これまでも、各教科等の学習では言語活動を重視し、その充実を図ってきました。引き続き、資料1にあるように「知識・技能」「思考力・判断力・表現力等」「学びに向かう力・人間性等」の資質・能力を育み、「主体的・対話的で深い学び」の視点から授業改善を進めていくことが求められています。そのためには、より一層「考える」ことを大切にして言語活動の充実を図り、すべての教科等の学習の基盤である言語能力を向上させることが必要です。

資料１

【「主体的・対話的で深い学び」の実現に向けた授業改善】

　中央教育審議会答申において、以下の三つの視点に立った授業改善を行うことが示されている。

① 学ぶことに興味や関心を持ち、自己のキャリア形成の方向性と関連付けながら、見通しをもって粘り強く取り組み、自己の学習活動を振り返って次につなげる「主体的な学び」が実現できているかという視点。

② 子供同士の協働、教職員や地域の人との対話、先哲の考え方を手掛かりに考えること等を通じ、自己の考えを広げ深める「対話的な学び」が実現できているかという視点。

③ 習得・活用・探究という学びの過程の中で、各教科等の特質に応じた「見方・考え方」を働かせながら、知識を相互に関連付けてより深く理解したり、情報を精査して考えを形成したり、問題を見いだして解決策を考えたり、思いや考えを基に創造したりすることに向かう「深い学び」が実現できているかという視点。

小学校学習指導要領（平成29年告示）解説「総則」より

言語能力を資質・能力の３つの柱に照らせば、以下のように考えることができる。

ｉ）知識・技能

　学習内容は、その多くが言葉によって表現されており、新たな知識の習得は基本的に言葉を通じてなされている。また、言葉を使って、知識と知識の間のつながりを捉えて構造化することが、生涯にわたって活用できる概念の理解につながる。

　具体的な体験が必要となる技能についても、その習熟・熟達のために必要な要点等は、言葉を通じて伝えられ理解されることも多い。

ⅱ）思考力・判断力・表現力等

　教科等の特質に応じ育まれる「見方・考え方」を働かせながら、思考・判断・表現するプロセスにおいては、情報を読み取って吟味したり、既存の知識と関連付けながら自分の考えを構築したり、目的に応じて表現したりすることになるが、いずれにおいても言葉が重要な役割を果たしている。

ⅲ）学びに向かう力・人間性等

　子供自身が、自分の心理や感情を意識し統制していく力や、自らの思考のプロセスを客観的に捉える力（いわゆる「メタ認知」）の獲得は、他者からの言語による働き掛けや思考のプロセスの言語化を通じて行われる。また、言葉を通じて他者とコミュニケーションを取り、互いの存在について理解を深めていくことにより、思いやりや協調性などを育むことができる。

「言語能力の向上に関する特別チームにおける審議の取りまとめ」より

左の資料2は、中央教育審議会の「言語能力の向上に関する特別チーム」での審議の取りまとめで示された、言語能力を構成する資質・能力が働く過程のイメージです。Ⓐの「認識から思考へ」という過程の中で、テクスト（情報）を理解する力が働いています。また、Ⓑの「思考から表現へ」という過程の中で、文章や発話によって表現する力が働いています。そして、理解と表現という、このインプットとアウトプットの往還を、言語能力が支えています。

Ⓐのインプットする過程では、テクスト（情報）の構造と内容を把握し、精査・解釈し、考えを形成する力が「認識から思考へ」という流れで図示されています。この流れは常に一方向のものではありません。考えを形成しながら、文章を精査・解釈し直したり、構造と内容を把握し直したりするなど行きつ戻りつするものです。

Ⓑのアウトプットする過程では、文章や発話によって表現する力が「思考から表現へ」という流れで示されています。「テーマ・内容の検討」、「構成・表現形式の検討」、「考えの形成・深化」は、表現する上で密接に関わり合っています。たとえば、表現する「テーマ・内容」に即して「考え」が深化すれば、より良く表現するための「構成・表現形式」も検討し直されることとなります。また、考えを形成・深化させ、より良い表現にするために、文章を推敲したり、発話を調整したりする力も重要になってきます。

子どもたちの場合も、誰に向けて、どんな場所で話すかによって、話し方をコントロールしようとします。どう話すかという試行錯誤の取り組み自体が、思考の連続なのです。そうだとすると、授業の中でも思考が働く場面をさまざまに設け、資質・能力を育むこうした過程を、意図的に工夫していく必要があります。

言語能力を構成する資質・能力が働く過程のイメージ

資料２

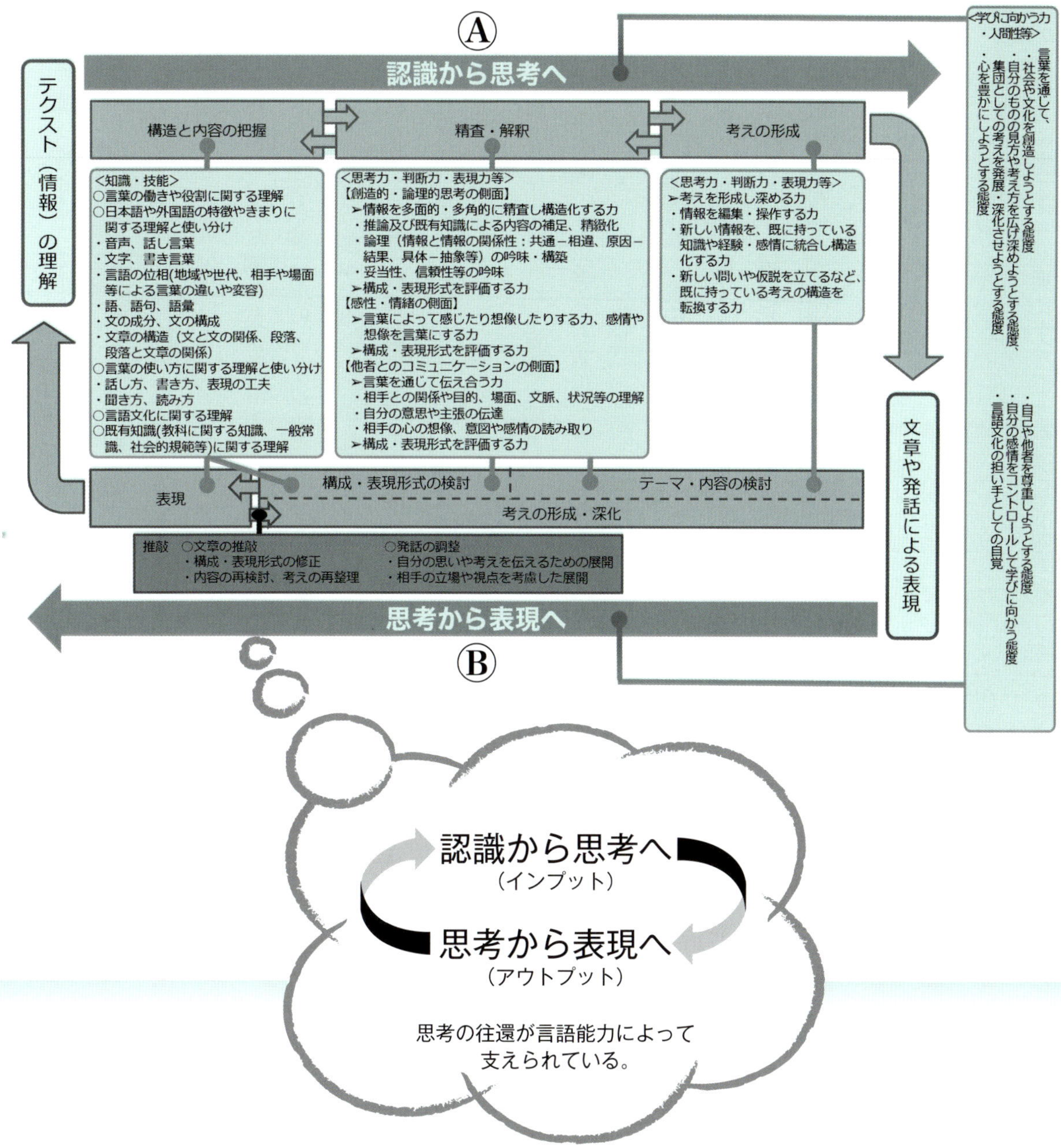

「新学習指導要領の国語科の授業では何が大切なのでしょうか」というご質問に、私は『考える力』を大事にしたい。子どもが頭をフル回転させて考える国語科の授業を工夫しましょう」とお話ししています。それは、前に述べたことを踏まえてのことです。

国語科の授業で、「どう読んだらいいのかな？」「どう話したらいいのかな？」という、インプットとアウトプットに関わる言語能力や思考力・判断力を高めることで、社会科の新聞を書くときにも「どう書いたらいいのかな？」と頭が働きます。理科の教科書で意味がわからないときに「どう調べたらいいのかな？」ということにもつながります。常にそうやって頭を回転させること。教科書の内容を学んでおしまいではなくて、その内容をどう学べばいいか、というところまで関わるような「考える力」を大事にしたいと思います。

前ページの資料2に示されている資質・能力は、それぞれが独立して育まれるものではなく、「認識から思考へ」、「思考から表現へ」という過程の中で、相互に関係し合いながら育成されていきます。

「認識から思考へ」、「思考から表現へ」、そしてまた、「認識から思考へ」。こうした循環を念頭におきながら、話す・聞く・書く・読むという言語活動を工夫したいと思います。考えることをベースにして、言語活動を通じて資質・能力が働く過程をさまざまに繰り返すことで、言語能力は向上していきます。

子どもたちは、学習を通して、調べたり観察したりして考えたことを、言葉にして書いたり話したりしていきます。そのインプットとアウトプットの過程で、「どのように言葉にしたらよいだろうか」「どのような言葉を使ったらいいだろうか」と、言葉やその使い方についても頭を働かせ、学びを深めていきます。

「考えながら言葉にする」「言葉にすることを通して考える」という言語活動の過程の工

夫は、思考・判断・表現を活性化させ、より「深い学び」を生み出します。

また、自分の考えや感想を言葉にして相手に伝え、同時に相手の意見などに触れることによって、自らの考えを広げる「対話的な学び」が成立します。

さらに、見通しをもって学習の進め方を考えたり、取り組んだ活動の過程を振り返ったりすることで、「主体的な学び」は促されます。

全ての教科等において、主体的・対話的で深い学びの実現に向けた授業改善を進めるためには、どうしても言葉を使って考えるということが不可欠です。それを、まず国語科の授業で、しっかり取り組んでいきたいと思うのです。

本書には、本学の附属小学校の先生方のご協力をいただきながら、「頭をフル回転させて考える国語科の授業づくり」に向けて、実際の教室で工夫された取り組みを収めました。

第1章では、子どもに寄り添い、試行錯誤を繰り返しながら読むことで、教師が子どもの考える力をどう高めていくかを詳細に紹介しています。

第2章では、学習指導要領の領域に沿って、「話すこと・聞くこと」、「書くこと」、「読むこと」と「考える」を関連づけた授業実践を2学年ずつ（1~6年全学年）収載しました。

第3章では、「国語で考える　言葉で考える」をテーマに、公立小学校のお立場から東京都昭島市立拝島第二小学校 校長の前田 元先生にお入りいただき、鋭い切り口からお話をいただきました。

また、本書では、授業改革実践講座①「学級担任のためのカリキュラム・マネジメント」に続き、今回も二つの年間指導計画を紹介しています。

子どもたちの学びの過程のさらなる質の向上に、本書がお役に立てば幸甚です。

中村　和弘

第3章

子どもたちが頭を
フル回転させる授業、うんと考える
授業は、どうやってつくるの？

のつくり方」

東京学芸大学附属
小金井小学校３年３組
担任：**大塚　健太郎**

before

当初の
学習指導計画
（全８時間）

第1次「モチモチの木」と出会う

①不思議なお話「モチモチの木」と出会い、
感想を交流する。

学習を構想する

②不思議を探る学習計画を立てる。

第2次　不思議なお話を楽しむ

③登場人物の様子を読む。
～豆太～

構造と内容の把握
精査・解釈

④登場人物の様子を読む。
～じさまと豆太の関係～

⑤不思議について語り合う。
～「モチモチの木」～

⑥「モチモチの木」と「白い花びら」を比べる。

第3次　空白のじさまの話を想像する

⑦空白のじさまの話を想像して書く。

考えの形成
共有
（振り返り）

⑧書いたお話を交流する。

after

今回紹介する
学習指導計画
（全９時間）

第1次「モチモチの木」と出会う

①不思議なお話「モチモチの木」と出会い、
感想を交流する。

学習を構想する

②不思議を探る学習計画を立てる。

第2次　不思議なお話を楽しむ

構造と内容の把握

③登場人物の様子を読む。
～豆太に関わる不思議～

④登場人物の様子を読む。
～豆太に関わる不思議・じさまに関わる不思議～

精査・解釈

⑤登場人物の様子を読む。
～じさまと豆太の関係～

⑥登場人物の様子を読む。
～じさまと豆太の関係～

考えの形成①

⑦登場人物の様子を読む。
～「モチモチの木」のひみつ～

第3次　空白のじさまの話を想像する

考えの形成②

⑧空白のじさまの話を想像して書く。

共有
（振り返り）

⑨書いたお話を交流する。

当初の予定は全８時間。実際の授業では全９時間で実施。
子どもの思考に寄り添った、行きつ戻りつのジグザグ型の
授業展開、思考の試行錯誤を大切にした授業記録を紹介する。

第1章「考える国語科授業

単元名　**「モチモチの木」のひみつをさぐろう**

教材名　**「モチモチの木」** 斎藤隆介　作

（光村図書「国語」平成27年度版3年下）

教材資料ｐ128〜129

単元目標

○知識及び技能（⑴言葉の特徴や使い方に関する事項　オ）

行動や様子、気持ちや性格を表す語句を意識して、場面展開や人物像や人間関係を読み取ることに活かす。

○思考力・判断力・表現力等（Ｃ　読むこと　エ）

モチモチの木の秘密を解き明かすために、豆太とじさまの気持ちの変化や性格、情景を、場面の移り変わりと結びつけて、具体的に想像する。

○学びに向かう力・人間性等

幅広い読書生活を送るために、テーマを選書に活かそうとする。

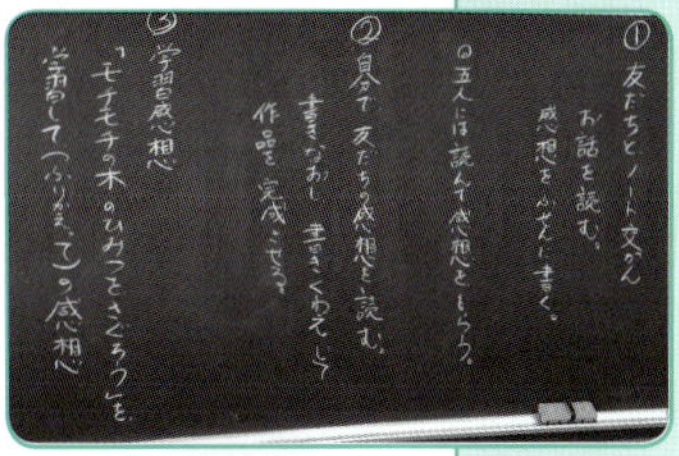
① 友だちとノート交かん
お話を読む。
感想をふせんに書く。
◎五人には読んで感想をもらう。
② 自分で友だちの感想を読む。
書きなおし　書きくわえをして
作品を完成させる。
③ 学習感想
「モチモチの木のひみつをさぐろう」を
学習して（ふりかえって）の感想

第1次「モチモチの木」と出会う

①不思議なお話「モチモチの木」と出会い、感想を交流する。

目標：初読の感想をもつ。

「モチモチの木」を読みます。みんな前の方に集まって聞こうか。

場面の区切りや人物の様子が想像しやすいように、立ち止まりながら読み聞かせを進める。

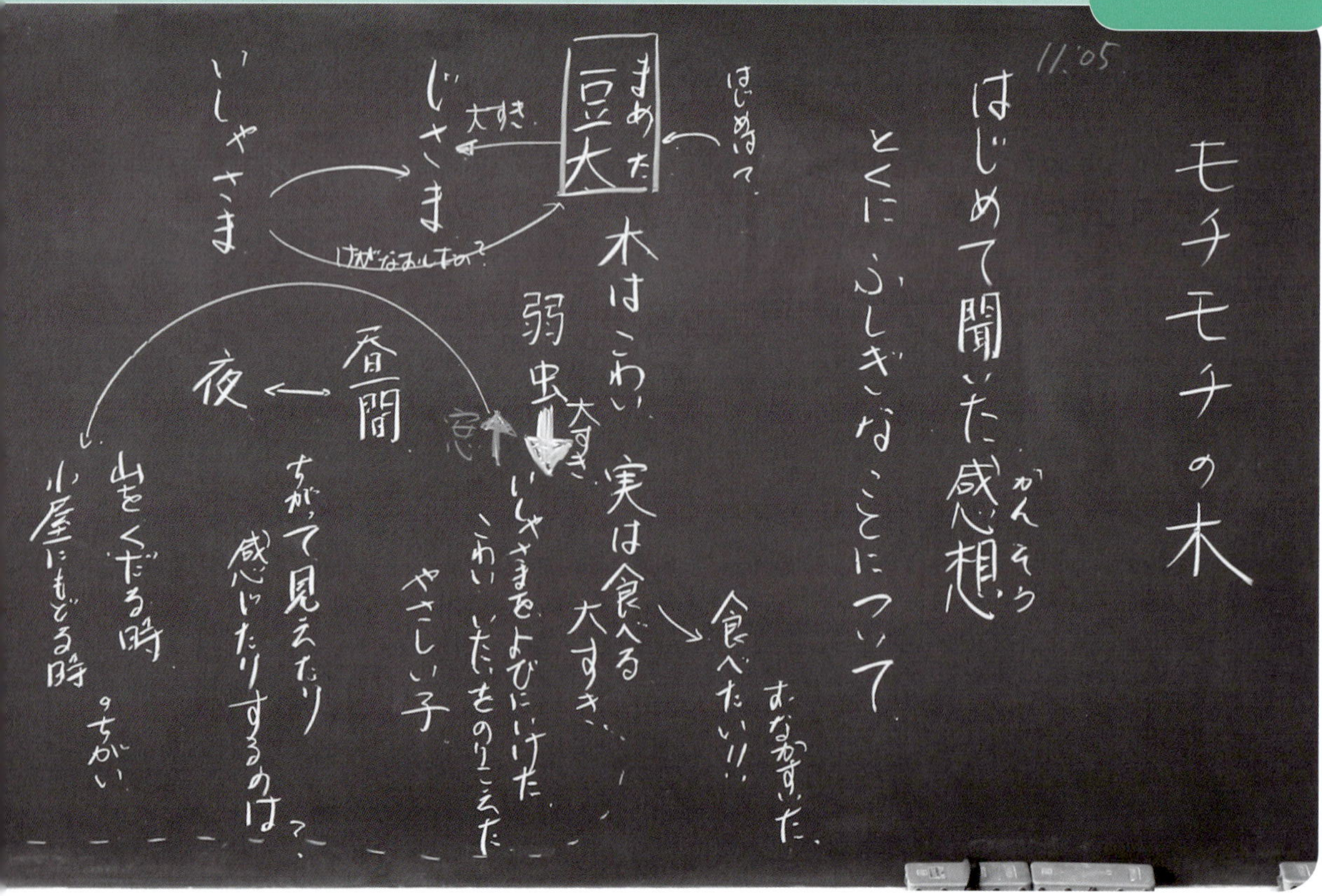

はじめて聞いた感想、とくに不思議だなと思ったことをノートに書こう。

自分の感じた「不思議」と友達の抱いた「不思議」。さまざまな不思議に学習意欲が高まる。

ポイント！

子どもたちが「モチモチの木」と出会う必然性：「不思議」をテーマに出会わせることで、学習への興味をもたせる。

たくさんの不思議で黒板が埋まっていく。

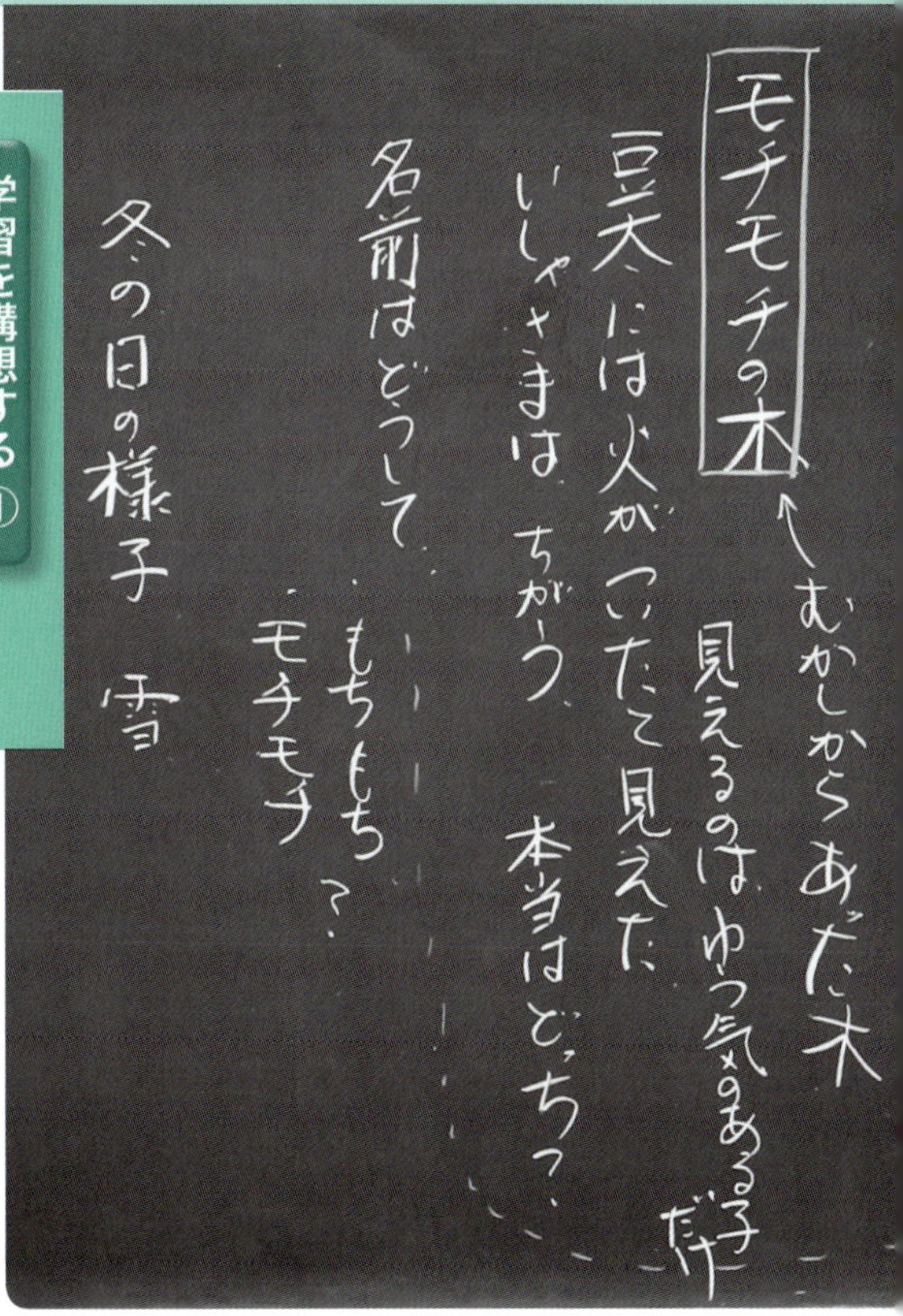

学習を構想する① 「出会いの演出」授業の流れ

第３学年文学的な文章第１教材である「白い花びら」（光村図書３年上）を学習した際、ファンタジーの不思議さを素直に楽しむことができる子たちが多くいた。また、新学期当初から、図書の時間から帰ると借りてきた本を熱心に読む姿や朝学習の時間に静かに読書に没頭する姿も見られた。そこで、その読書好きな子どもたちの本の世界を広げる意味も含めて、６月初旬から３学期教材である「モチモチの木」を続けて学習することを選択した。

「モチモチの木も不思議な灯がともるお話だよ。読んでみない？」と、教室の前に全員を集め、「モチモチの木」を読み聞かせた。

初読の感想をもち、感想を交流することで学習への意欲を高める。書きながら考えさせたり、友達の意見を聞いて考えさせたりしていく。

本時の評価：物語にどのような興味・関心をもっているか。（主体的に学習に取り組む態度）

第1次「モチモチの木」と出会う

②不思議を探る学習計画を立てる。

目標：クラスのみんなで解決すべき不思議を見いだし、学習計画を立てる。

前回の板書の写真を配布し、不思議なこと、追加したい感想などをまとめさせる。

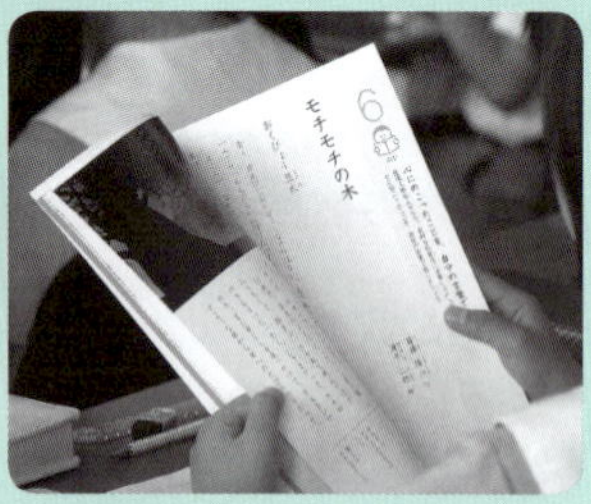

昨日先生が読んで聞かせた「モチモチの木」が教科書にあったので配ります。自分の目で読んでみてください。

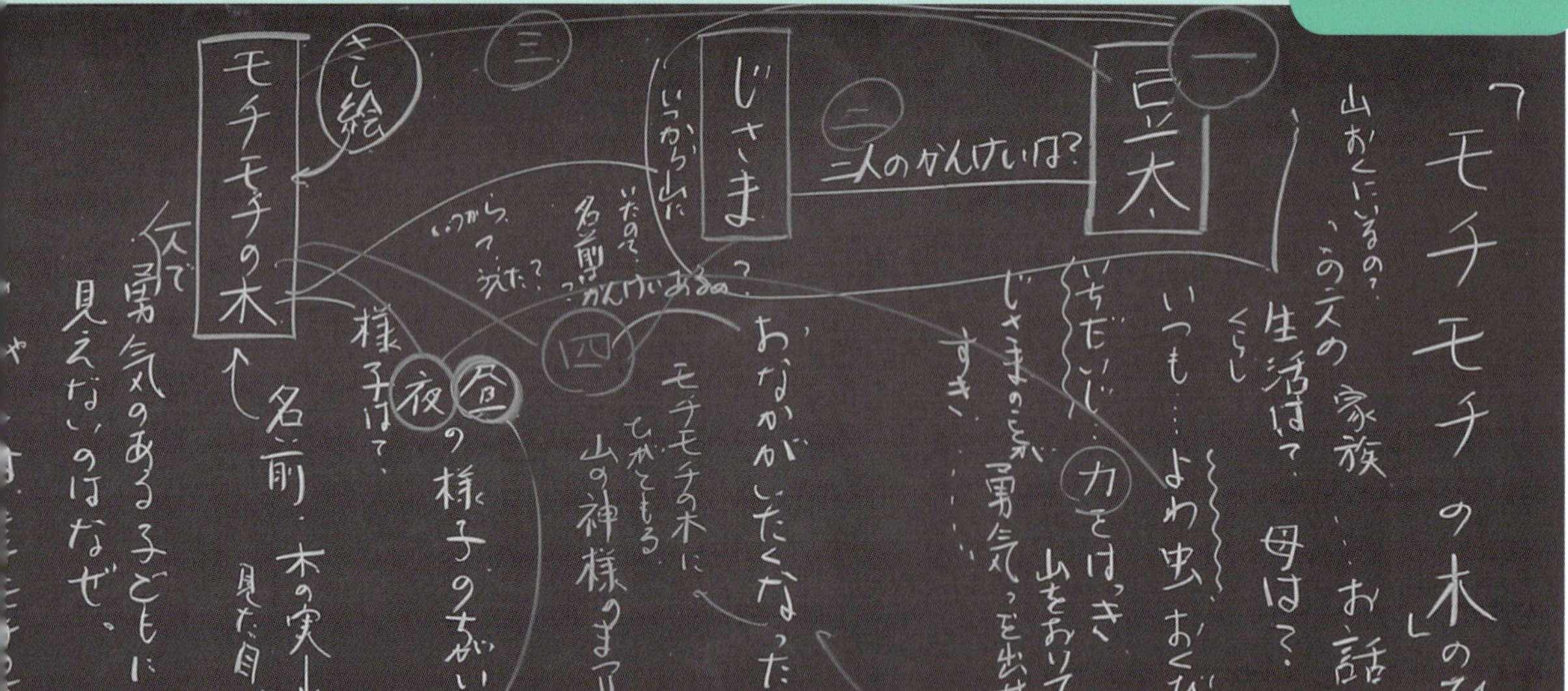

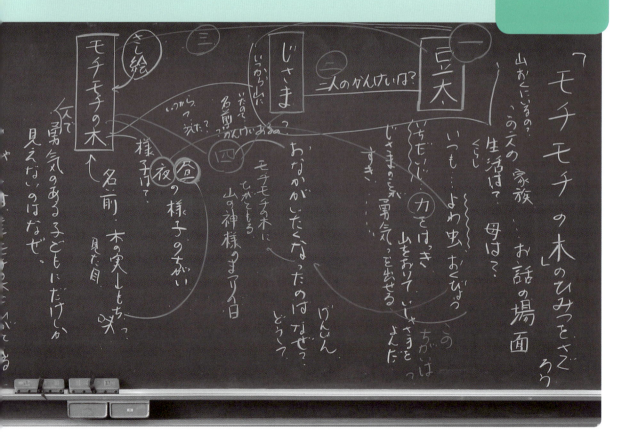

「みんなで解決するために必要な問題は何なのだろう」という教師の問いかけに「モチモチの木から考えたい！」と子どもたち。

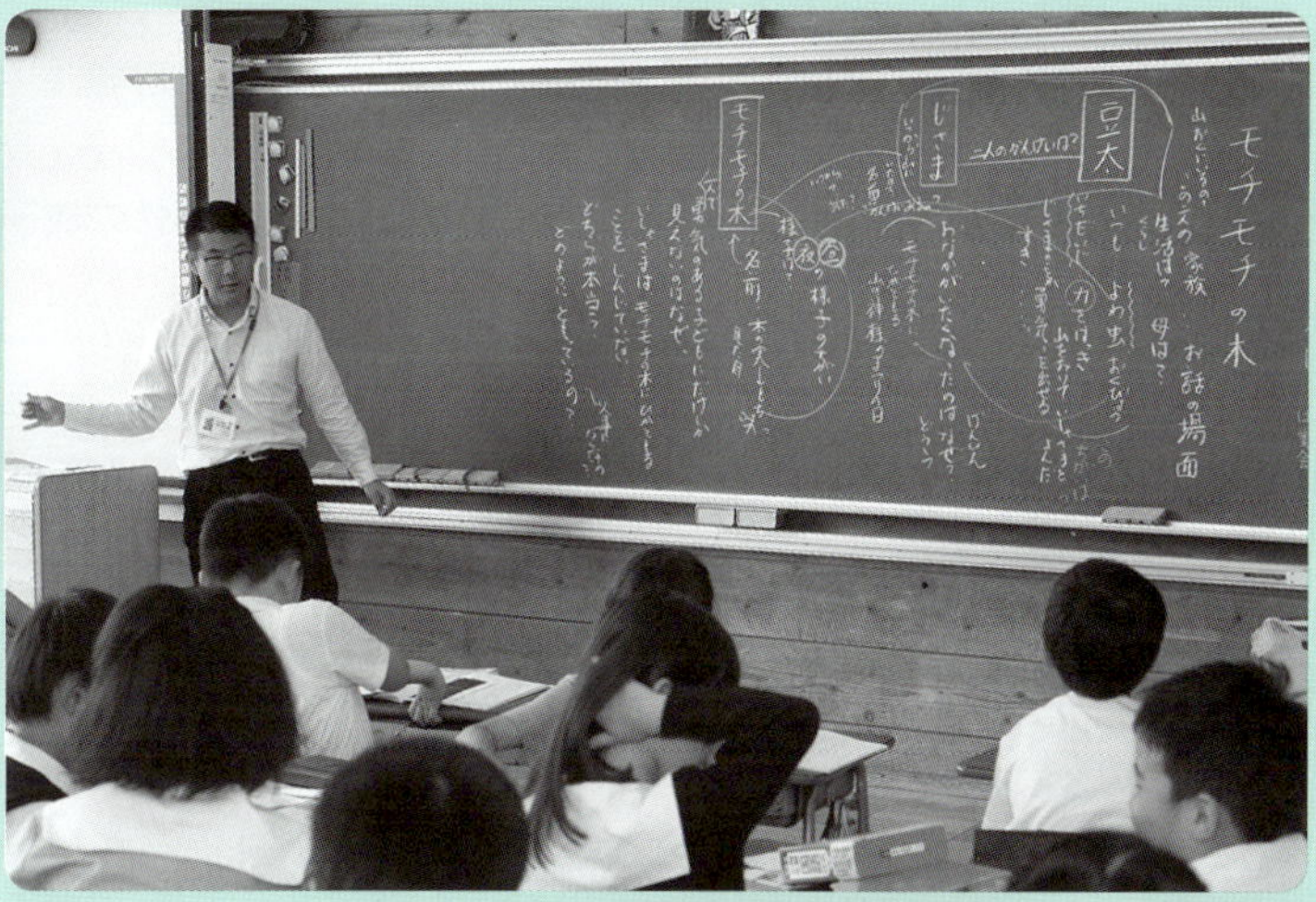

ポイント！

子どもが主体的に学ぶために、学習計画はクラス全員で考え、共有させる。ただし「モチモチの木から考えたい」という意見には、「それで大丈夫？　読めるかな？」と再考を促した。子どもに自由にさせる部分と教師が出るべきところがある。

学習を構想する②

「学習計画を立てる」授業の流れ

　実際に目で読んでみて、新たに不思議だと思ったこと、追加したいことをまとめさせる（黙読も含め15分。読後、前回の板書の写真を配布）。

　再読し気づいた不思議を口々に発表していく。前時の板書を参考にすることで発言が容易になる子も多く、あっという間に黒板が埋まった。

　板書をもとに「みんなで解決するため」の学習計画を立てる。まずは登場人物の様子を読む必要があることを思い起こさせ、右の学習計画が立った。

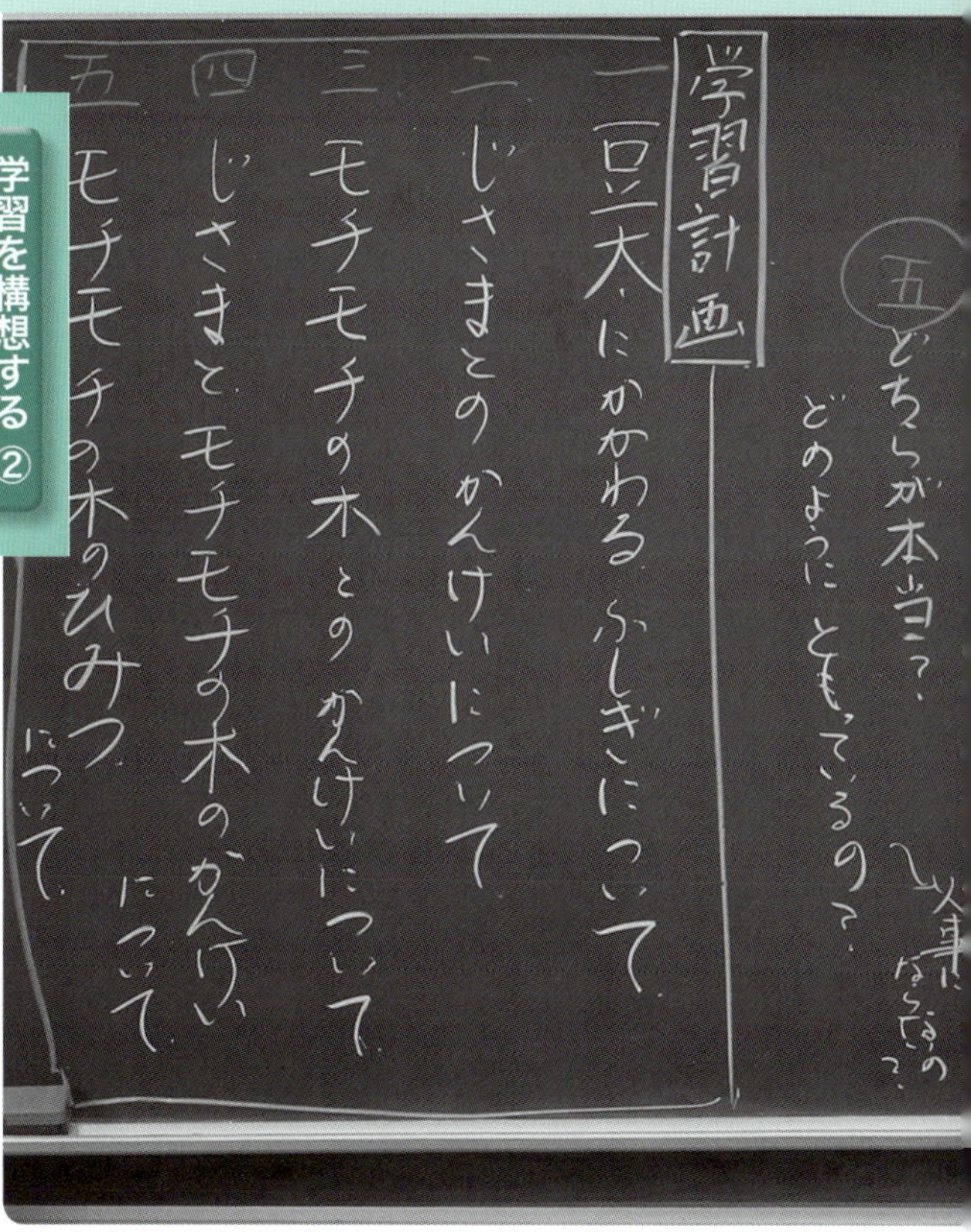

本時の評価：感想の交流や学習計画を立てるときに、積極的に取り組もうとしているか。（主体的に学習に取り組む態度）

第2次 不思議なお話を楽しむ

③登場人物の様子を読む。
～豆太に関わる不思議～

目標：豆太の「普段の様子」と「一大事のときの様子」を読み取る。

学習の手順に沿って、不思議を見つめていく子どもたち。「不思議が増えてきた」というつぶやきも。

前時の板書をモニターに表示。豆太に関わる不思議から考えることを確認して授業を始める。

教科書の本文を読んで、豆太のことが書かれているところを探す子どもたち。

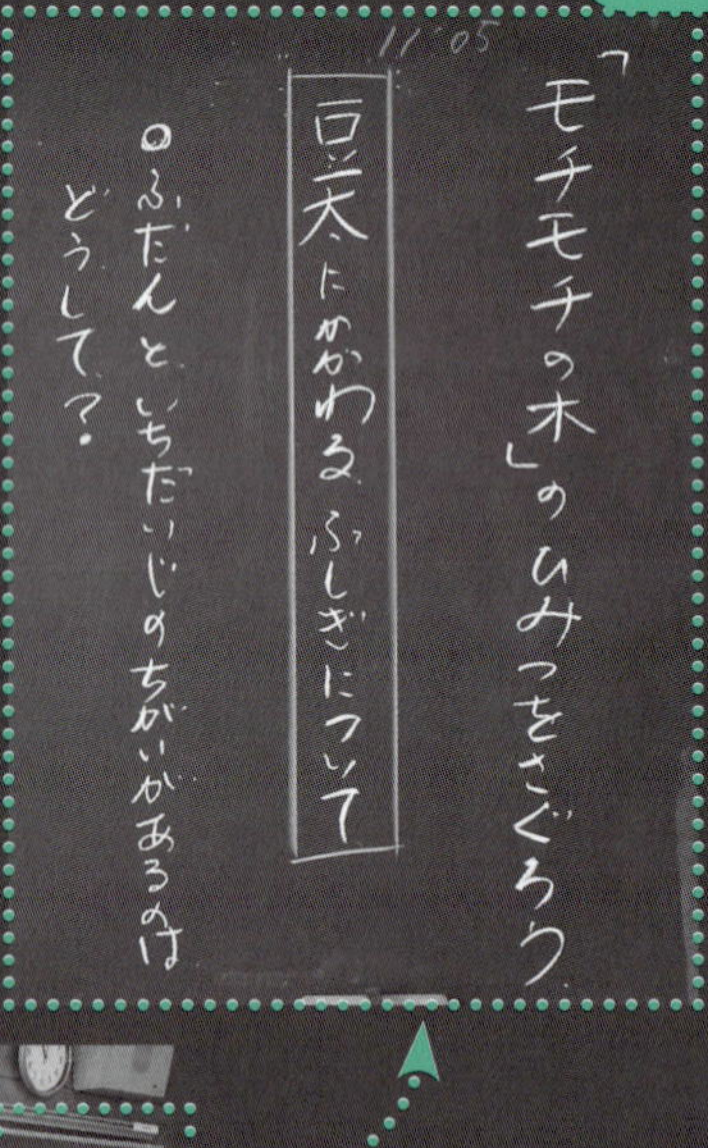

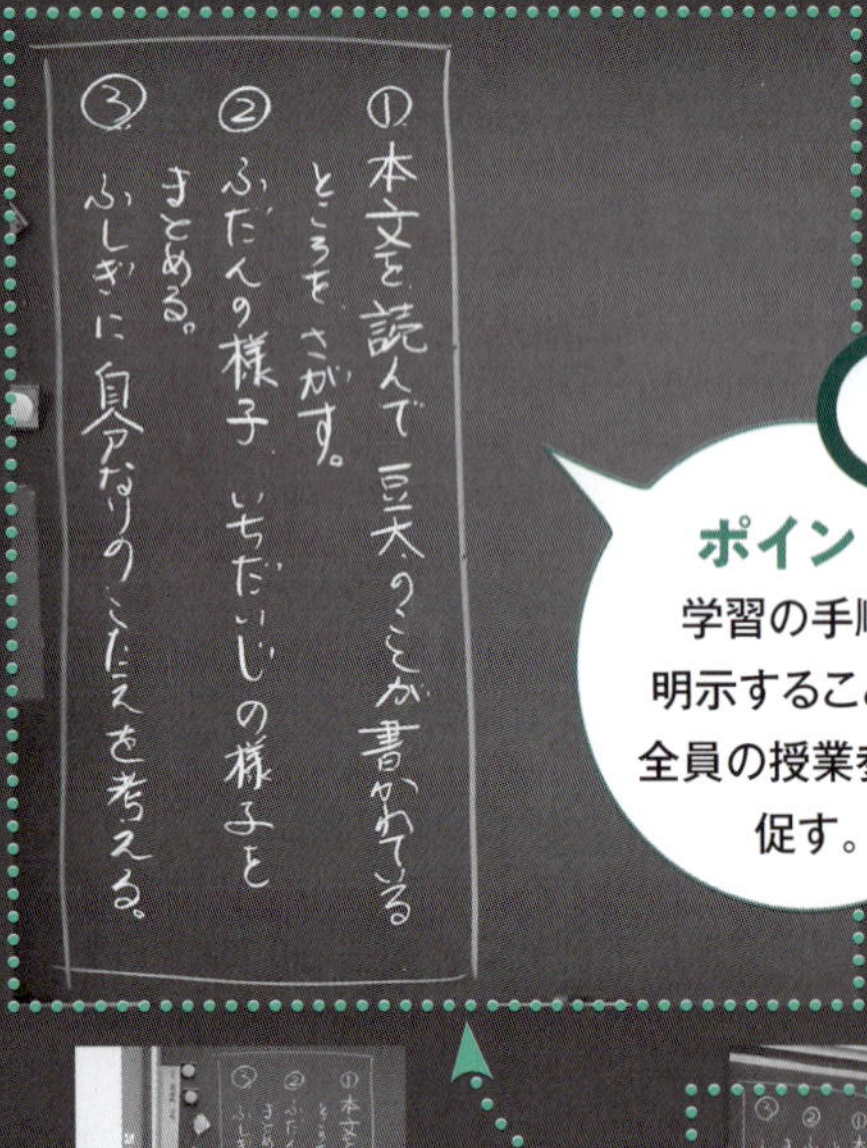

ポイント！
学習の手順を明示することで、全員の授業参加を促す。

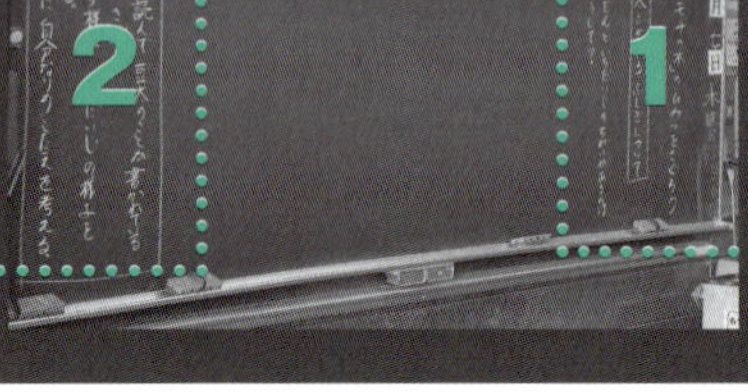

こまめな机間指導で状況を把握。思いのほかてこずっている様子。

おくびょう、せっちんなど、気になる言葉を調べ出す子が続出。

すでに自分の読みをもっている子もいれば、入りきれない子も。教科書を持ち帰りたい、という子どもの要望に持ち帰りを許可した。

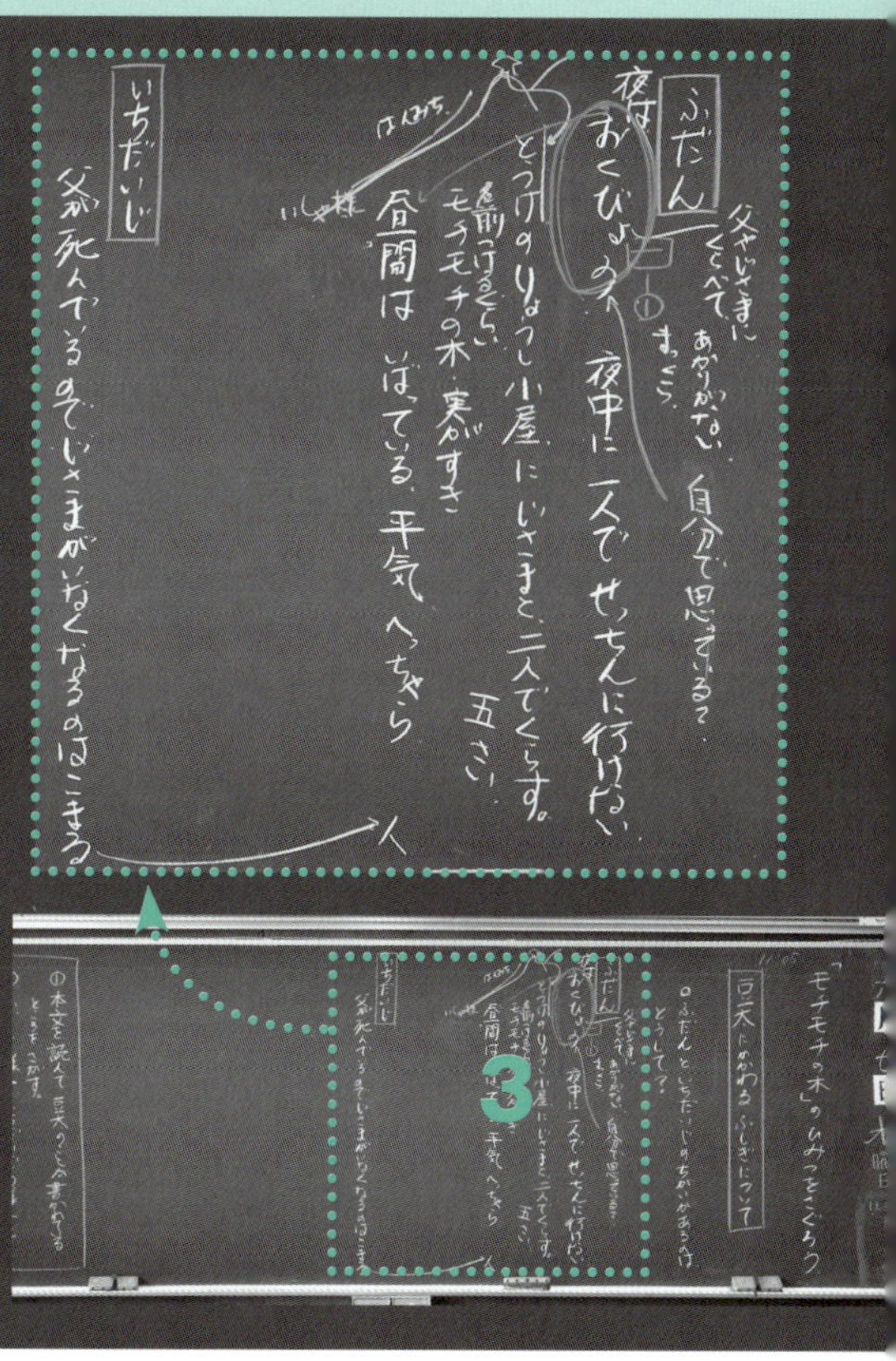

構造と内容の把握①
「中心人物の言動を読み取る」
授業の流れ

教科書から豆太の不思議が感じられる部分を読み取り、自分の意見も合わせて考えてみようともちかけた。３学期教材を６月に移動させたため、教科書を個人持ちにできず、書き込みできない状況。該当箇所に「線を引く」と「抜き出す」では、一気にハードルが上がることを再認識した。該当箇所の抜き出しに手こずるだけでなく、気になる言葉を辞書で調べる子が多く存在するなど、まだ読みの時間が足りない様子も見られた。一方で、すでに①～③までをノートに書きあげ、自分の読みをもっている子もいる。何人かの子どもの意見を取り上げれば、授業は進みそうだが、ここはあえて急がず、後半は読み直しの時間をもつことにした。

本時の評価：様子や行動を表す語彙を増やし、叙述を基に登場人物の行動を捉えることができたか。（知識・技能）

第2次 不思議なお話を楽しむ

④登場人物の様子を読む。

～豆太に関わる不思議・じさまに関わる不思議～

目標：豆太の心情の変化、じさまの豆太への思いを読み取る。

前時の板書の続きから授業を再開。

机間指導で読みの状況を把握していく。

「豆太は表戸をふっとばして半道の山を下ったでしょう」「医者様を足で蹴っているでしょ」子どもたちの読み取りが続いていく。

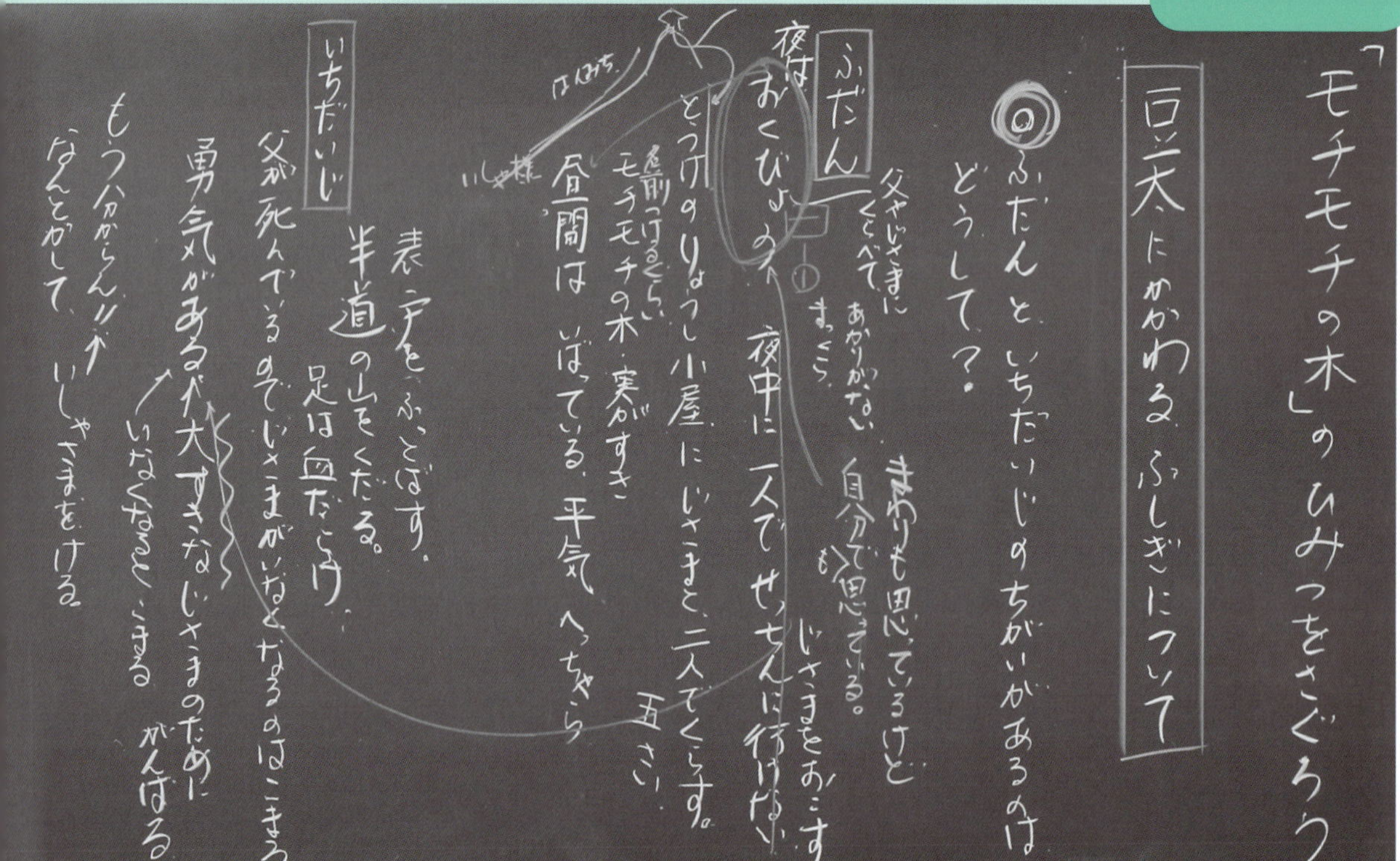

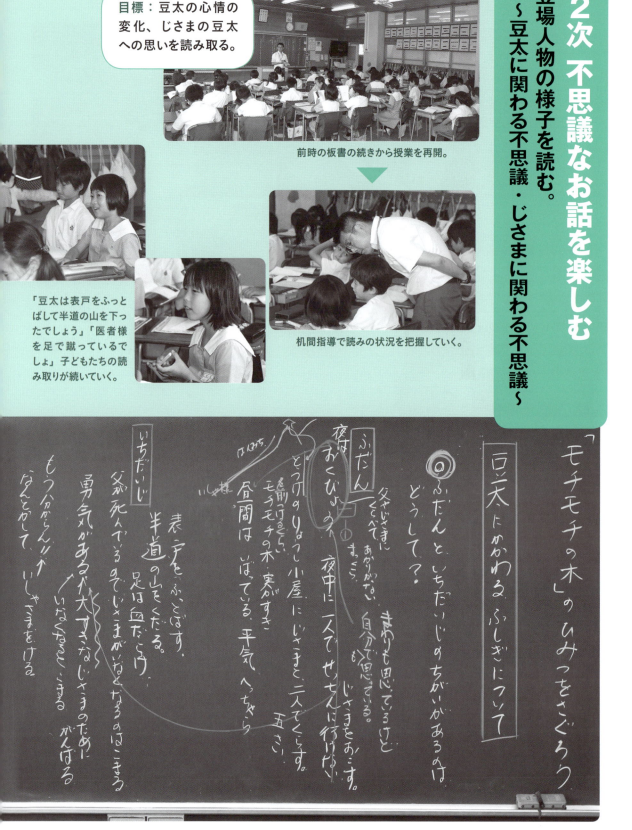

必ずノートに向かう時間をもつ。

ポイント!
途中何回も「どこに書いてある?」「どこから読み取れる?」と教科書に立ち戻ることを指示。文章の叙述をもとに考えを深めていくことを、クラスで確認しつつ、読み進めていく。

じさまが豆太のことをどう思っているかを次時の課題に設定して授業を終えた。

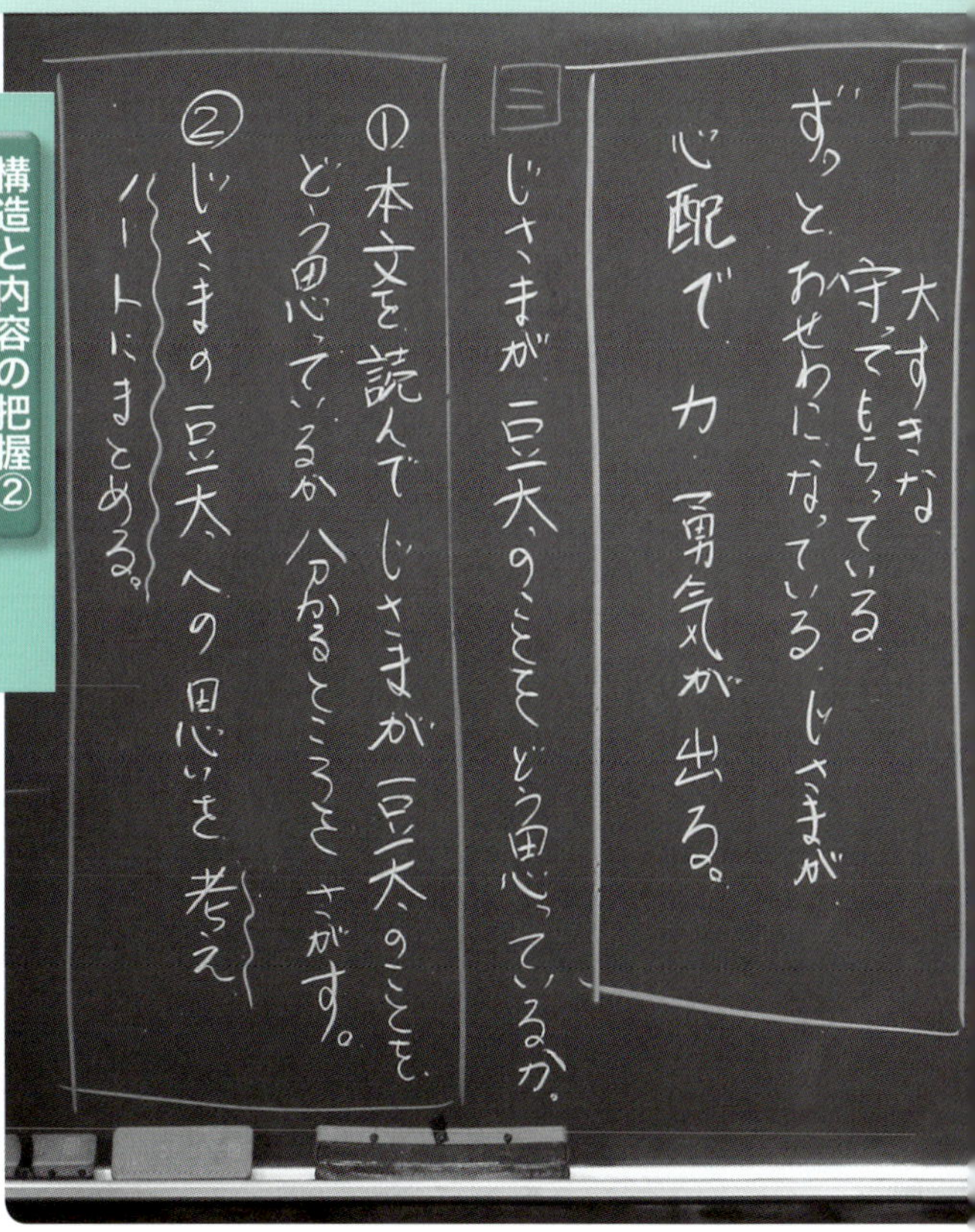

構造と内容の把握②
精査・解釈①

「登場人物の言動を読み取る」授業の流れ

前時の板書から翌日再スタート。前時の地ならしが功を奏し、活発に意見が交わされた。普段は臆病な豆太だけれど「『大好きな』『守ってもらっている』『ずっとお世話になっている』じさまが心配で『力』『勇気』が出たんだ」と子どもたちの言葉でまとめ、じさまの読みに移る。「課題がつながってくる」ことを子どもが感じとるにつれ、課題がどんどんどんどん前のめりになっていく。

授業では、毎時間必ずノートに向かう時間をもつ。日々の積み重ねで「書くこと」の抵抗感はなくなってきているように思う。

本時の評価：豆太とじさまの様子や行動、気持ちや性格を捉えることができたか。（知識・技能、思考・判断・表現）

第2次　不思議なお話を楽しむ

⑤登場人物の様子を読む。
～じさまと豆太の関係～

目標：じさまの豆太への思いを自分の言葉で表現する。

前時の板書のコピーと全文プリントを配布。
本日の課題を確認する。

じさまの思いが出ている部分に、サイドラインを引くように指示。前と変わってもいいんだよ。意見が変わるのは恥ずかしいことではないからね。

いちばん最初「おくびょう」だと思っている。

「一人でしょんべんもできない」と思っている。

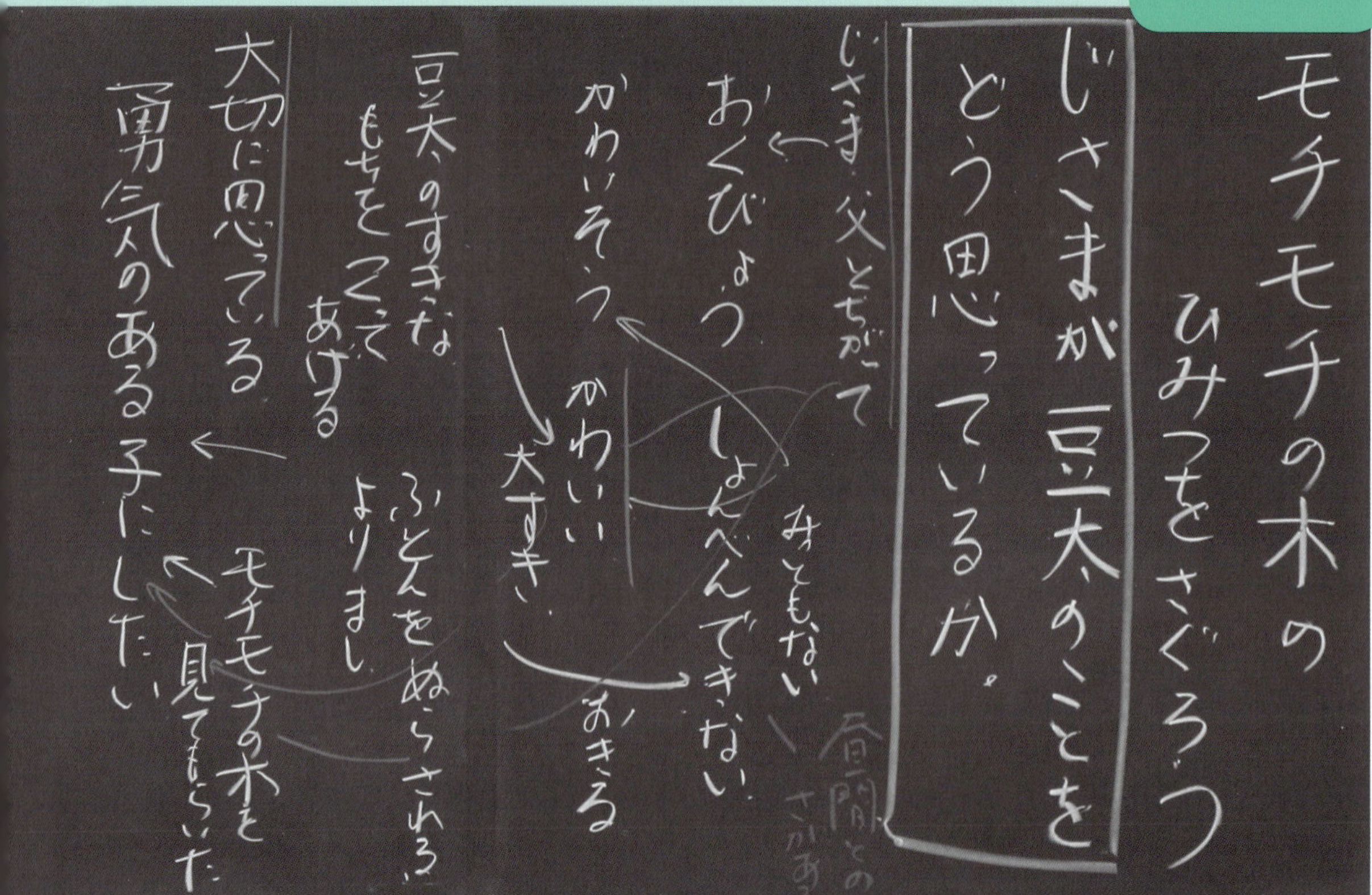

「豆太がこういう行動になるのは、いつもじさまがこうしているから、こういう思いのあるじさまだからだ」

「ふとんをぬらされるよりまだまし」と思っている。

ポイント！
本時は、大学生の参観のため、ランチルームで実施。全体像がしっかり把握できている子と、部分的にしか把握できていない子が混在し、かつ教室とは異なる環境のため、ゆっくり考えられるように進めた。

「ふとんをぬらされて、一人でしょんべんもできなくてみっともないな」と思っているけど、「起きてあげているじさまだから…」

豆太のことをじさまは「かわいい」「大好き」「勇気のある子にしたい」と思っている。

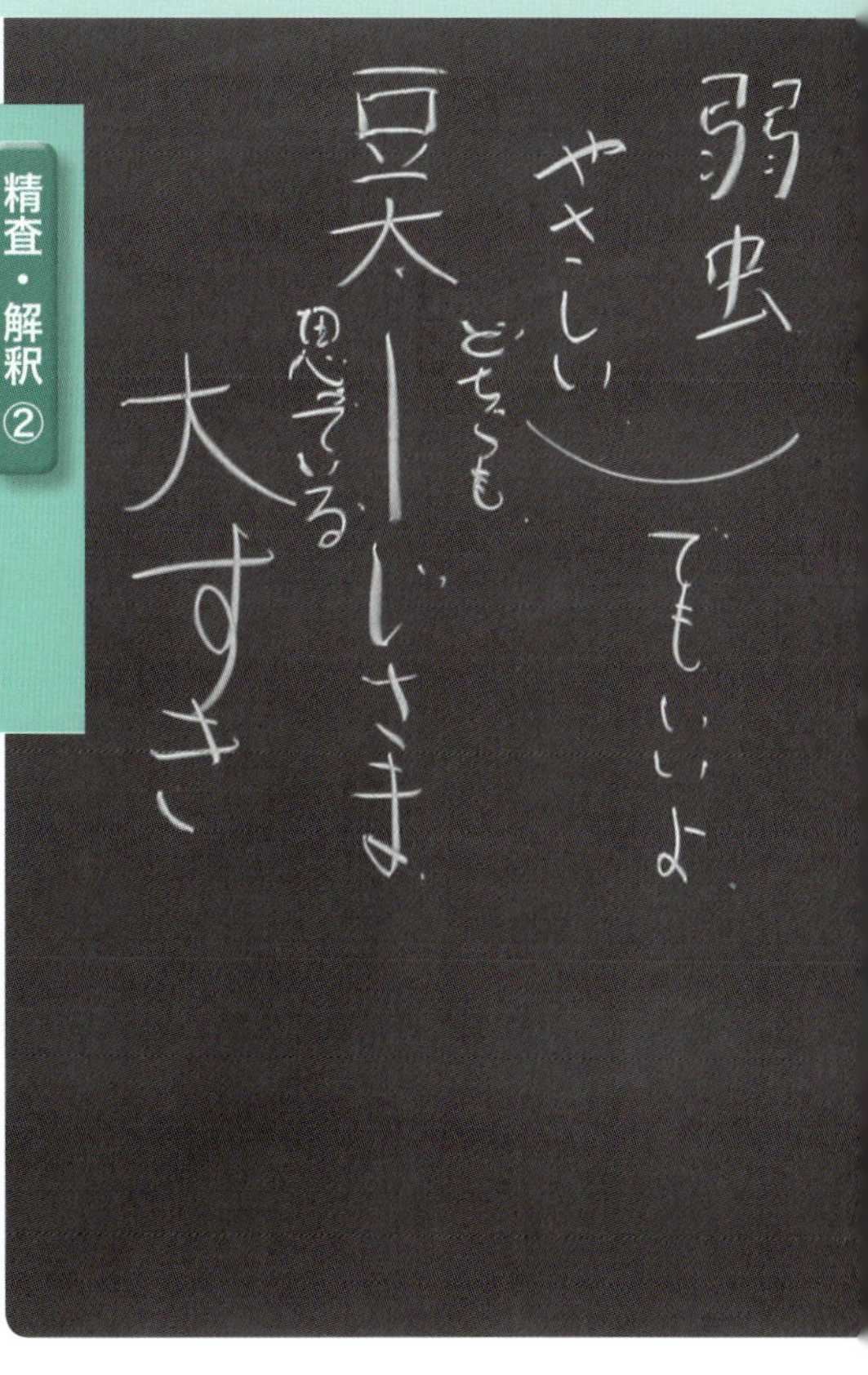

精査・解釈②「じさまの心情を想像する」授業の流れ

全文一枚プリントを配布し「じさまの思い」の出ている部分にサイドラインを引くように指示。どの場面から、どのテキストから何を思ったか、を考えた。

豆太から見たじさま、じさまから見た豆太の関係を、もう一段上から相思相愛と見ている子もいたので、そこで立ち止まってみんなで考えてみようとしたが、そこまでついてこられない子もいたため、もう一歩踏み込めたらいいなと思いながら行ったり来たりした。

最後「大好き」という言葉でまとめたが、豆太のじさまに対する思い、じさまの豆太に対する愛情をたったこの一言に置きかえてしまっては、個人個人の思いが伝わらない。そこで最後は「何で『大好き』になったのかを書こう」と言って授業を終えた。

本時の評価：じさまは何を考え、豆太のことをどう見ているかを捉え、自分の言葉で表現できたか。（思考・判断・表現）

第2次 不思議なお話を楽しむ
⑥登場人物の様子を読む。～じさまと豆太の関係～

目標：豆太とじさまの思いを具体的に想像し、「モチモチの木」の見え方を考える。

みんなが「大好き」と言った二人の関係は？

ポイント!
子どもたちにとってわかりやすい対立軸（じさまの腹痛は偶然か芝居か）をつくることで活発な意見が交わされる。偶然説、芝居説のいずれも正しい、という立場で授業を進め、子どもの思考を促す。

じさまの腹痛は偶然か芝居かは、本人の解釈に委ねることで主体的な学びにつながる。

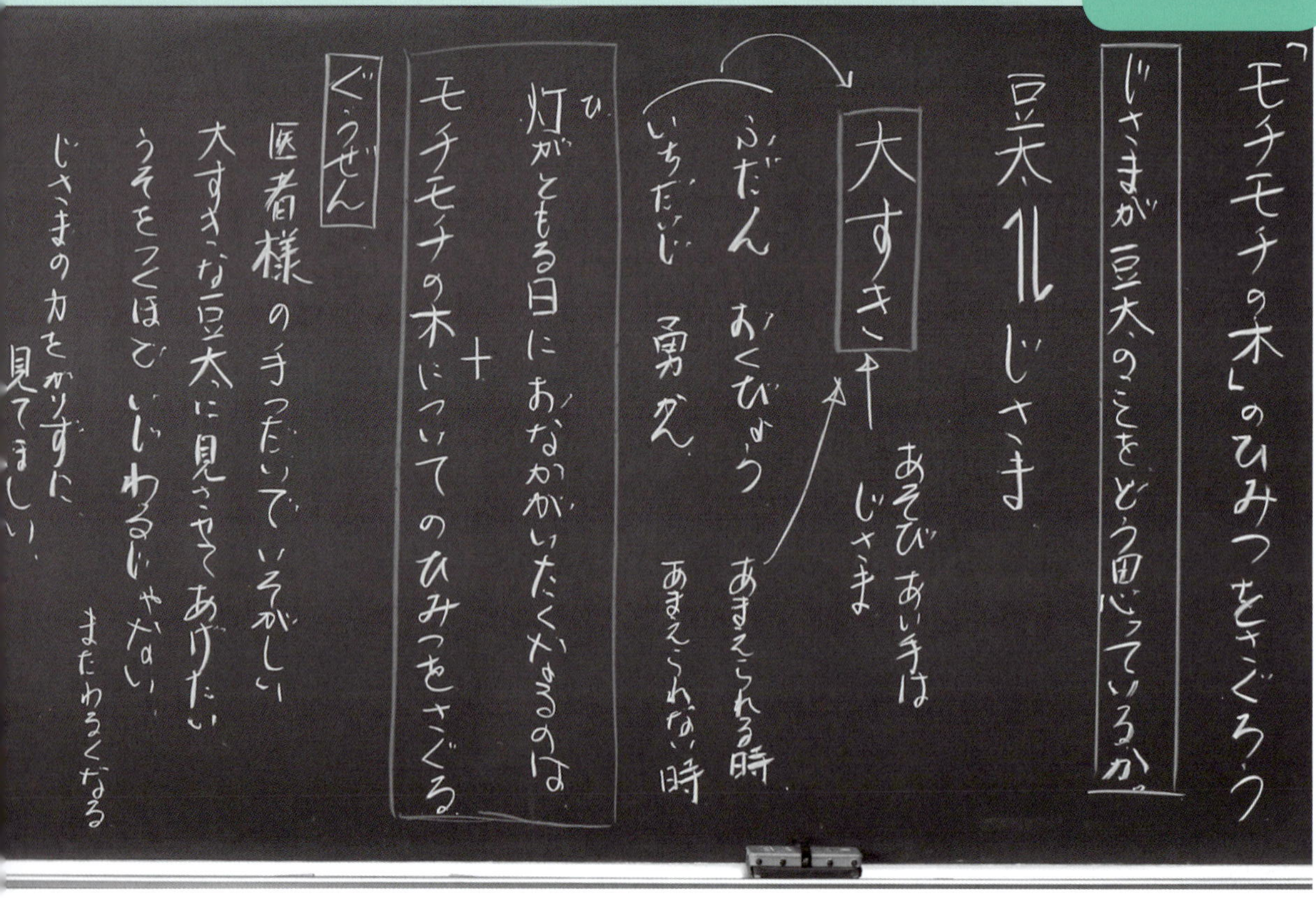

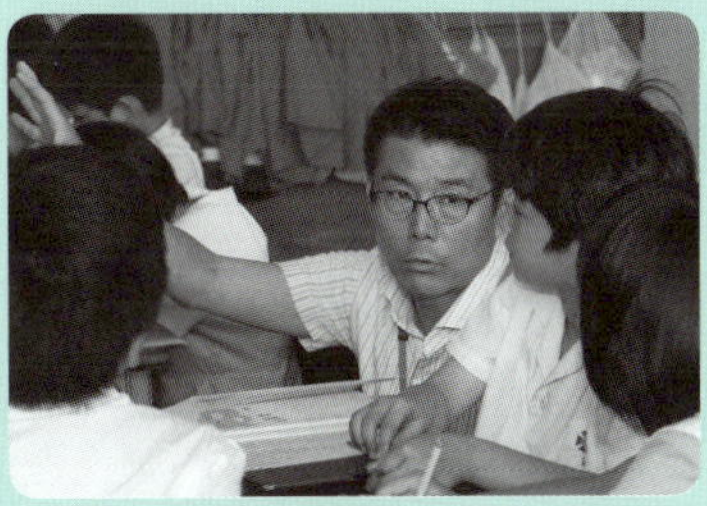

友達との真剣な対話を経て、改めて自分と向き合う。

机間指導はもとより、授業後のノートチェックで状況を確認。

自分の解釈に常に揺さぶりがかかる対話を通して、自分の読みに自信がもてたり、相手の解釈にひるがえったりする。この思考の試行錯誤が自分の読みを更新させる。

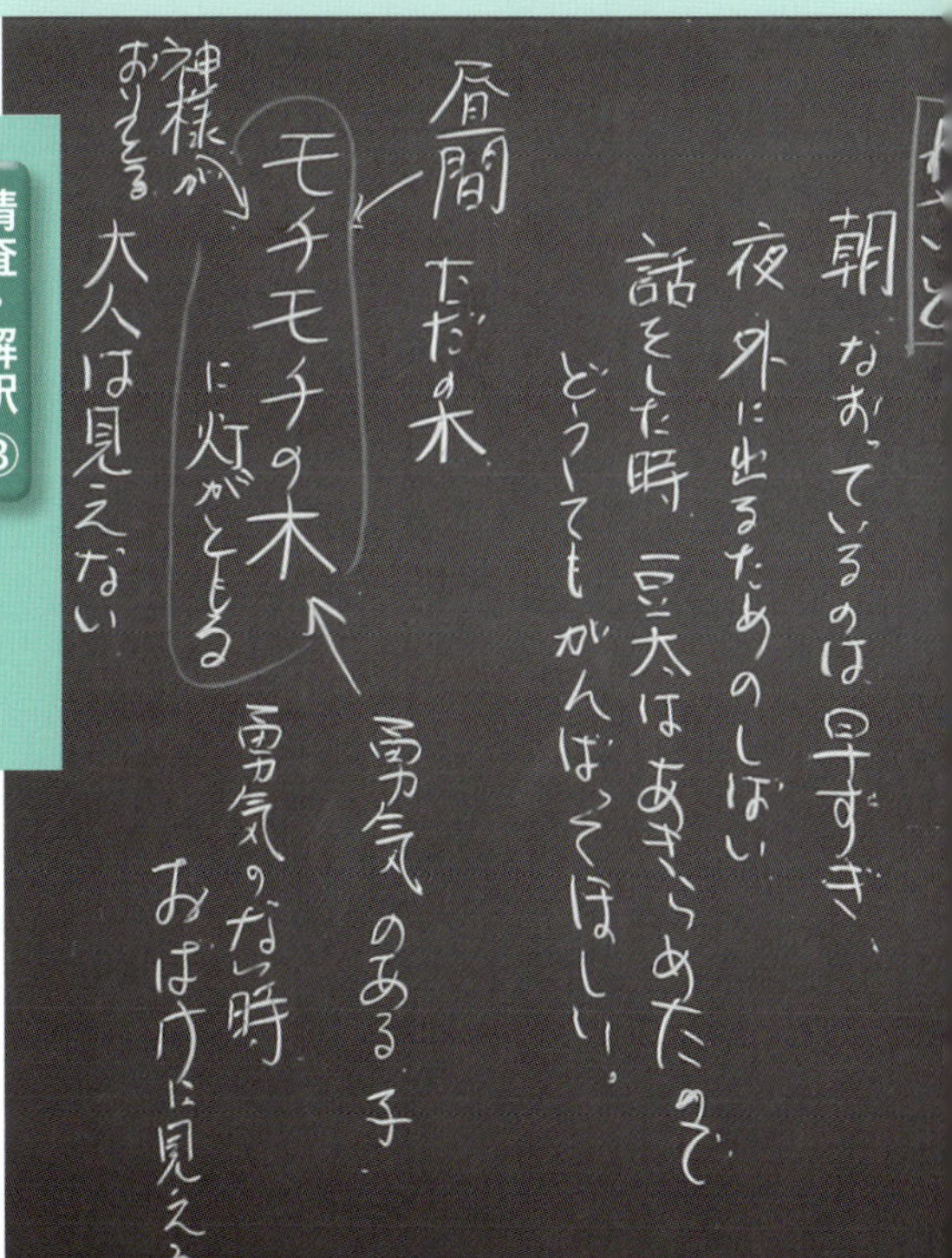

精査・解釈③
「豆太とじさまの心情を追う」授業の流れ

前時の「大好き」を再考。豆太とじさまの関係がわかってくることで、「モチモチの木」の見え方の疑問が大きくなってきた。

じさまの腹痛は、単なる偶然なのか、気弱な豆太の行く末を案じた芝居なのか。この人物像の捉え方がちがうと「モチモチの木」の見え方は大きく変わる。豆太の弱気な部分を優しく見つめるじさまの豆太に対する言葉がけや地の文の豆太への愛情ある表現を重ねれば重ねるほど、じさまの性格や言動を素直に信じて読み進める子と勘ぐってしまう子に分かれる。

じさまの腹痛は偶然か芝居か、真剣にテキストと対峙し、その結果を友達と話し合い、確かめようと本気の対話が生まれた。

本時の評価：豆太はじさまを助けたい一心であることを理解し、じさまの腹痛は偶然か芝居かの立場をはっきりさせて、気持ちが具体的に想像できたか。（思考・判断・表現）

第2次　不思議なお話を楽しむ

⑦登場人物の様子を読む。～「モチモチの木」のひみつ～

目標：「モチモチの木」のひみつを自分の言葉で表現する。

学習計画やこれまでの読みを振り返りつつ、発言を促す。

「勇気を出した豆太へのごほうびだと思う」

「モチモチの木」ってどんな木なんだろうね。

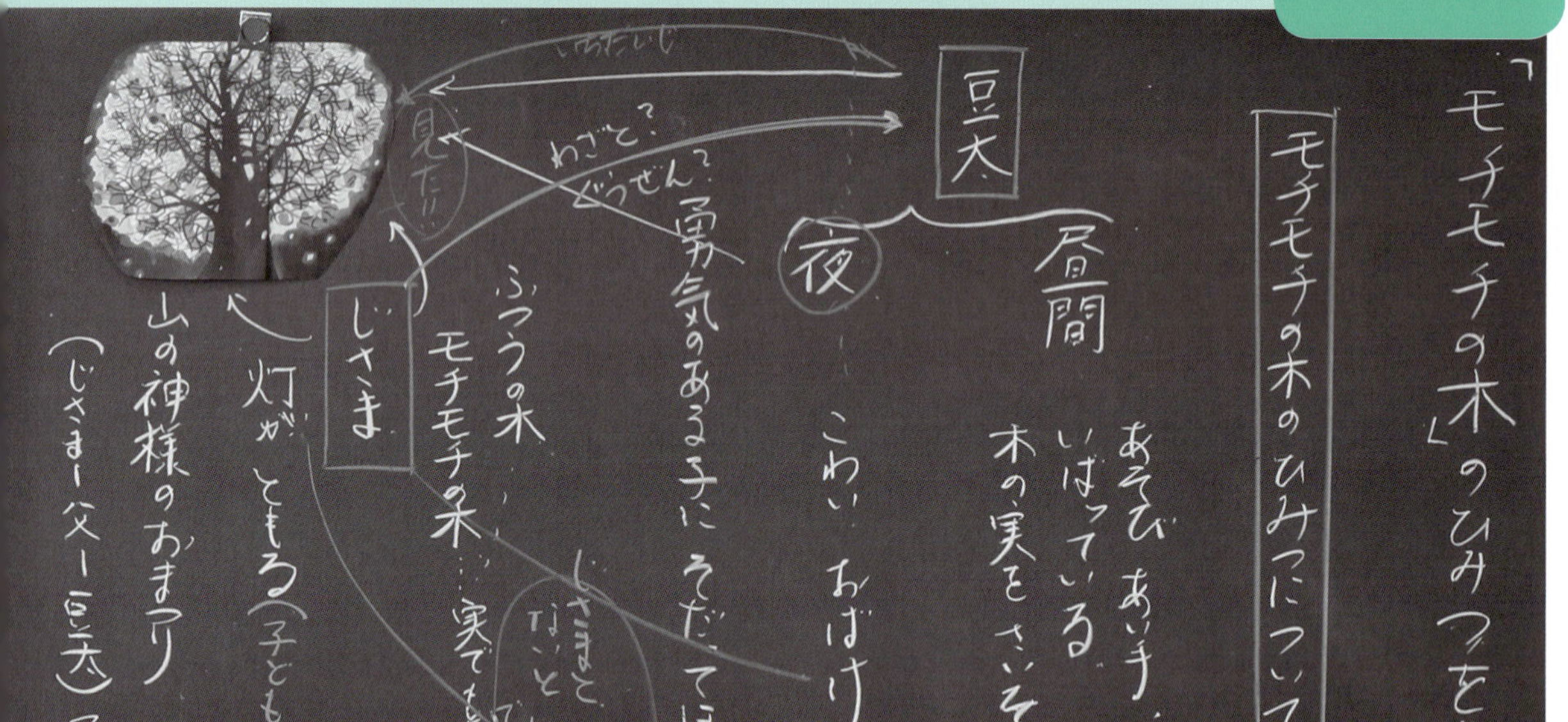

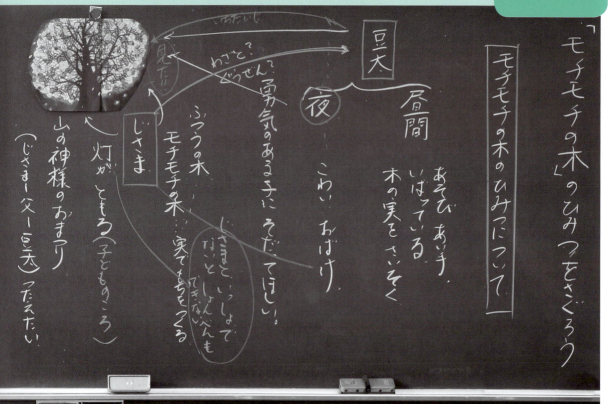

ポイント！

これまでの読みを踏まえて、描かれていない情景、心情を想像する。「どんな意見を言ってもこのクラスなら大丈夫」という安心感が、子どもの思考を活性化し、発言を生み出す。

物語の終わりに、また甘えん坊の豆太に戻るところが好き。

友達の意見によって自分の意見がひるがえることも楽しめている様子。

ワクワクした面持ちで授業を終えた子どもたち。言い足りない気持ちをぶつけに集まってきた。

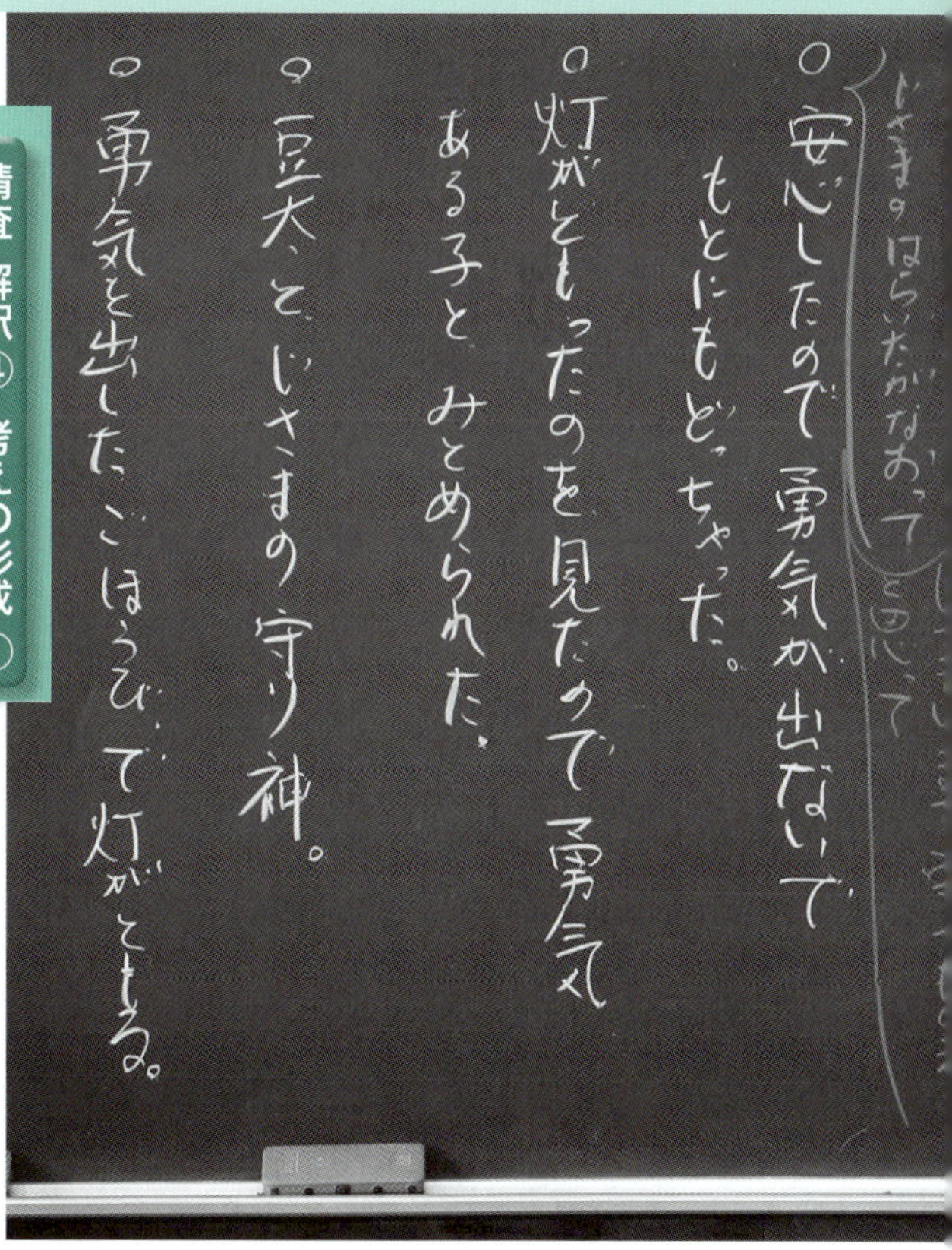

じさまのはらいたがなおって
と思って
○安心したので勇気が出ないでもとにもどっちゃった。
○灯がともったのを見たので勇気ある子とみとめられた。
○豆太とじさまの守り神。
○勇気を出したごほうびで灯がともる。

精査・解釈④　考えの形成①　「『モチモチの木』のひみつを探る」授業の流れ

「モチモチの木ってどんな木だろうか」と子どもたちと話し合った。子どもたちと一緒に読んでいると、時折、こちらもハッとするような読みが出てくる。この授業では、「モチモチの木が光っているのは、神様の『勇気を出した子どもへのごほうび』なんじゃないか？」という意見が印象的だった。「一生懸命やったからこそ、山の神が見ていて、最後に見せてあげられるんだね」という意見が続いた。「モチモチの木は、じさまやおとう、そして豆太の代々続いている守り神なんじゃないか」という子どもらしい「守り神説」も出た。

本時の評価：これまでの学習を踏まえて、自分なりの「モチモチの木」の見え方を、自分の言葉で表現できたか。（思考・判断・表現）

第3次 空白のじさまの話を想像する

⑧空白のじさまの話を想像して書く。

目標：豆太が医者様を呼びに行っている間のじさまの様子を想像して書く。

じさまは豆太がいしゃ様をよびにいっているあいだずっといたい気もちと豆太がゆうかんにいしゃ様をよんできてくれているうれしさ、かんどうしている気もちをおもいつつ、うなりつづけていました。
「豆太ぁ〜」とよんだり、「うっ〜うっ〜」とうなったり声をずっと出していました。
まっているあいだははらがずっといたかった。でも、はやくなおってほしいとは思わなかった。なぜなら豆太がゆうかんでうれしい気もちがつづくからだ。そうおもいながらすごしていた。

二つの気もちがまざっているんだね。 6/15

豆太が戸をふっとばしていった後、じさまはこうしていた。
「うー、うー、がー、がー、おー、お。」
じさまはすごいこえでうなっていた。家の中にある九このたいまつ。その光がじさまをてらす。その光をともに戸を見て豆太がいつかえってくるかまつ。じさまはがんばってはらいたをがまんして豆太をまった。

心細かっただろうね。 6/15

じさまは豆太が医者様をよびにいったらはらはちょっといたが、たがモチモチの木の前でせいだした。
じさまは「豆太をゆうきのある子にしてくれてありがとうございます。ごほうびに光っている木を見せてあげてください。」とねがっていました。豆太のかえってくるかげが見えたときじさまはあんしんしてなみだがぽろりと出た。そしてこやにもどって大げさにうなってた。

モチモチの木にねがったわけだね。 6/15

ポイント!
「一人で誰にも邪魔されずに書きたい」と言う子もいれば、「誰かと相談しながら書いてもいい?」と言う子、「二人で一つのお話を書くのでもいい?」と言う子もいる。そこで、一人で黙々と書く子は廊下側、相談したい子は真ん中、二人で一遍書く子は窓側と席を選択させて書かせた。

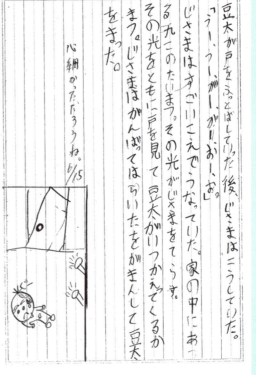

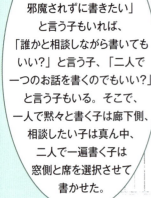

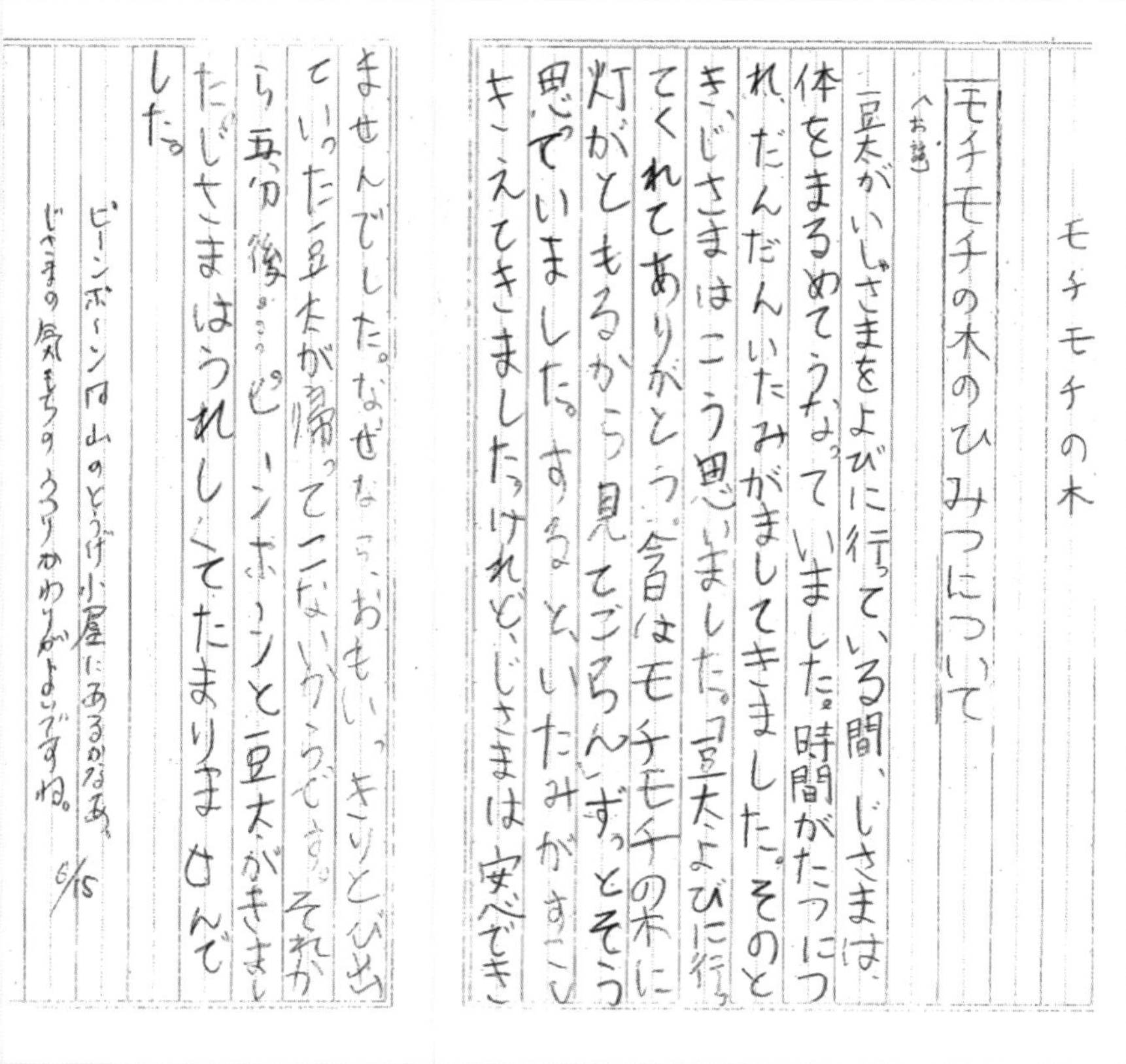

モチモチの木

モチモチの木のひみつについて

〈お話〉

豆太がいじさまをよびに行っている間、じさまは、体をまるめてうなっていました。時間がたつにつれ、だんだんいたみがましてきました。そのとき、じさまはこう思いました。「豆太よびに行ってくれてありがとう。今日はモチモチの木に灯がともるから見てごらん」ずっとそう思っていました。するといたみがすこしきえてきましたっけれど、じさまは安心できませんでした。なぜなら、おもいっきりとび出ていった豆太が帰ってこないからです。それから五分後、ピーンポーンと豆太がきました。じさまはうれしくてたまりませんでした。

ピーンポーンは山のとうげ小屋にあるかなあ。
じさまの気もちのうつりかわりがよいですね。
6/15

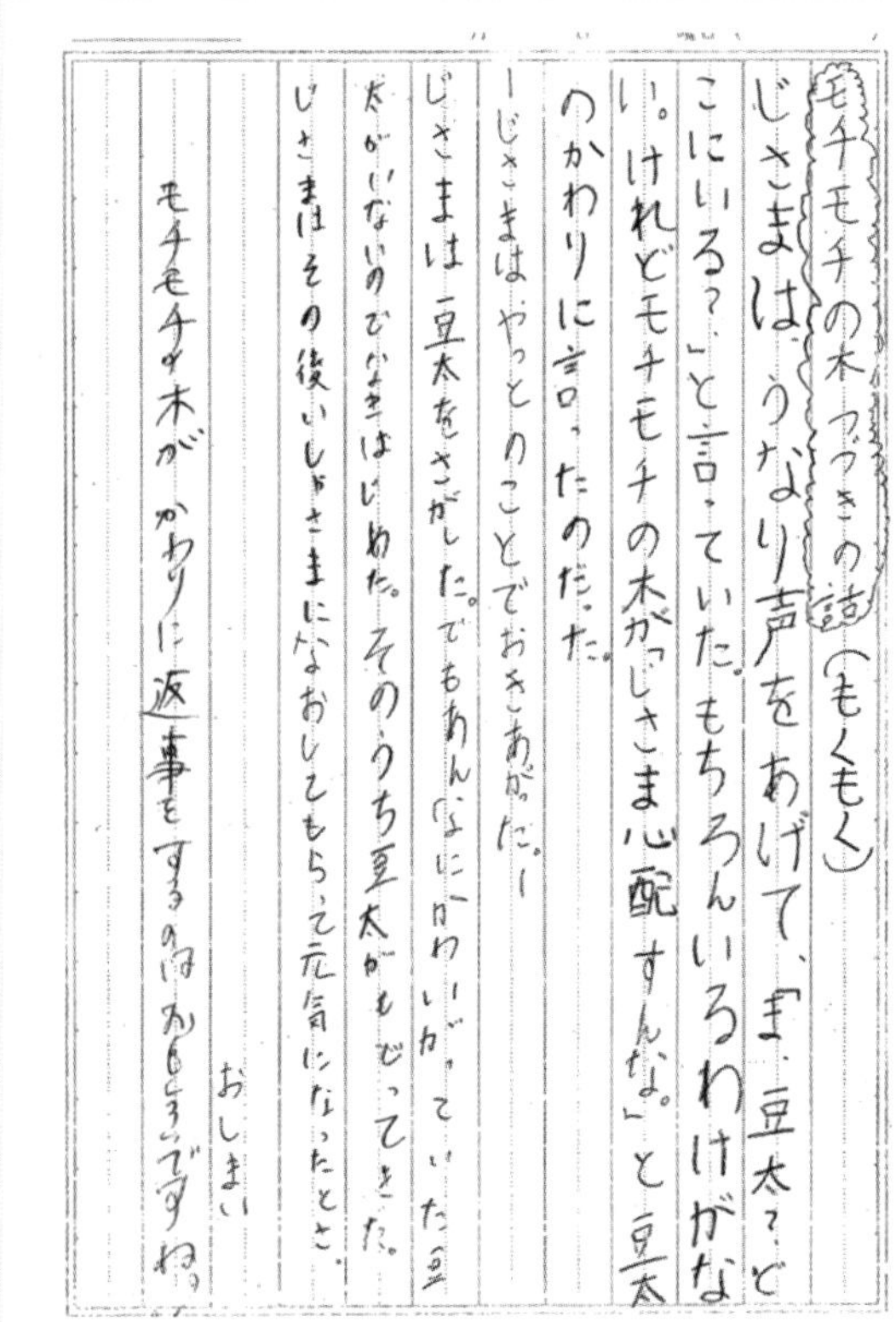

モチモチの木つづきの話（もくもく）

じさまは、うなり声をあげて、「ま、豆太っ、どこにいるっ」と言っていた。もちろんいるわけがない。けれどモチモチの木が「じさま心配すんな。」と豆太のかわりに言ったのだった。

ーじさまはやっとのことでおきあがったー

じさまは豆太をさがした。でもあんなにかわいがっていた豆太がいないのでなきはじめた。そのうち豆太がもどってきた。じさまはその後いしゃさまになおしてもらって元気になったとさ。

おしまい

モチモチの木がかわりに返事をするのはおもしろいですね。

考えの形成②

「空白のじさまの話を想像して書く」授業の流れ

「このお話、どこか一カ所だけ、書いてないところがあるよね」と、投げかけ、豆太が医者様を呼びに行っている間の、じさまの様子を想像して書くことにした。

数分でスラスラと書く子もいれば、20分かけてノート半分という子もいる。ちょっとした記述だが、その作品を本当に理解しているかどうかが読み取れる。まだまだ「木に火をつける」といった読みをする子や、時代背景が読めずに、救急車がやってきてしまうといった想像をする子もいる。いま時代設定を読ませる必要性や課題も見えてくる。

本時の評価：いままでの学習で捉えた物語の世界に基づいて、じさまを描くことができたか。（思考・判断・表現）

第3次 空白のじさまの話を想像する

⑨書いたお話を交流する。

目標：「モチモチの木」のひみつを自分の言葉で表現する。

積極的に友達とノートを交換するよう、発言を促す。

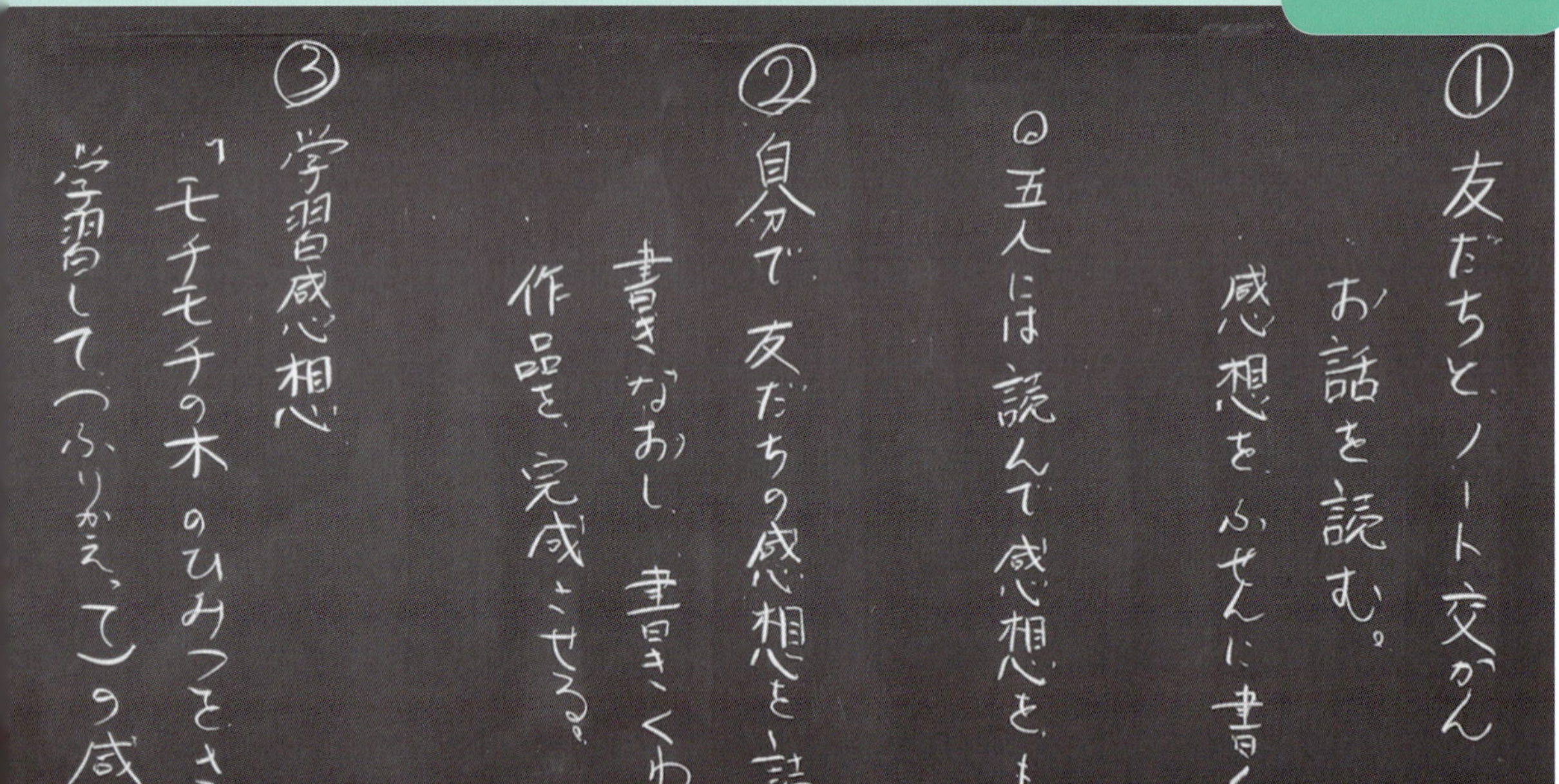
① 友だちとノート交かん
お話を読む。
感想をふせんに書く。
◎五人には読んで感想をもらう。
② 自分で友だちの感想を読む。
書きなおし 書きくわえして
作品を完成させる。
③ 学習感想
「モチモチの木のひみつをさぐろう」を
学習して（ふりかえって）の感想

「自分のを読むのも楽しかったけれど、友達のお話を読むのも楽しい」

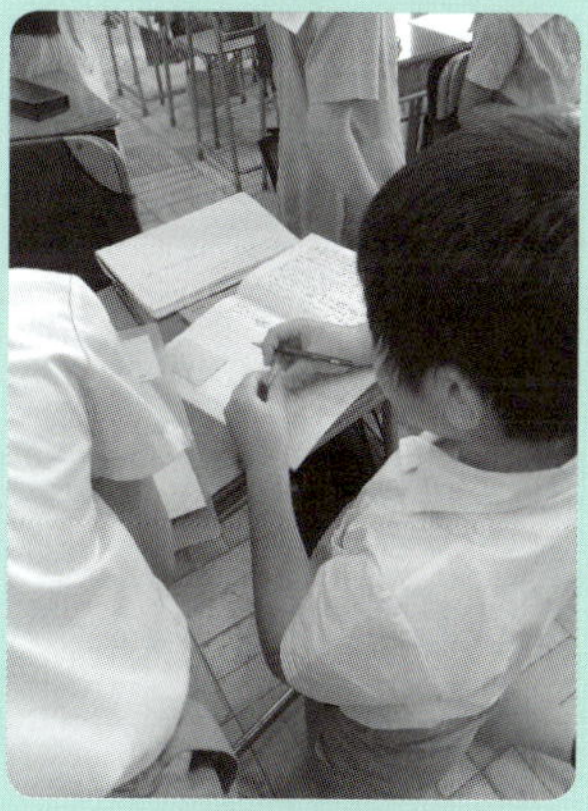

感想や意見を付箋に書き込む。

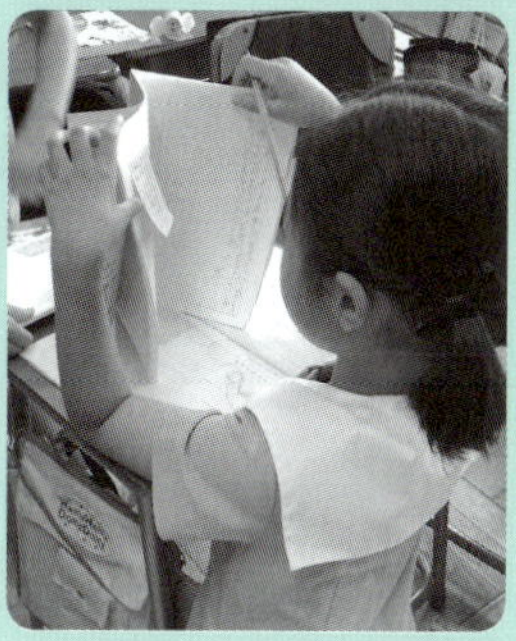

友達からの評価が励みになる。

「自分のお話がほめてもらえてうれしい。自信になった」

共有　「書いたお話を交流する」授業の流れ

じさまの腹痛が偶然か芝居かという解釈のちがう物語を読み味わい、感じ方のちがいを受け入れるとともに、物語を読むことの奥深さを知る時間とした。子どもたちが読み合っている間、「最低5人には読んでもらおう、もっと読んでもいいよ」「じさまの立場のちがう人の作品も読んでみよう」「男女のちがいがあるかもしれないね」といった声かけをしながら見て回った。

前回「白い花びら」で続き話を書いた際、友達から感想をもらったり、友達のお話を読み、自分のお話を客観視することができたためか、「書き直したい」と言い出す子どもも多かった。「よりいいものをつくりたい」という彼らの思いに、成長を感じた。

ポイント！

友達のお話を読み合って感想を共有する。付箋に感想を書いてノートに貼っていく。少なくとも5人には読んで感想をもらうように、と呼びかけて交流を促す。

本時の評価：同じ作品からちがうじさま像が描けることのおもしろさに気づき、振り返りが書けたか。（思考・判断・表現）

考える「国語科授業づくり」の舞台裏

実践を終えた大塚先生にズバリ質問！

教材設定の理由を再度確認させてください!

3学年文学的文章第1教材「白い花びら」を学習した際、ファンタジーの不思議さを素直に楽しむことができる子どもたちが多かったので、読書好きな子どもたちに本の世界を広げる意味も含めて3学期教材の「モチモチの木」を６月に実践しました。

教科書の下巻にある教材ですが、授業では教育実習等で使うために学校で用意している教科書を使いました。

「モチモチの木」は、いわゆるファンタジーではありません。しかも、「白い花びら」の設定とは時間も登場人物もかけ離れています。そのあえて遠い物語2つを比べて学習することで、描かれている個々の情報を詳細に読むことをこえて、物語におけるテーマを感じることができるのではないかと考えました。

どうして「白い花びら」との比較をやめられたのですか?

授業ライブをご覧いただいておわかりいただけたと思いますが、不思議について子どもたちがたくさん語り、お腹いっぱいになっているから、あえて「白い花びら」には戻りませんでした。

子どもも入り口は「不思議なお話を読んだから、もっと不思議についてやろう」と入ったけれど、「モチモチの木」に力があるので、その力で２次は充分いけたなと踏んだので、対比構造にはしませんでした。

ただし、カリキュラム・マネジメントの視点から考えると、その漏れたことを次の第３教材でやらなければいけません。当初やろうと思っていたところには、そこに押さえたい言葉の使い方に関する事項や、身につけさせるべき力が入っているわけですからね。「白い花びら」と比較してファンタジーと民話、全然違う不思議さを理解していくためには、どこで比較しているのかという、ポイントが抜けています。

現状では、単にきっかけづくりでしかない、つながりになってしまっています。2つのお話を比較するという観点からいけば、その視点が抜けてしまっているわけです。

ですから、今度は説明的文章で補うか、どこで補うかは別として、そういうものをカリキュラム・マネジメントの意識として、2学期以降をどうしようか、と考えているところです。

3年生の3学期教材をあえて6月にもってきたのですが、やはり難易度が高かったのも事実です。年間指導計画をｐ32・33に掲載していますので、あわせてご覧ください。

8時間計画を9時間に変更された理由は？

p10・11に計画のbefore & afterを掲載していますが、予定していた「白い花びら」との比較をやめ、さらに1時間プラスして展開することで、［構造と内容の把握］、［精査・解釈］、［考えの形成］の行きつ戻りつを大事にしました。

実は3時間目（p 16・17）は子どもの読み取りが足りず、授業としては停滞しています。ですから、この時間はなかったことにして、次の時間を繰り上げてしまえば予定通りの8時間構成で紹介することも可能でした。また授業のつくり方として、3時間目の時点で出ていた数人のレベルの高い読みをつなげてしまえば、一見きれいに授業をまとめることもできたわけです。

でも、あえてこの停滞した1時間も紹介することにしました。なぜなら、授業は生き物であり、思いがけない方向に行ってしまうことも少なくないからです。

さらに、この時間の足踏みは、思いがけない副産物を生むことにもなりました。いつもは発言の少ない子どもが、ここで足踏みしたことで自分の読みを発表することができたのです。いつもは人任せにしてしまう子が、こうして何かのきっかけで、自分の考えを発信し、自信をもってくれることになったのだとしたら、こうした時間も意味のあるものになると考えます。

予定調和の授業より、すべてを見ていただくことが、現場の授業実践のお役に立つのであれば、と思ってさらけ出しました。

国語の授業を考える上で何が大切だとお考えですか？

国語に限らず、子どもがその教材と出会う価値があるか、ということをまず一番に考えます。

「教科書に載っているからやる」というのはこちらの都合なので、どうやったら子どもたちがそこに載っている作品に興味をもつか、意味あるものだと感じて勉強しようと思うか、出会わせ方を考えています。実際には「教科書に次に出てくるから与える」ことが致し方ない部分もありますが、ではどうやったら、子どもたちに意欲をもってアプローチをさせられるか、を考えています。

今回の「モチモチの木」でも「モチモチの木」を教えるのではなくて、「モチモチの木」という作品を通して、物語の読み方を教えていくわけですから、どうやって「モチモチの木」を子どもたちに出会わせたらいいのだろうか、ということを考えるということです。

あとは、言葉で言葉を学ぶ教科であるという自覚をもっていたいと思います。

自分がどういう言葉を使っているか、ということもそうですし、正しい言葉もそうですし、美しい言葉もそうですし、子どもたちが理解をしていってほしい言葉を考えています。

子どもたちには「本当に意味がわかって使っているかどうか」わからない部分があるので、深く考えていないで使っている言葉は、立ち止まりたいなと思っています。

今回の授業の中でも、子どもたちが「大好き」の表現でよしとしたところがありました。
「好き」「嫌い」「臆病」といった言葉で表すと、表した気持ちになっているけれど、たとえば「臆病」と一言で言ってしまうと、本当の豆太の臆病が消えてしまう。豆太感が消えてしまう。「弱虫」だったり「やさしい」だったり、いろいろな多面的な豆太像をもっているはずです。さらに言えば、私の思っている「臆病」と○○君の思っている「臆病」はちがうんだ、ということをわかるようになるといいな、と思って常に探っているところです。

言葉って便利だけど便利じゃない。子どもは便利なものを使いたがるけれど、便利なほうばかり使ってしまうと言葉を学ばなくなる。ですから、常に揺さぶりながら考えさせる授業をしています。

作成日　2018／8／24　第 3 版　担任　大塚　健太郎

2学期	3学期
■【学校生活を楽しむ】 クラスとしての一体感を感じながらも個人個人の違いを生かし尊重することを再度確認し、２学期をスタートさせる。個の違いを生かすためには、そのコミュニケーション力を支える言葉の力を意識させる。違いを認識するための語彙力とともに、お互いを理解しようとする気持ちを大切に学習問題やクラス運営に当たることを心がける。その先に、このクラスのメンバーだからやってみたい、取り組む価値があると思える課題に挑戦させたい。	■【学校生活をつくる】 クラスのメンバーは２年固定であるが１年間の集大成としての３学期という意識と共 …きたのか。次の …るという意識を

「おにたのぼうし」
「ないた赤鬼」
など鬼の出てくるお話を
比較し、鬼の像にせまる。

④
社会科見学を核として、
その報告をするという実の場
としてつなぐ。そして生活を
見つめ直す。

⑤
鬼という文化をことわざ、
物語とつないでいき、
考える単元とする。

8　9				1		
	運動…					
	附属…流			…との交流		
夏休み報告会						
見学したことを知らせよう わすれられないおくりもの（実習生）	くらしと絵文字（実習生） 係の活動について考えよう	俳句に親しむ 詩を楽しもう のらねこ	いろいろな手紙を書こう ことわざ・慣用句 町の行事について調べよう			…っているこ
見学先で知りたいことを聞く	よりよい活動に向けて最適解を求めて話し合う　提案する					
課題解決を報告し共有するために書く		物語の設定を生かして続き話を書く				残す出来事を取材する
物語を紹介するためにあらすじをつかむ 場面を選ぶ	まちで見付けたマークの説明をするために、段落の構成を意識して読む	続き話を書くために物語の設定を読む				
見学カードの分類、整理の視点 場面構成	段落構成 図とテキストとの相関関係	俳句 言葉のリズムと音節	手紙の形式 ことわざ・慣用句	民話・昔話	非連続型テキスト	イメージマップ 付箋操作 構成メモ
太陽の光のはたらきを調べよう	光のはたらきを調べよう	ものの重さを調べよう		豆電球にあかりをつけよう	じしゃくのふしぎを調べよう	
はたらく人とわたしたちのくらし わたしたちのくらしと農家の人の仕事		わたしたちのくらしとお店の方々の仕事		安全なくらし 火事からくらしを守る		
かけ算を見直す 大きい数のわり算	小数 重さ	円と球 分数	□を使った式	かけ算の筆算		
ゴール型ゲーム 走・跳の運動	表現運動	体つくり運動 器械運動	走・跳の運動	体つくり運動		
信頼友情 個性伸長 自然愛・動物愛護 思いやり親切	敬虔 勇気 礼儀 信頼友情	尊敬感謝 郷土愛 愛国心 公徳心	思いやり親切 節度ある生活	信頼友情 節度ある生活 家族愛	勤勉努力	尊敬感謝
色		食べもの		お店屋さん	動物	

「ミラクルミルク」
「すがたを変える大豆」
から、身の回りの食について
研究レポートを書く単元を
構想中

⑥
科学的なものの報告をする
ために一年間の理科の
授業から材料を得る。

平成 30 年度　3 年 3 組　学級経営案

【学校教育目標】

明るく思いやりのある子
強くたくましい子
深く考える子

【学年目標】

みんなで　なかよく　大きな　にじを

【担任が願う子どもの姿】

３年生のこの時期は、意欲とエネルギーにあふれ、様々な活動を通して、力が大きく伸びる大切な時期である。この意欲とエネルギーを成長につなげるものは、失敗を恐れずに、自信をもって、チャレンジする前向きな姿勢である。また、違いを生かすには虹のようにたくさんの色の集まりがさらなる美しさを描き出すように、違うことを受け入れ、認め合い、高めあっていく集団として成長していってほしいと願っている。

【学級の子どもの実態】

○自己表現力
・対言葉
しっかりと自分の言葉で学習や日常を振り返ることができる言葉を持っている子がいる反面、どう振り返っていいか行動認識で終わり、思考面への追究の弱さが見られる子も多い。
→日記や学習のふりかえりの記述にテーマや制約を設けるなどして、意識的に対自分に向かい、何ができたか、どのように取り組んだかなど、方法知、内容知両面から表現できるように場を作っていく。
・対身体
発言を要求するパフォーマンスに長けている子、全くといって静か
しながら生活や学習を進める。
・対相手
比較的穏やかにだれとでも接することはできるが、数名孤立する子がいる。
→孤立している子の言葉を聞き、サポートすると共にスキル獲得への具体的な言葉と場を用意する。
・対自分
自分を振り返ることや自分のスキルを見通すことが、まだまだ弱い。
→学習や活動ごとにふりかえりの時間を設けて、メタ
習慣をつけていく。
○社会的スキル
教室の移動など声をかけないと、静かにできない。他者
→常に社会の一員として存在していることを言い続け
時間に関してはルーズで開始時刻に切り替えができない
備のできている子の時間を奪っている意識が薄い。
→１分の積み重ね、重みを具体的に見せていく。時間を
どれだけ有益かを生活の中で実感できる場を設ける。
○言語的スキル
音読させると、語彙がつかめておらず、変な箇所で息を
イントネーションがおかしかったりする子が数名いる。
→個々にはその都度確認しながら、全体では言葉につい
る場を設ける。
書字に関しては、文字のバランスを無視して練習したり
こうという習慣のない子が 10 名弱いる。
→個別に対応すると共に、字形に意識の向く漢字指導をする。
○生活スキル
給食を食べるのに時間がかかる子が多い。偏食もかなりある。
→個人の努力目標を決めさせ、皆で負担の無いように応援する。
学習の準備など、今何を優先すべきか、何に集中すべきか判断できない子、その都度注意しなければならない子が 10 名弱いる。
→注意はその場で簡潔にし、できたことを褒め、改善を促す。

１学期

学級づくりの重点

■【学校生活になじむ】
クラス替えした１学期。今までの環境から皆で新しいクラス集団を作るという意識をもち、互いの意見を最後まで聞きよりよい考えや解決策を見付けていく、思考習慣をつける。
また、中学年として生活・学習共に自立した言動・思考ができるように働きかける。
自分の得意なこと、好きなこと、興味のあることを中心に、クラスを運営する学習に参加しているという存在意識をもたせるように、学級活動、宿泊生活、学習方法など、全ての面で個の集まりで学級が成立していて、そのどの子もかけがえのな存在である意識と自信と安心をもた　　　　　　　　　　　　　　　全体を意識した言動を
褒め、　　　　　　　　　　　　　　　　　　　　めの思考力判
断力表
All fo　　　　　　　　　　　　　　　　　　　一つのステー
ジとし

ふりかえり

今まで　　　　　　　　　　　　　見付ける、やり
たいこ　　　　　　　　　　　　　を見付ける、教
師のも　　　　　　　　　　　　　常に多く、これ
を打破　　　　　　　　　　　　　するか。自由は
どこま　　　　　　　　　　　　　き、みんなのク
ラスで　　　　　　　　　　　　　した結果、目指
すクラ　　　　　　　　　　　　　いがあるからこ
そ、学

					7
行事		始業式			
		一年生を迎える会		② 至楽荘生活	
学級活・総合・特		係活動を充実させよう			
			至楽荘生活の準備		至楽荘生活の報告会
教科 指導内容	国語	かえるのぴょん 「聞き取りクイズ」をしよう 白い花びら 季節の言葉	めだか ① 本で調べよう 国語辞典の引き方 モチモチの木	生き物のとくちょうをくらべて書こう つたえよう、楽しい学校生活	気持ちをつたえる話し方・聞き方
	聞く話す	メモを取りながら聞く 話の中心をはっきり話す		報告すべき内容を吟味する話し合い	適切な言葉づかいと伝えたい意味、気持ち
	書く	言葉のイメージを膨らませて詩の連や続き話を創作する	情報を発信するために書く		至楽荘生活でお世話になった方々へお礼の手紙を書く
	読む	ファンタジーを読む ①	自分の知りたい情報を読み取り、考えをまとめる ①	知りたいことを知るために図鑑・パンフレットを読む	
	知識技能	言葉の区切り メモ 人物関係図	図書館の活用の仕方 国語辞典の引き方 場面	箇条書き 比べる視点 カテゴリー分け 横書き	心情を表す言葉
教科	理科	花や虫をさがそう 植物を育てよう	昆虫の体を調べよう	風やゴムのはたらきを調べよう	植物を育てよう
				小金井市の様子	
			方	大きい数の計算 わり算	10000 より大きい数
				器械運動 水泳 ③	
			重	正直誠実 勤勉努力 思いやり親切 家族愛	自然愛 生命尊重 公徳心
	図工	N 先生			
	英語	英語で挨拶	ローマ字	数	
	音楽	S 先生			

①
理科と内容の関係
出会った生物を科学的読みもので深く知る。
もっと観察したいと、
またフィールドに出る。

②
至楽荘生活という大きな行事に合わせて、その活動を報告するという実の場をつなぐ。

③
実際、自分たちの使っている言葉から伝わり方と気持ちを心情と技能という両面から考える。

のつくり方」 実践編

考える

第2章「国語科授業

話すこと・聞くこと×考える

中村　和弘

平成29年版の学習指導要領では、〔思考力、判断力、表現力等〕として、「A　話すこと・聞くこと」「B　書くこと」「C　読むこと」が示されています。思考力や判断力としての「話すこと・聞くこと」「書くこと」「読むこと」とは、どんなことが大切なのでしょうか。

「A　話すこと・聞くこと」については、指導事項が次のように構成されています。

○話題の設定、情報の収集、内容の検討
○構成の検討、考えの形成（話すこと）
○表現、共有（話すこと）
○構造と内容の把握、精査・解釈、考えの形成、共有（聞くこと）
○話合いの進め方の検討、考えの形成、共有（話し合うこと）

このうち、「話題の設定、情報の収集、内容の検討」については、話すこと、聞くこと、話し合うことに共通する指導事項です（詳しくは38ページを参照）。

話をするとき、文脈や状況を考え、どう話せばいいのかを検討し、調整しながら話します。あるいは、何を誰に向けて、どんな場所で話すかによって、話し方をコントロールします。こうした話すときに頭の中であれこれと考えるさまざまなことが、思考の働きだと思います。ですから、国語の授業でも「どう話せばいいか」ということを、意図的にしっかり考えさせることが大切になってきます。

ここでのポイントは、「こう話すといいですよ」と先に教えてしまっては、子どもたちが考える機会を奪ってしまうということです。

話すことの授業であれば、まず子どもたちが話してみる。その上で、話す目的や相手、場面を確認し、どのような話し方がよりよいかを考え合い、改善点を検討する。その上で、もう一度話してみて、前よりもどこがどのようによくなったかを考えてみる。試行錯誤をするというのは、たとえば

［思考力・判断力・表現力等］の育成として、話すこと・聞くことを指導する

○何を考えさせたり、判断させたりするか
・文脈や状況を考え（目的や相手、場面）
・どう話せばいいのかを検討し（方法）
・調整しながら話す（発話）

○学習過程をどう組むか
・まずやってみる（既習の内容、経験の活用）
・改善点を検討する（思考・判断する）
・工夫点を見いだす（新たな知識・技能の要求）
・もう１回やってみる（バージョンアップへ）

「対話的な学び」×「話すこと・聞くこと」の学習指導の工夫

●子ども同士の協働、教員や地域の人との対話、先哲の考え方を手掛かりに考えること等を通じ、自らの考えを広げ深める「対話的な学び」が実現できているか。

○学習の中で、多様な資料、リソースと関わりながら取り組める課題や状況を用意する
○交流や対話を通して、自分の考えがどう広がったり深まったりしたかを捉えられるようにする
○考えを出させることばかりに目を向けず、うまく言葉にできない状況を大切にし合い、話し合いなどを通して、フォロワーとして互いの考えを支え合うこと

そのような学習過程を工夫することだと言えるでしょう。

あるいは、「僕は、こういう物を使ってスピーチしたい」「私は、こんな写真を見せながら説明したい」など、話すときの工夫をさまざまに検討させることも有効でしょう。どのような話し方の工夫が効果的なのかを、子どもが考え判断する場面を設けるということです。

このように、子どもが頭を働かせながら学習に取り組むことは、どの教科等の学習でも大切にしたいことです。とくに国語は他教科に比べて低学年、中学年の時間数が比較的たくさんありますから、そうした試行錯誤はしやすいのではないかと思います。

そして、国語でそういった学び方をすると、他の教科で、たとえば社会の調べ学習の発表をするときにも「新聞にまとめたら」、「パンフレットのほうがわかりやすいかな」、「みんなでグループで何かつくろうよ」といったように、学習自体を選択していくことができるようになると思います。そうした学びに向かう力が涵養されることを通して、上にあるような「対話的な学び」も実現されていくのではないでしょうか。

「学習討論会をしよう」（6年）の学習過程

①話す・聞く活動から討論会の見通しをもつ ②CDを聞き、討論会の進め方を知る ③討論会の論題を決め、グループを作る ④⑤グループごとに準備を進める ⑥⑦討論会を行う ⑧まとめをする	⇒	①討論会の見通しをもち、「説得力のある話し方は？」という問いをもつ ②議題を決め、グループごとに準備をする ③討論会（１）を行う ④「説得力のあった話し方」という視点から前回の討論会を振り返り、準備をし直す ⑤討論会（２）を行う ⑥よくなった点を中心に振り返り、説得力のある話し方についてまとめる
（8時間）		（6時間）

「考える」をベースに学習過程を工夫することで、授業時間の短縮につながる場合もある。

[思考力・判断力・表現力等]

A　話すこと・聞くこと

		(小) 第１学年及び第２学年	(小) 第３学年及び第４学年	(小) 第５学年及び第６学年
		（１） 話すこと・聞くことに関する次の事項を身に付けることができるように指導する。		
話すこと	話題の設定 情報の収集 内容の検討	ア　身近なことや経験したことなどから話題を決め、伝え合うために必要な事柄を選ぶこと。	ア　目的を意識して、日常生活の中から話題を決め、集めた材料を比較したり分類したりして、伝え合うために必要な事柄を選ぶこと。	ア　目的や意図に応じて、日常生活の中から話題を決め、集めた材料を分類したり関係付けたりして、伝え合う内容を検討すること。
	構成の検討 考えの形成	イ　相手に伝わるように、行動したことや経験したことに基づいて、話す事柄の順序を考えること。	イ　相手に伝わるように、理由や事例などを挙げながら、話の中心が明確になるよう話の構成を考えること。	イ　話の内容が明確になるように、事実と感想、意見とを区別するなど、話の構成を考えること。
	表現 共有	ウ　伝えたい事柄や相手に応じて、声の大きさや速さなどを工夫すること。	ウ　話の中心や話す場面を意識して、言葉の抑揚や強弱、間の取り方などを工夫すること。	ウ　資料を活用するなどして、自分の考えが伝わるように表現を工夫すること。
聞くこと	話題の設定 情報の収集	【再掲】 ア　身近なことや経験したことなどから話題を決め、伝え合うために必要な事柄を選ぶこと。	【再掲】 ア　目的を意識して、日常生活の中から話題を決め、集めた材料を比較したり分類したりして、伝え合うために必要な事柄を選ぶこと。	【再掲】 ア　目的や意図に応じて、日常生活の中から話題を決め、集めた材料を分類したり関係付けたりして、伝え合う内容を検討すること。
	構造と内容の把握 精査・解釈 考えの形成 共有	エ　話し手が知らせたいことや自分が聞きたいことを落とさないように集中して聞き、話の内容を捉えて感想をもつこと。	エ　必要なことを記録したり質問したりしながら聞き、話し手が伝えたいことや自分が聞きたいことの中心を捉え、自分の考えをもつこと。	エ　話し手の目的や自分が聞こうとする意図に応じて、話の内容を捉え、話し手の考えと比較しながら、自分の考えをまとめること。
話し合うこと	話題の設定 情報の収集 内容の検討	【再掲】 ア　身近なことや経験したことなどから話題を決め、伝え合うために必要な事柄を選ぶこと。	【再掲】 ア　目的を意識して、日常生活の中から話題を決め、集めた材料を比較したり分類したりして、伝え合うために必要な事柄を選ぶこと。	【再掲】 ア　目的や意図に応じて、日常生活の中から話題を決め、集めた材料を分類したり関係付けたりして、伝え合う内容を検討すること。
	話合いの進め方の検討 考えの形成 共有	オ　互いの話に関心をもち、相手の発言を受けて話をつなぐこと。	オ　目的や進め方を確認し、司会などの役割を果たしながら話し合い、互いの意見の共通点や相違点に着目して、考えをまとめること。	オ　互いの立場や意図を明確にしながら計画的に話し合い、考えを広げたりまとめたりすること。
言語活動例		（２） （１）に示す事項については、例えば、次のような言語活動を通して指導するものとする。		
		ア　紹介や説明、報告など伝えたいことを話したり、それらを聞いて声に出して確かめたり感想を述べたりする活動。	ア　説明や報告など調べたことを話したり、それらを聞いたりする活動。 イ　質問するなどして情報を集めたり、それらを発表したりする活動。	ア　意見や提案など自分の考えを話したり、それらを聞いたりする活動。 イ　インタビューなどをして必要な情報を集めたり、それらを発表したりする活動。
		イ　尋ねたり応答したりするなどして、少人数で話し合う活動。	ウ　互いの考えを伝えるなどして、グループや学級全体で話し合う活動。	ウ　それぞれの立場から考えを伝えるなどして話し合う活動。

小学校学習指導要領（平成 29 年告示）解説「国語編」より

ここが見どころ! 授業NAVI

３年生　話すこと・聞くこと×考える「つたえよう、楽しい学校生活」
ｐ40～49

大塚先生の実践では、場面に応じた教師の関わり方に注目したい。

全体の話し合いの際には、子どもの発言のキャッチボールが続くように、教師が中継ポイント役を果たしながら教室全体に向けて関わっている。そのことで、発表会の方法についての子どもたちの考えが促されている。

またグループでの話し合いの際には、司会、話し手、聞き手、それぞれが頭を働かせながら話し合いに参加しているかどうかを見守る役に徹している。

ただ見守るだけでなく、紙の筒をマイク代わりになるように教具を準備し、子どもたちが発言の順序を考え話し合えるよう手立てを講じている。子どもの実態に即したアイデアだと思う。

６年生　話すこと・聞くこと×考える「未来がよりよくあるために」
ｐ50～59

成家先生の実践では、まず全体討議の工夫に着目したい。一つは、事前に集めておいた意見を印刷して、誰の意見かがわからないようにしてから配布している点。そのことによって「人」ではなく「意見」そのものを考えることができる。もう一つは、二軸四象限のフレームを用意し、意見を視覚的に整理させている点。これらの工夫が考えの形成につながっている。

グループ討議の際、ファシリテーターの役目を担わせている点にも注目したい。高学年になると、グループでの話し合いに温度差が生じがちだが、ファシリテーター役を置くことで、話し合いが活性化している。比べる、 関連させる、実現可能性を考えるというポイントを明確にすることで、子どもたちは考えながら話し合いを進めることができている。

3年生

話すこと・聞くこと×考える

「つたえよう、楽しい学校生活」

はじめての宿泊生活（千葉県勝浦市・至楽荘での二泊三日）の報告発表会の企画と話し合いの様子を紹介する。

上級生の宿泊生活（一宇荘：山の生活）の報告発表会を見学した体験を振り返り、自分たちのはじめての宿泊生活（二泊三日の至楽荘：海の生活）の報告発表会を企画、内容を検討した。はじめての宿泊生活に向け、意欲の高まる時期に単元を設定することで、子どもたちが必要感をもって、主体的に話し合い活動を行う様子を紹介する。

東京学芸大学附属
小金井小学校３年３組
担任：大塚 健太郎

第1時

導入

① 以前に参加した上級生の報告発表会をビデオで確認。

ポイント!

上級生の報告発表会をモニター提示。参加の際の記憶がよみがえり、報告会の意義を認識。発表の工夫を自分の言葉で表現することも容易になる。

展開

② 上級生の発表を振り返り、発表の仕方、掲示の工夫、内容を話し合う。

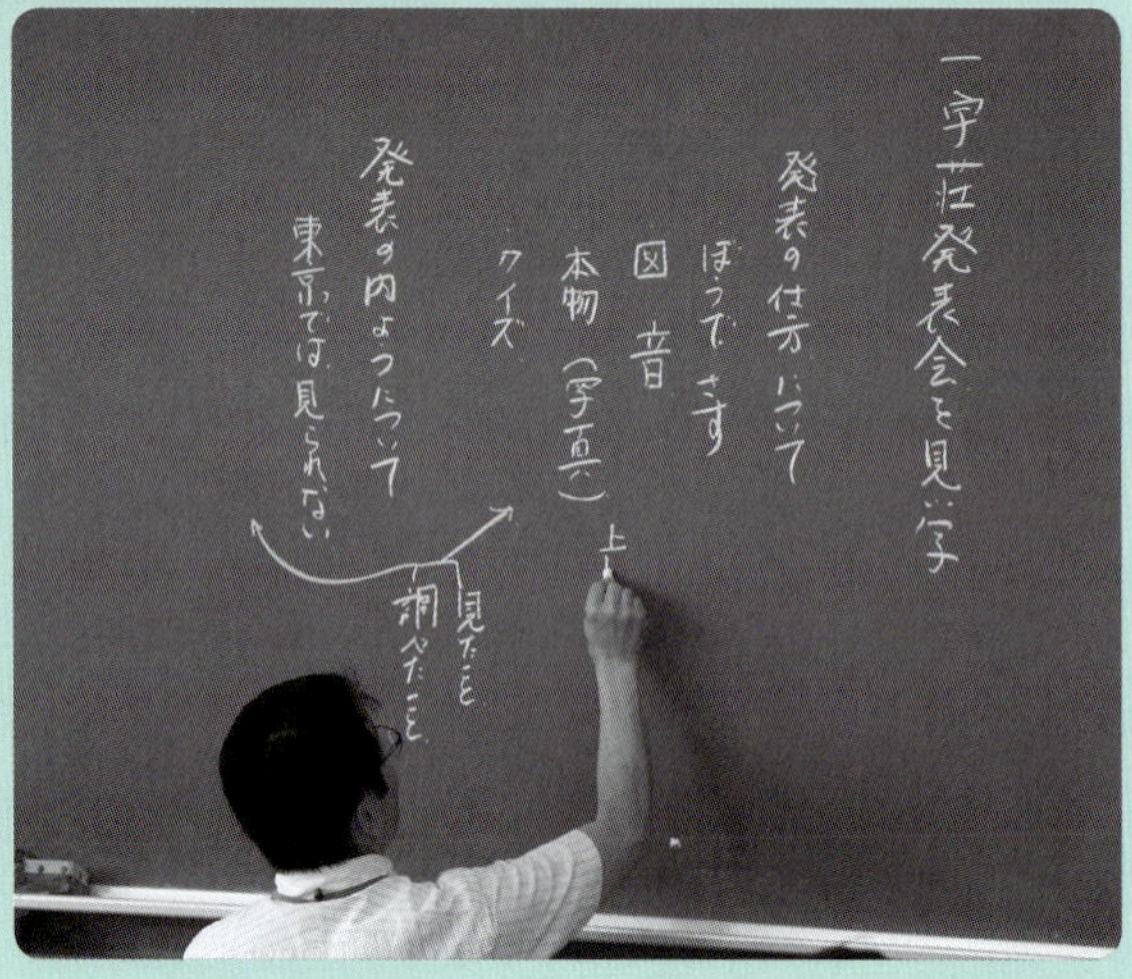

どんな発表の工夫があったか。どんなところが印象に残っているか。その理由は?「棒で示したのがわかりやすかった」「写真や映像もあって、様子が想像できた」「東京では見られないものを紹介していたのがいいと思う」といった意見が次々に出される。

- **目標**：グループで話し合って考えをまとめ、学校生活を紹介する。互いの考えの共通点や相違点を整理し、進行を考えながら話し合う。
- **教材名**：「つたえよう、楽しい学校生活」（光村図書「国語」平成 27 年度版３年上）

［主な指導事項］
思考・判断・表現
A 話すこと・聞くこと
ア・ウ・エ・オ

自分たちの宿泊体験（至楽荘生活）も「上級生のように、報告発表会を開きたい」と意見がまとまる。「来年の参考にしてほしいから2年生に見てもらいたい」「経験者の4年生に見てほしい」という意見が出る。

展開

③ 自分たちが明日から出かける「はじめての宿泊生活」報告発表会について話し合う。

ほかに報告したい人はいない？はじめての宿泊生活をいちばん心配している人は？の問いに「家の人に知ってほしい」という声が上がる。

学年行事は学年間の連携、意思疎通も欠かせない。廊下の共有スペースには至楽荘生活への思いを詠んだ俳句を掲示。学年全体でワクワク感を演出していく。

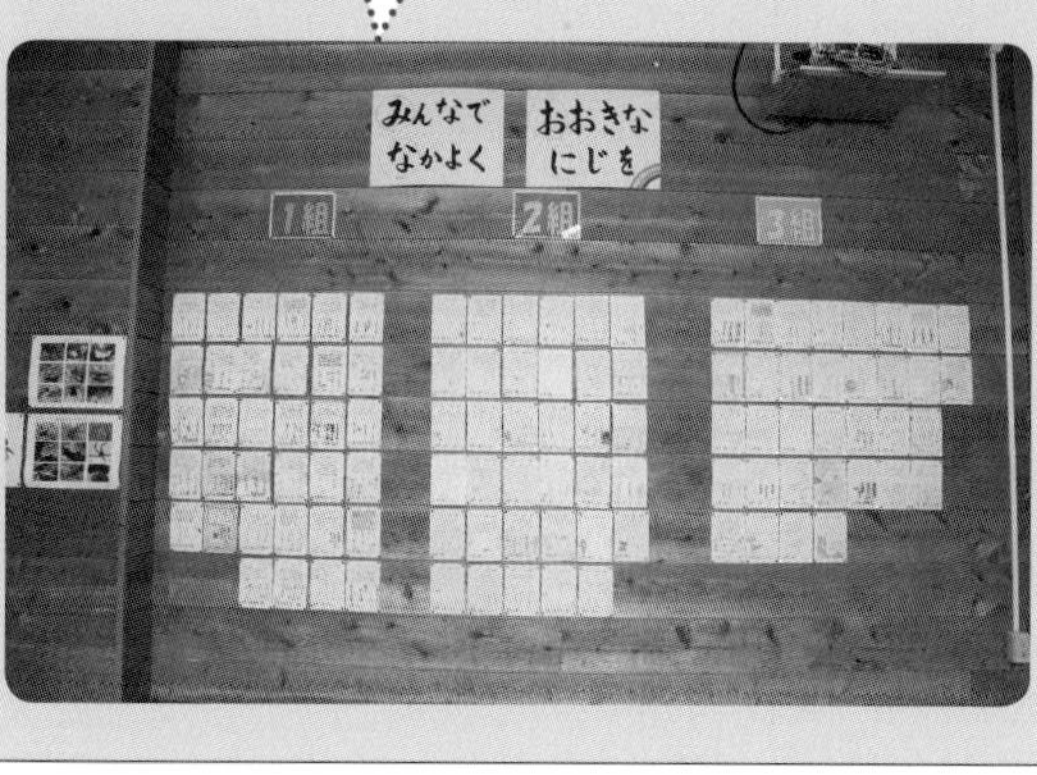

学習指導計画
（全9時間）
第1時、第3時、第4時
を紹介

①報告会の意義、相手、目的、内容を考える。

はじめての宿泊生活
（至楽荘での二泊三日体験）

②生き物の特徴を比べて書く。
（総合的な学習の時間、学級会の時間もあわせて、至楽荘での磯観察の記録をまとめた。）
③全体で話し合う。
④グループで話し合う。
⑤⑥リハーサルと振り返り
⑦⑧保護者を招いての報告発表会をする。
⑨活動の振り返りをする。

展開

4 発表会の相手、場所、日時を決定。発表する内容の検討に入る。

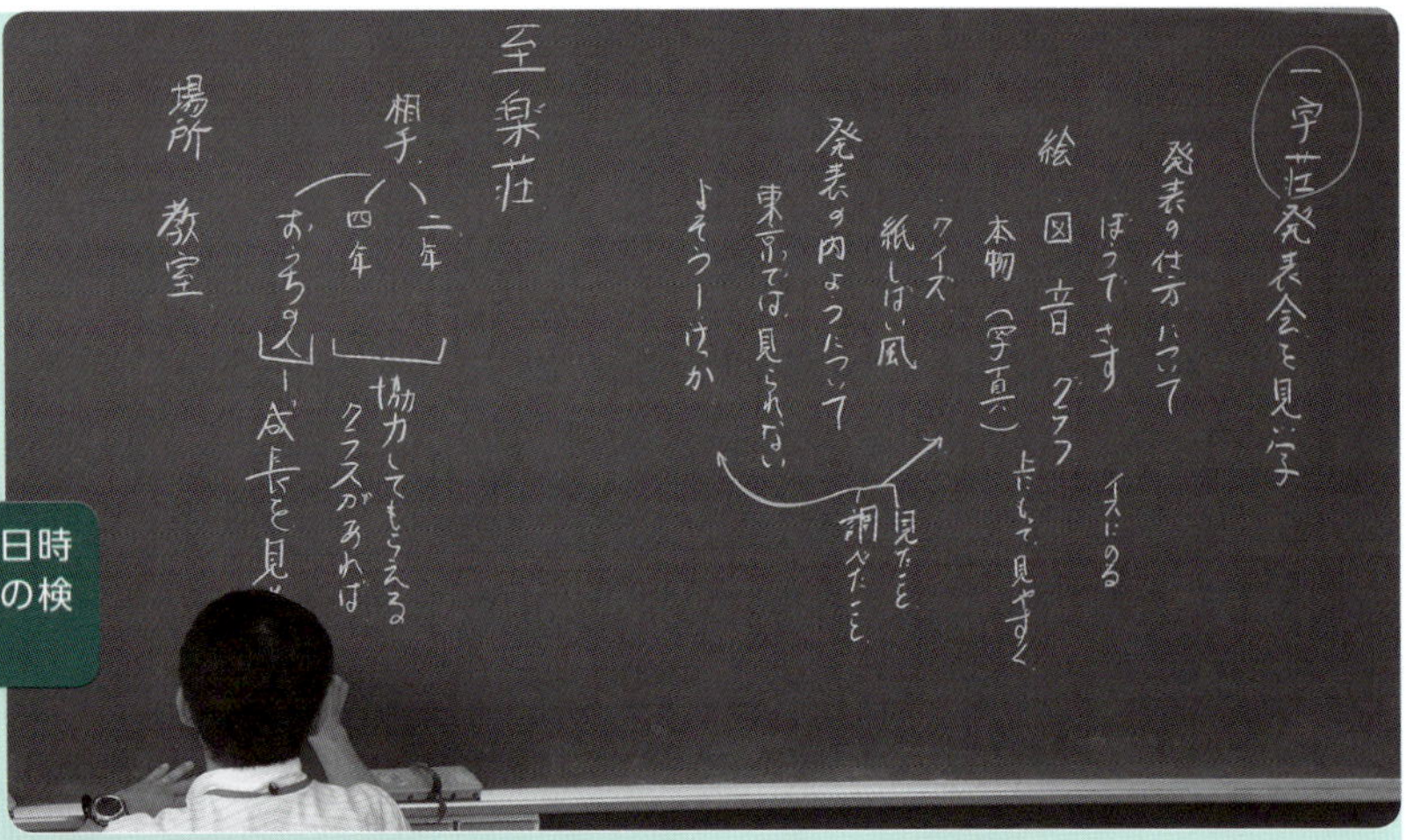

2年、4年には協力してもらえるクラスがあるかどうかを確認することを約束。まずは、家の人に成長を見せよう、という意見でまとまる。

ポイント!
発表したい内容について、具体的にどんなことを説明したいのかを考えさせるようにする。

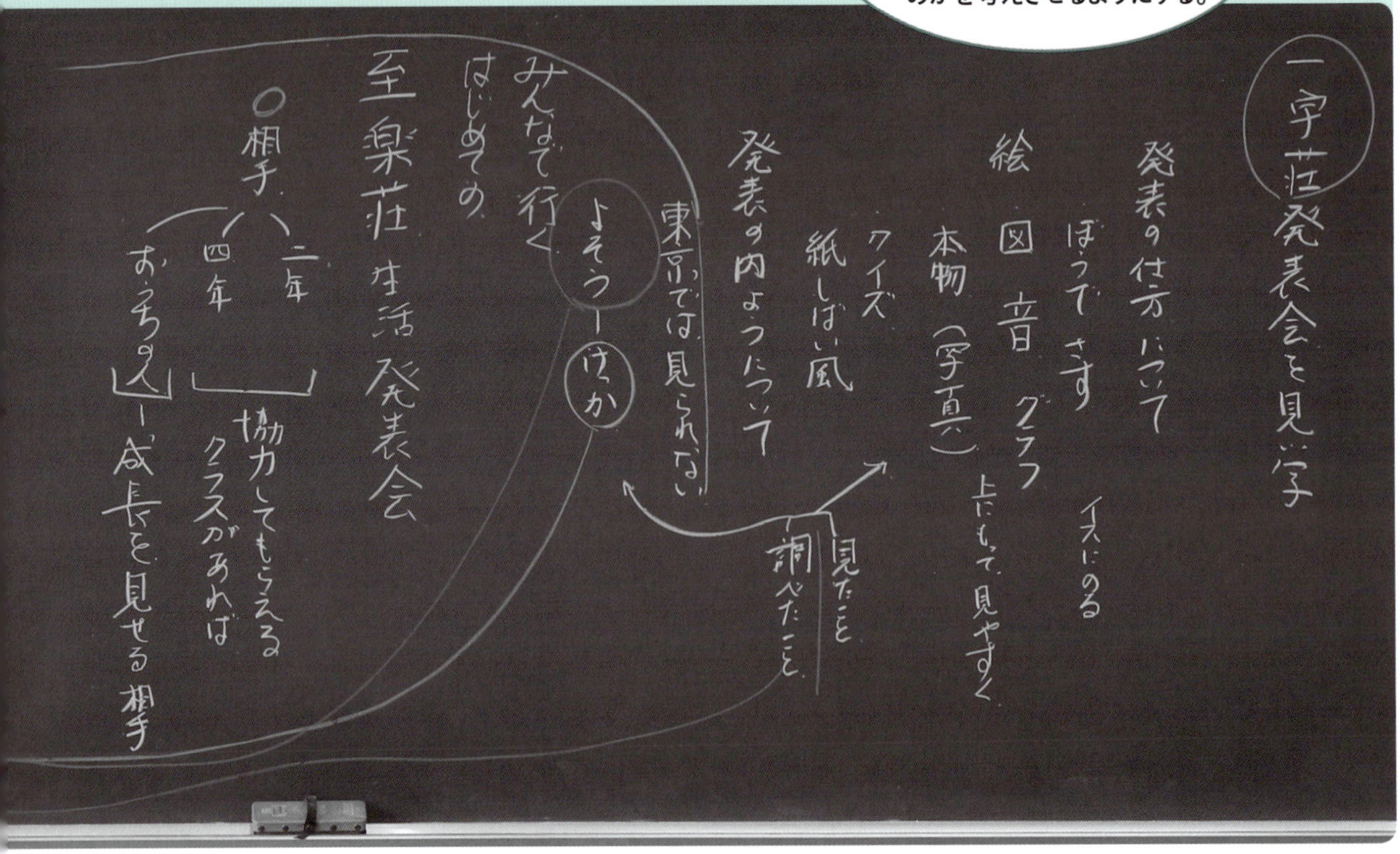

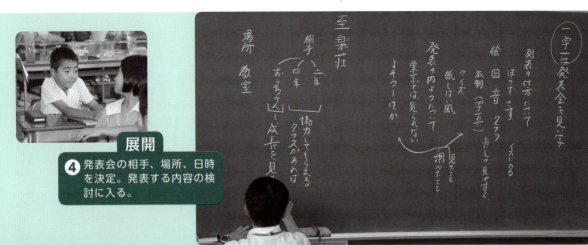

「至楽荘がどんなところだったかを教えたい」
「部屋の様子とか食事の内容」「磯観察！」「磯観察は予想と結果を発表するといいんじゃない？」「水族館とか海中展望塔も」「お楽しみ会のことも言いたい」…板書があっという間に埋まっていく。

終末

❺ 会の名称を全員で決定。
本時を振り返る。

名前は「みんなで行くはじめての至楽荘生活発表会」に決定。『はじめての至楽荘生活』の歌も歌いたい！」という意見が出て、教室内は大合唱。教師も指揮で応える。

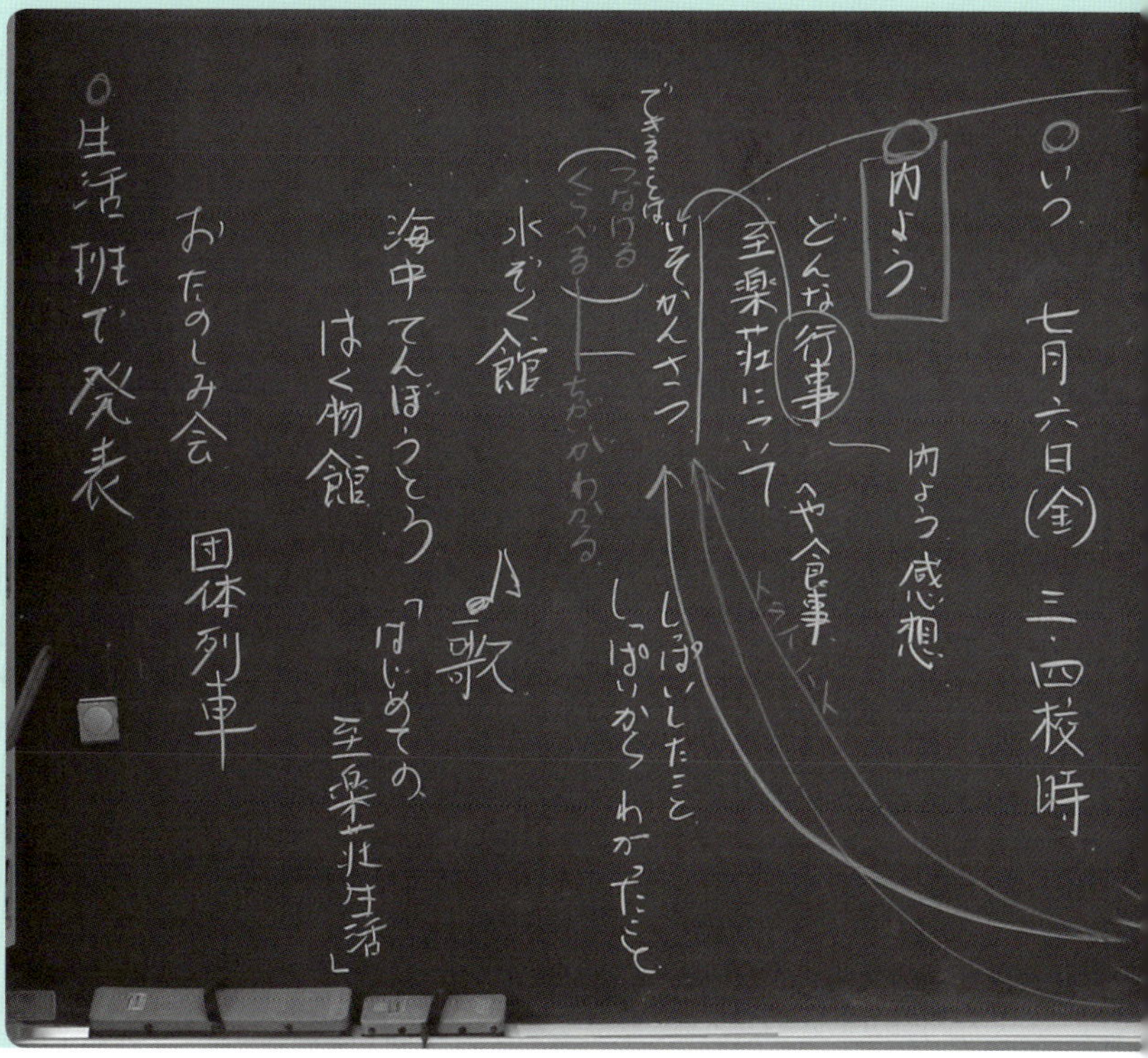

第１時

合意形成の話し合いでは、自分の意見を理解してもらうために、簡潔に話したり、筋道を立てて説明したりする力が求められる。また、互いの意見の共通点や相違点を考えながら話し合い、目的（至楽荘生活を報告する）や条件（相手、場所、日時）に照らし、実現可能かどうかを見極めつつ、意見をまとめる力も育てたい。はじめての宿泊生活に向け、意欲の高まる時期に単元を設定することで、相手意識・目的意識をもった話し合い活動をねらった。

第3-4時

導入

❶ はじめての宿泊生活「至楽荘生活」の目的を確認。

「至楽荘」での2泊3日の宿泊体験を終え、前時までに全員で書き上げた磯観察の記録。

展開

❷ 発表の方法を話し合う。

保護者を招いての報告発表会に向け「至楽荘生活」の目的確認から開始。「目的はしおりに書いてあるよ」という声に、全員でしおりに戻り、目的を確認。
①自分や友達のことを考えて楽しく生活する。
②海の生き物を観察する。
この2つを発表すればいいね。

発表にあてる時間は 10 時 40 分から 12 時 10 分までです。場所はこの教室。この条件で目的の①②をどうやって発表しますか?

ポイント!
大枠（発表会の時間、場所）のみ示し、方法や内容について自分たちで考えるように促す。

「10 時 40 分から 12 時 10 分までってことは、全部で 90 分間だよね」
「②の観察記録はできているから、①をどうやって伝えるかだよね」

これだけの人数で、どうやって発表する?
生活班で発表しようと言っていたけど。

「生活班より就寝班がいいんじゃない?」
「係の方が仕事が伝わるんじゃないかなあ」
どのグループで発表するか、それぞれの立場で理由を述べるが決定打が見いだせない。

「先生!どの班で発表するにしても、
34 人全員話すと、90 分じゃ足りないよ」

時間が足りない? 34 人で一人 1 分ずつだとして 34 分、2分ずつなら 68 分。
「3分ずつだと 102 分だよ!　無理!!」
本当だ。どうしようか?

「4年生が発表していたように、グループごとで同時に発表したら?」
「生活班ならちょうど4つの班だから A 班と B 班で聞き合って、C 班と D 班が聞き合うといいと思う」

「プログラムを先に配っておけば、説明の時間も必要ないよ」発表の時間を多くするための案が次々に出された。
AB,CD の２班ずつで、時間を前後半に分けて発表し合うこと、はじめの言葉の後に歌の1番を歌い、終わりの言葉の前に歌の２番を歌うことで決定。

展開

❸ 発表内容を決めるための話し合い方を考える。

班ごとに 30 ～ 35 分の間の発表の仕方を考えよう。教科書を配ります。発表することを決めるために、どんな話し合い方をすればいいかを考えてみましょう。

教科書の話例をもとに、立場を明確にし、共通点や相違点を理解して話し合うことや、司会の役割について理解する。

話し合いの司会は班長か副班長。話し合うことは①の目的について、お家の方に伝わるように、何をどうやって発表するのか。②の目的について、どのように伝えるか。

ポイント!
話し合いをするときに大切なことを教科書で確認してから、グループ活動に移る。

では、4つの班ごとに移動しよう。

展開

❹ 4つの班に分かれて話し合いをする。

班ごとに分かれて話し合い活動を開始。８人班が２つ、９人班が２つ。班ごとにマイク代わりの筒を手渡し、「話す人はマイクを使って話そう」と呼びかける。

8､9 人のグループで「順序よく話そう」といってもうまくいかないもの。疑似マイクを持つことで「話す、聞く」のメリハリがつく。

「時間は全部で 30 分から 35 分間でしょ。だから、はじめに班の中の係の話をして、その後に生き物紹介をしたほうがいいと思うの。その理由は…」

ポイント!

司会、発表者、聞き手、それぞれが頭をフル回転させて話し合いに参加しているかどうかをチェックして回る。必要に応じて最小限の助言に留める。

展開

❺ 4つの班に分かれて話し合いをする。

「磯の生き物の記録は貼っておいて、見てもらって、お楽しみ会の様子とか、係で頑張った話をしたい」

「劇みたいにしたら楽しく伝わるんじゃないかな？」

「班の半分が至楽荘の出来事を話して、半分が磯の生き物紹介にしたらいいんじゃない？」
班ごとにアイデアが生まれ、議論が白熱。

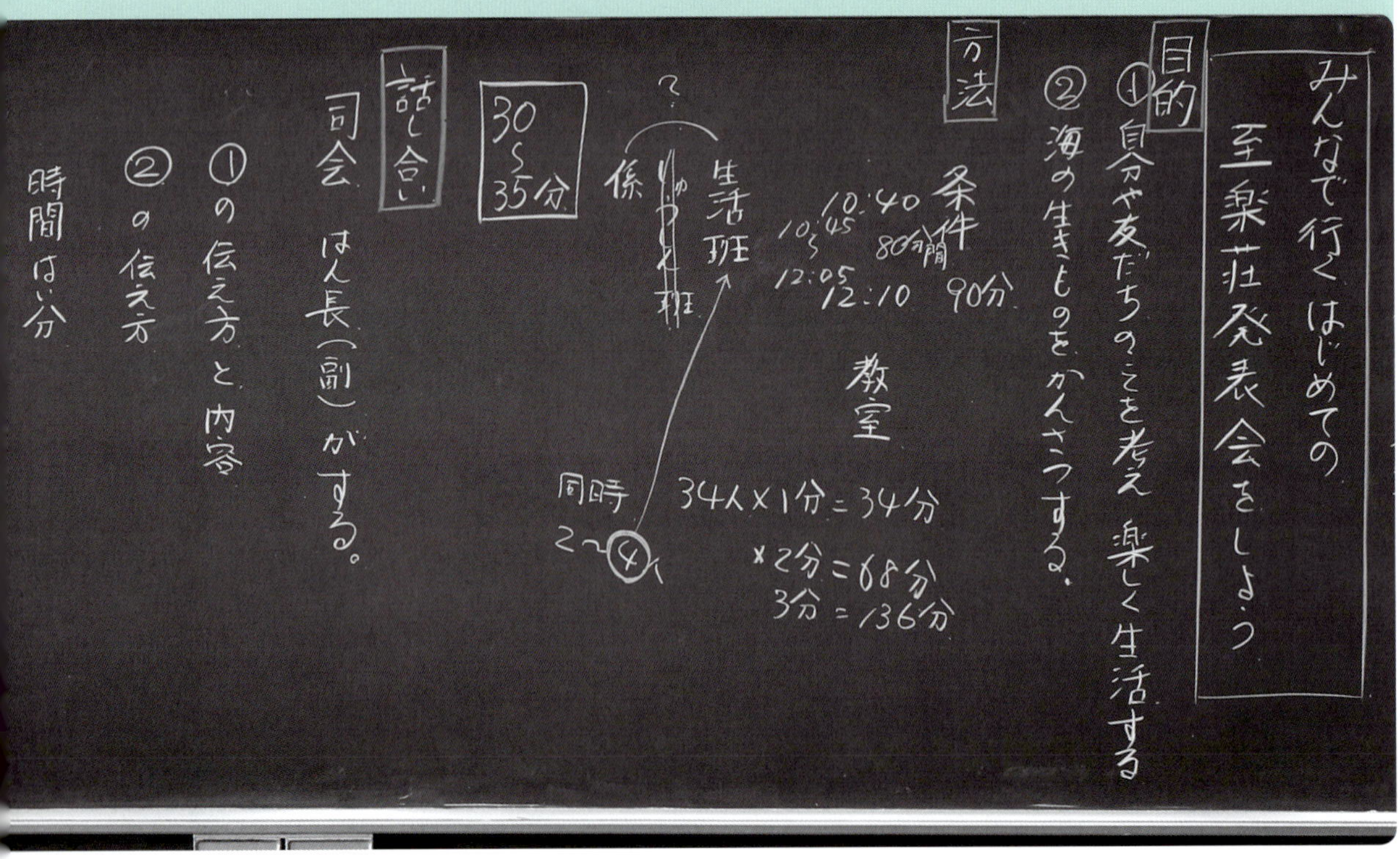

終末

❻各自ノートに向かい、本時を振り返る。

①の伝え方と内容、②の伝え方、時間の配分を班で話し合うことができましたか？

ポイント！

話し合いに参加するときに気をつけることや司会の役割について書かれているかどうか、ノートから見取り、評価につなげる。

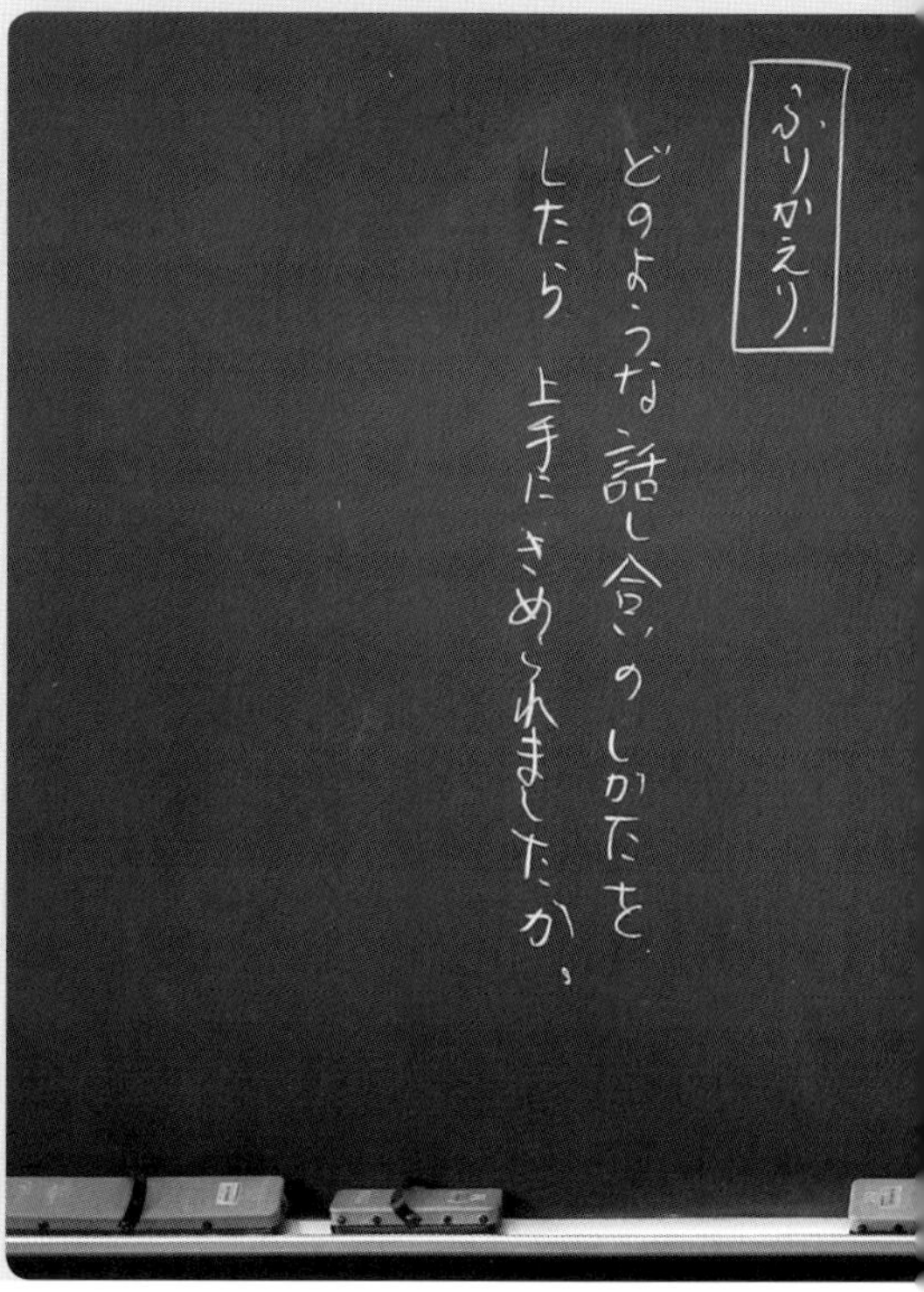

第３～４時

目的意識をもって話し合うために、活動のゴールとなる題材として「はじめての宿泊生活報告発表会」を設定し、それに向けて学習を進めていく展開をとった。本時は全体の話し合い、教科書による話し合い活動の確認を経て、グループでの活動に移った。３年生１学期の実施のため、４人程度のグループでの話し合い活動が望ましいが、今回は実際に活動した班員による話し合いを優先し、８人班と９人班での活動になった。班ごとにどんな発表の仕方をするか、その内容はどうするのか、を具体的に話し合う。

グループの人数が多く、混乱が予想されるため、疑似マイクを配布。マイクを持つことで意見に理由をつけ加えること、司会も出てきた意見を整理して話し合いを進めることができた。

班ごとに発表のプログラムを決め、第５・６時で発表のリハーサルと再振り返りを行い、第７・８時での発表本番を迎えることになる。

6年生

話すこと・聞くこと×考える
「未来がよりよくあるために」

30年後の世の中の未来を考えた全体・グループでの話し合い活動の様子を紹介する。

東京学芸大学附属
小金井小学校6年1組
担任：成家 雅史

今回紹介する「未来がよりよくあるために」は、教科書では「意見を聞き合って考えを深め、意見文を書く」単元設計となっているが、「話すこと・聞くこと×考える」の実践例として、「話しながら考えをまとめる」「友達の意見を聞いて考えを深める」にしぼった授業のつくり方を紹介する。

貧困、虐待、温暖化を問題視する意見が相次ぐ。

学習指導計画

① 30年後の未来を考える
②全体交流
③グループ討議＆考察

現状3時間＋継続指導予定

第1時

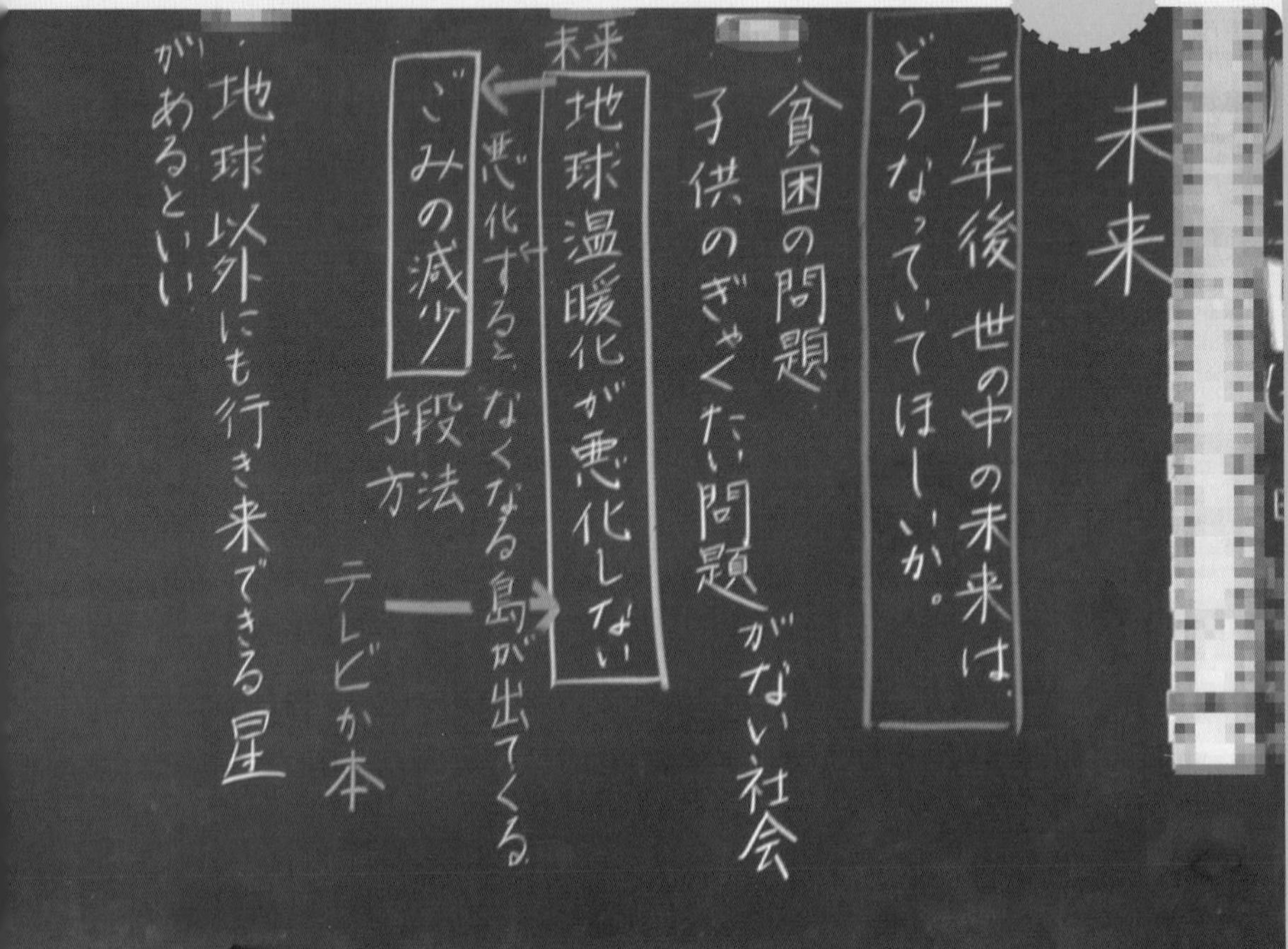

- **目標：**互いの考えのちがいや意図をはっきりさせ、話し合うことによって、個の考えを整理・深化することができる。
- **教材名：**「未来がよりよくあるために」（光村図書「国語」平成27年度版6年上）

［主な指導事項］
思考・判断・表現
A話すこと・聞くこと
ア・オ

ポイント!
「30 年後」と限定することで、漠然とした未来ではなく、自分たちが 40 歳を過ぎたころを想像。イメージがもちやすくなった。

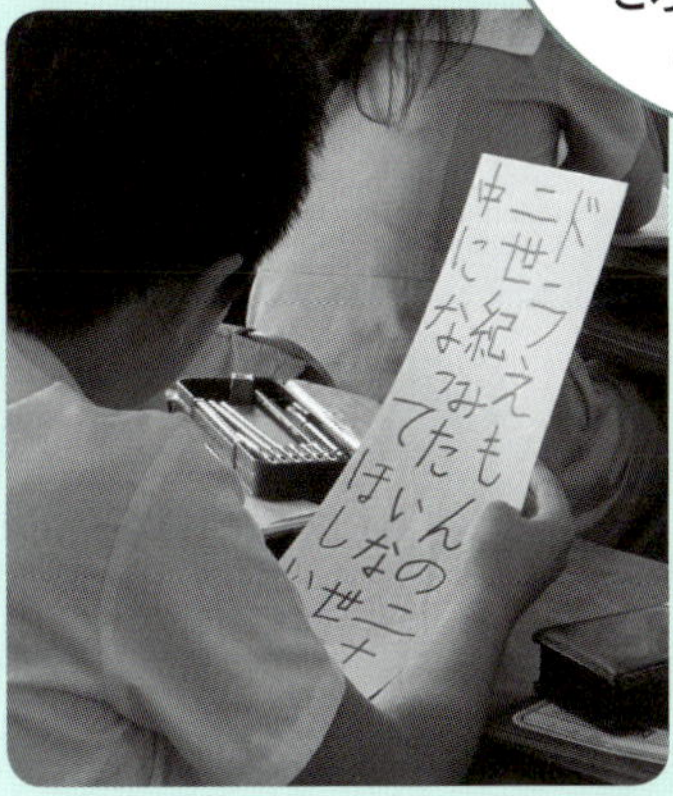

話し合いの大前提として、自分の意見をしっかりともつことが肝心。短冊に自分の考えを書く。

第1時

「30年後の社会がどうなっていてほしいか」を問題提起。貧困や虐待、地球温暖化といった現代社会の抱える問題が話題の中心になる。

各自が意見をもつことを重視するため、本時では突っ込んだ話し合いには踏み込まない。

短冊の用紙を配布し、「30年後、世の中の未来はどうなっていてほしいか」自分の思いを書いて提出するに留めた。

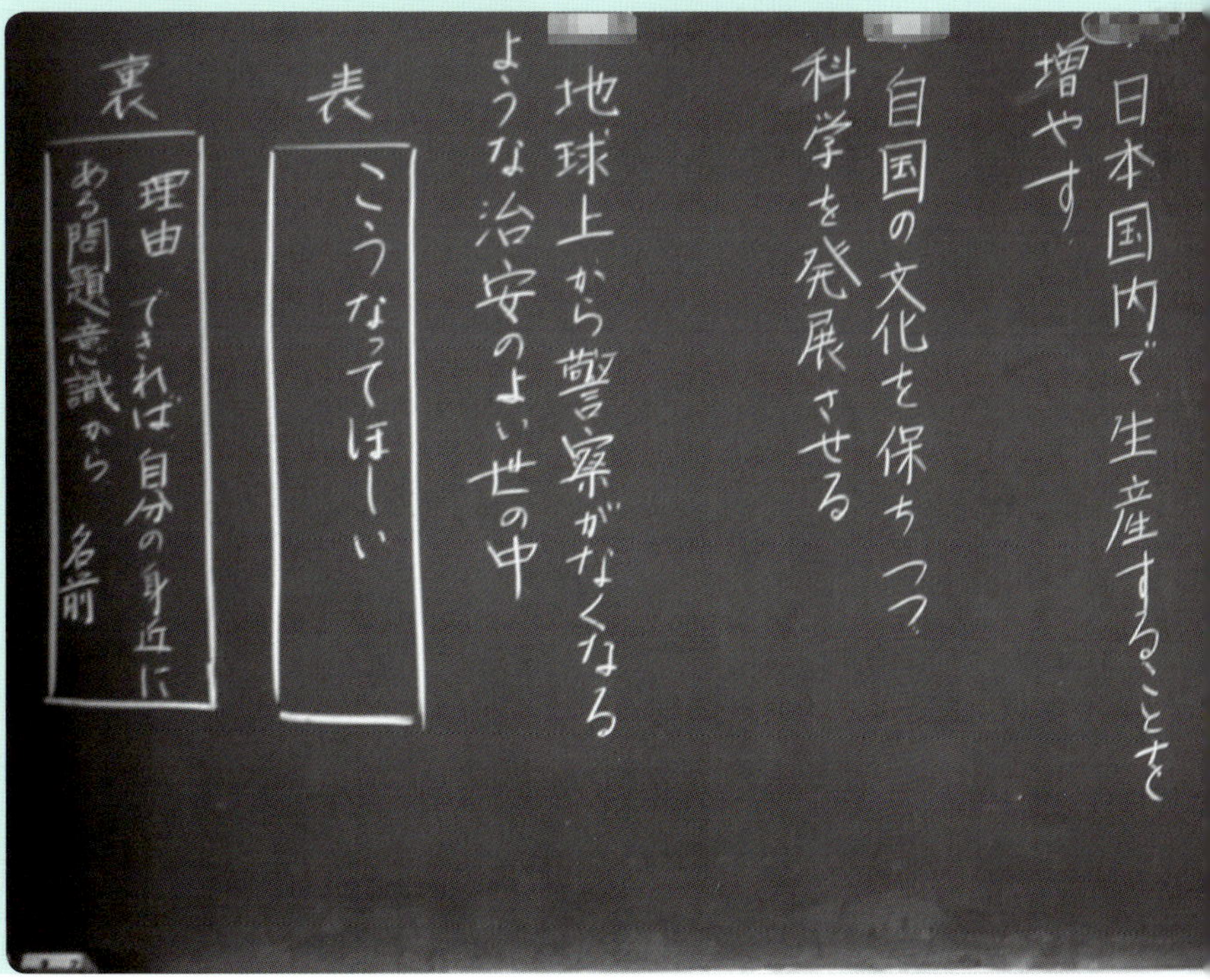

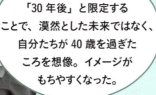

第2時

前時の意見をプリントして配布。教科書の分類を板書し、受け取った考えがどこに当たるかを考えさせる。

導入

① 各自の考えをプリントし、ランダムに配布する。

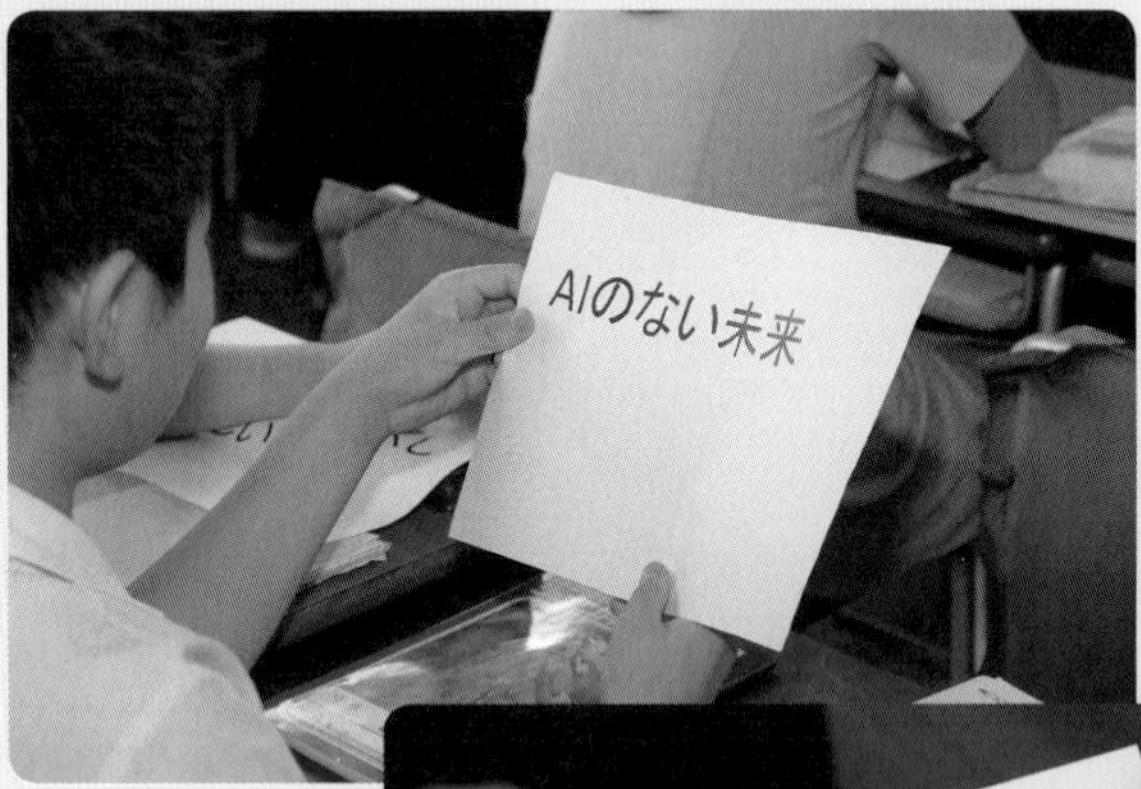

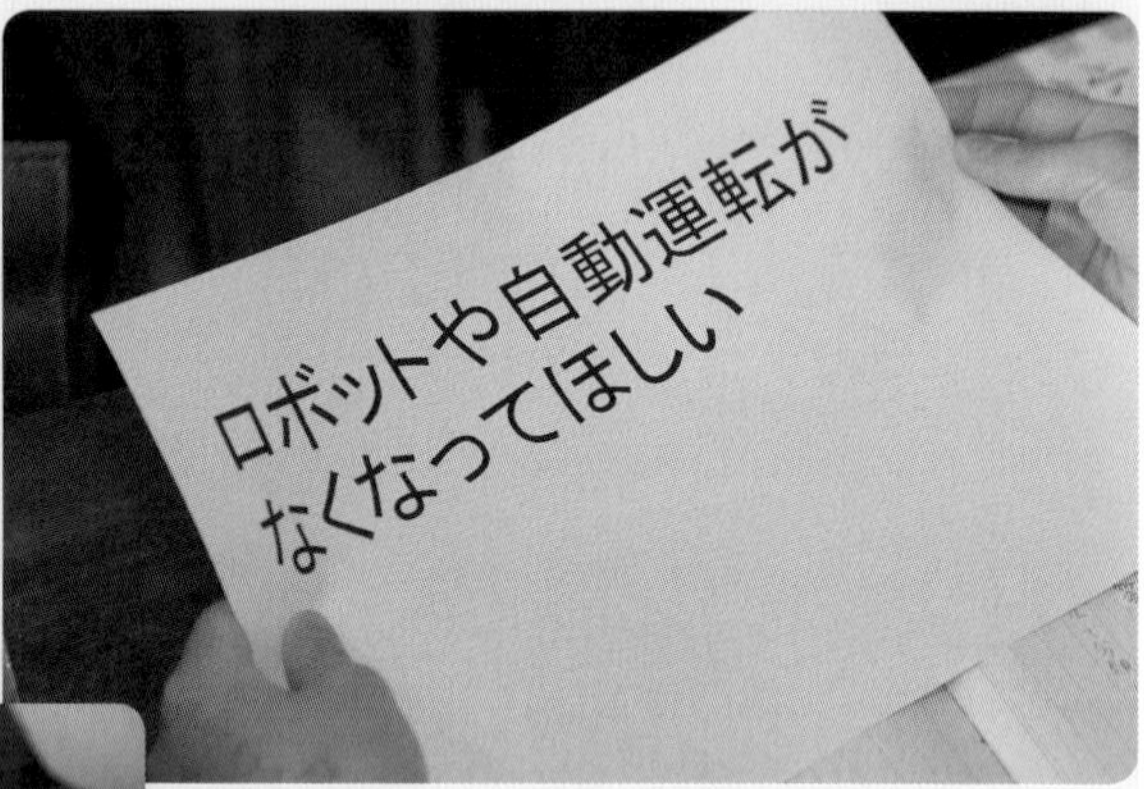

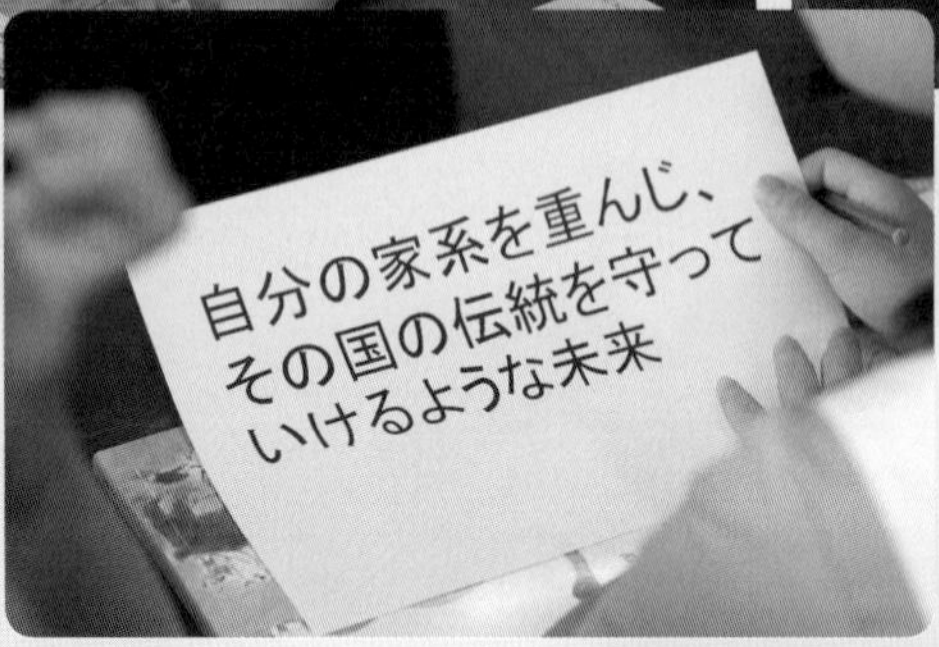

教科書の分類を確かめ、四分割のどこに位置するかを考える姿も見られた。

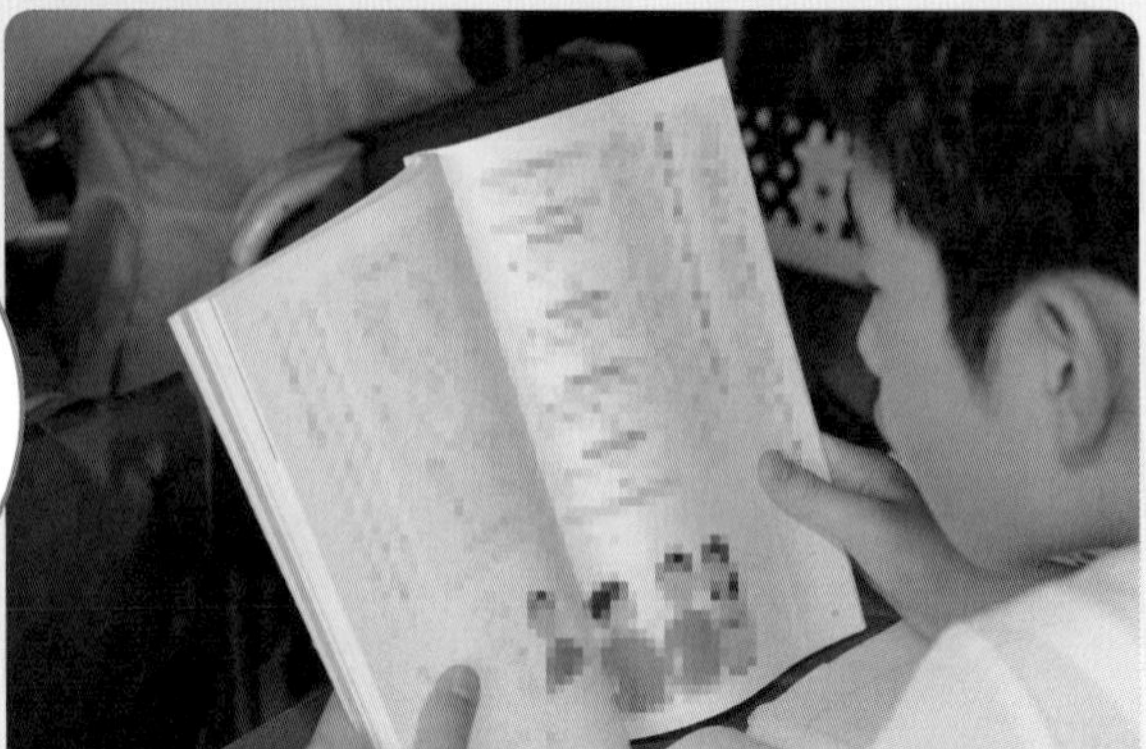

ポイント!

それぞれの子どもが書いた短冊をあえて活字にし、ランダムに配布することで、意見を客観的に見るようにしむけた。

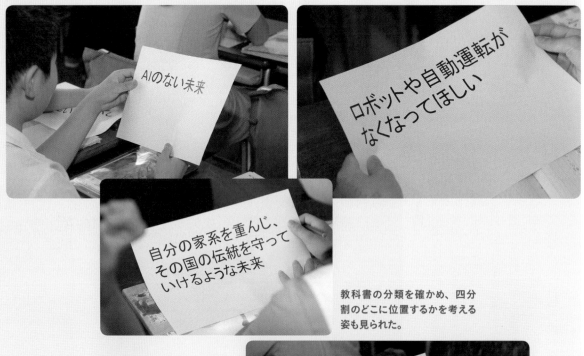

四分割のどこに位置するかを考え、板書に貼り出す。

展開

❷ 分類整理して黒板に貼る。

各自が意見を書き、さらに分類整理して貼り出すことで、他人事ではなく、自分事として思考するように促す。

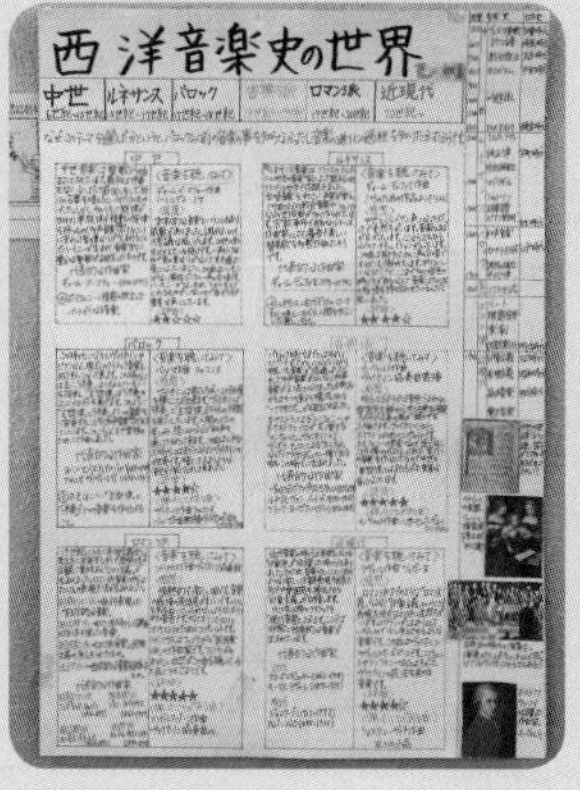

自分の考えをもつ、人の意見に耳を傾ける学級づくりの姿勢は、教室の掲示からもうかがえる。

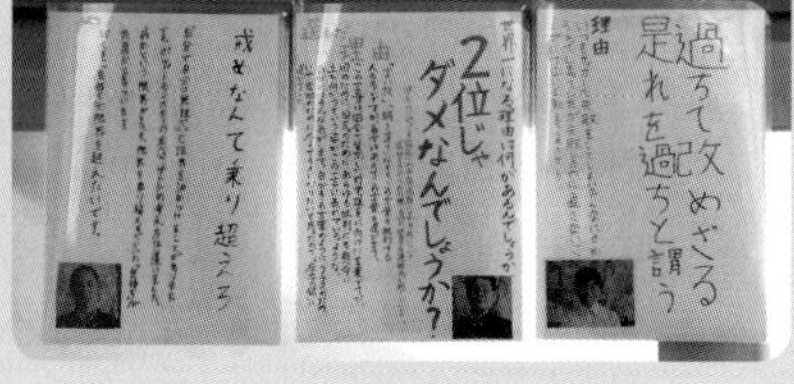

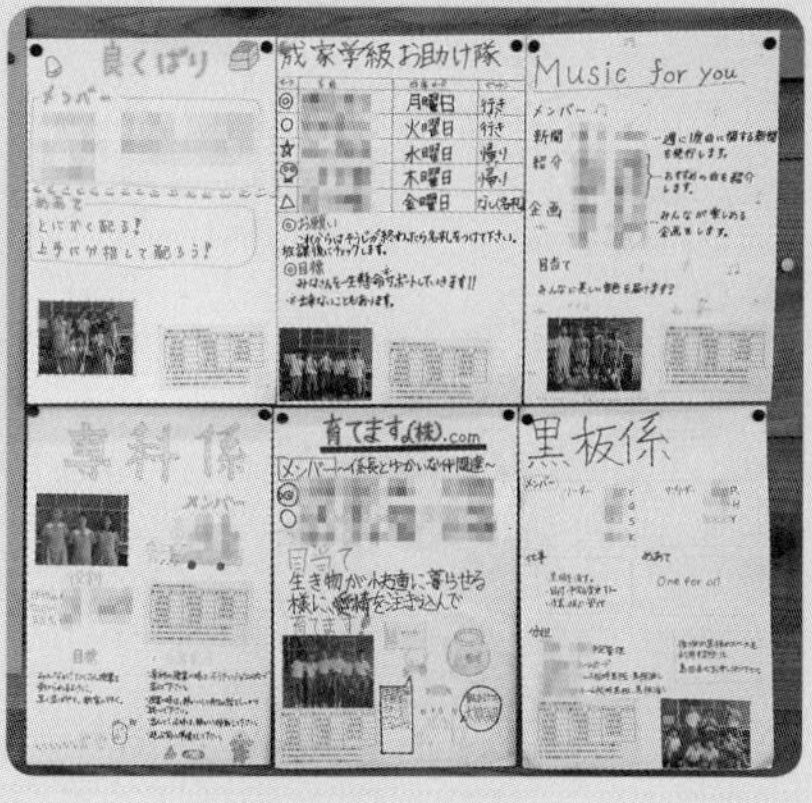

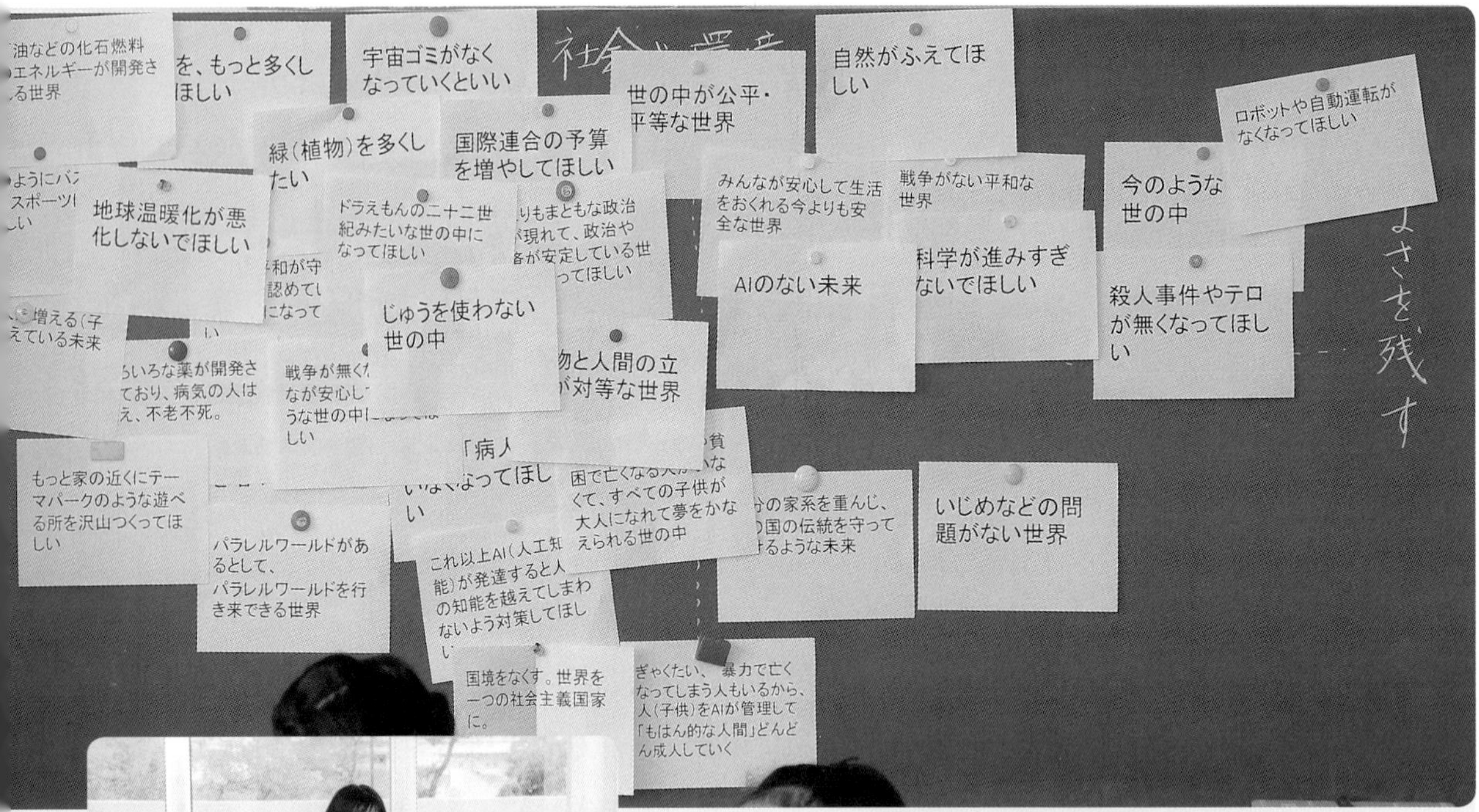

展開

❸「30年後の世の中はどうなっていてほしいか」全体で話し合う

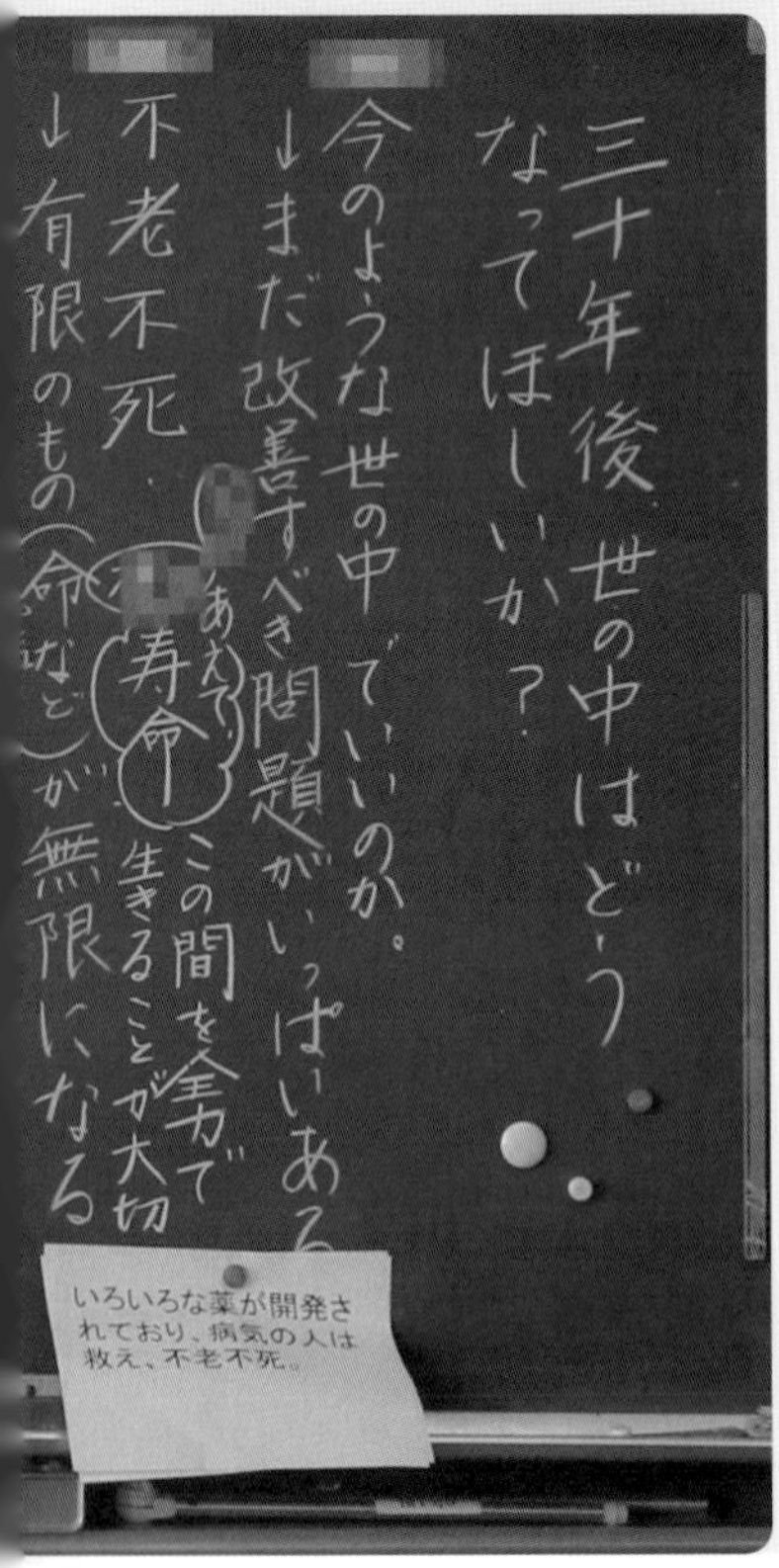

板書に貼り出された意見から自然に討議が始まった。一つの意見を受けて次へ、さらに次へと意見交換が続く。

「このクラスでは何を言っても大丈夫」という安心感が子どもたちの自由な意見を生む。

ポイント!

話しながら考えがまとまり、友達の意見に触発されて考えが広がっていく。

第2時

未来について自分の書いた短冊を黒板に貼ってもよかったが、教科書のように分類整理することで、自分の意見を客観視することを期待した。また、もう少し未来を考えられるような時間にしたいと思い展開した。「不老不死」、「AI」に話が集中した。まだスケールが大きく漠然としているが、「自分が考えたい」ものに出合えればいいと考えている。

次時は、「どうやって実現につなげられるかな」ということを考えていく時間。「話すこと・聞くこと」の実践紹介に特化して、自分が考えていることを友達に聞いてもらって、考えを深めていく時間とする。

「反対意見」、「反対意見の反対意見」、「反対意見の反対意見のさらにまた反対意見」が出され、頭をフル回転させる子どもたち。

終末

④友達の意見も参考に、自分の考えをもつ時間をとる。

友達の意見を聞き、自分の考えを見直す姿も見られた。

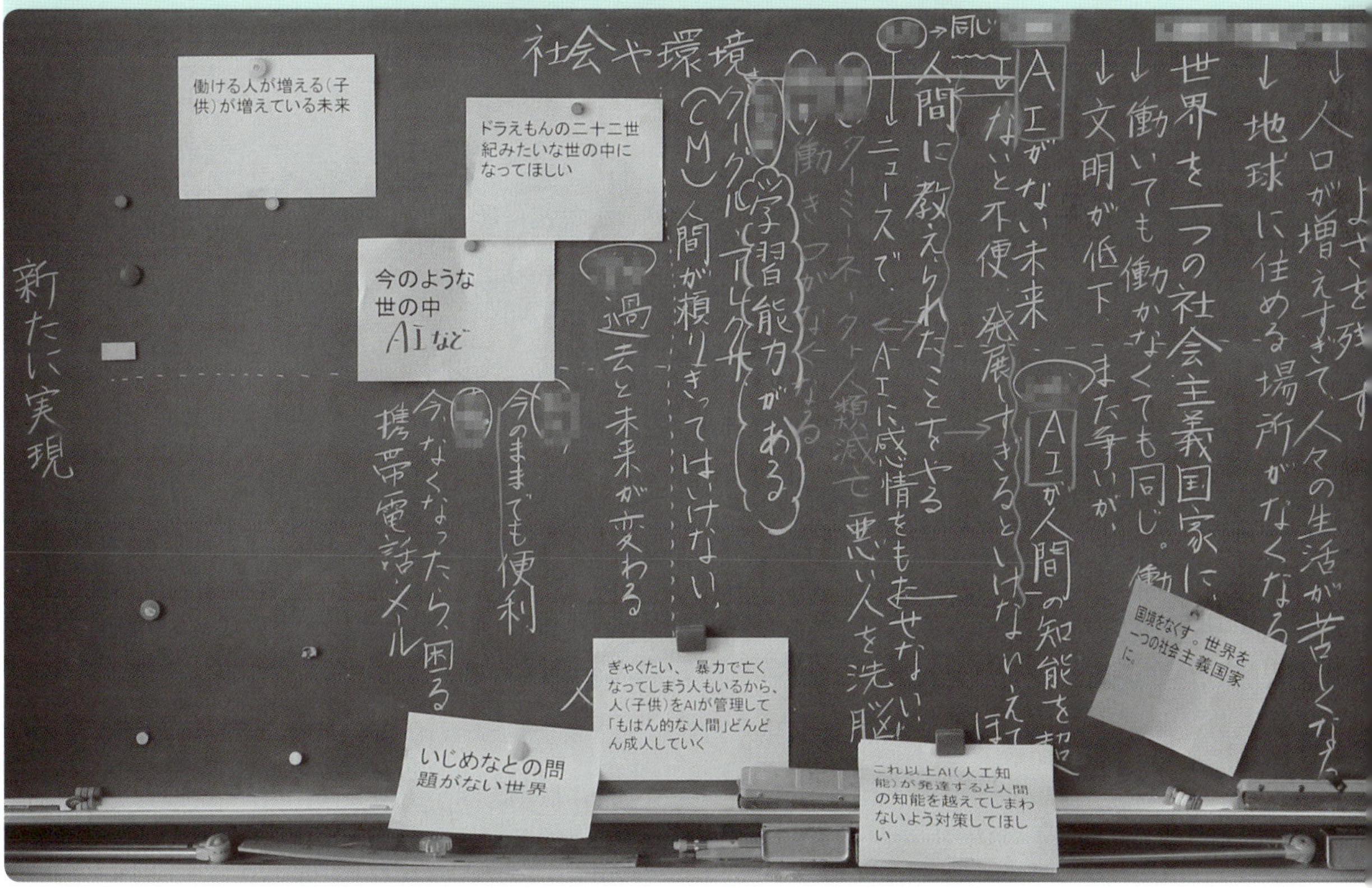

第3時

前時の話題を振り返る。

導入

❶ 前時の話題以外の意見を再分類する。

「AI」や「不老不死」といった前時の話題以外の意見を再度四分割に分類していく。前時から再考した意見も交えて全員で検討を行った。

四分割のどこに入るかを考える際、四分割の該当箇所をABCDで表示すると言いやすい、というアイデアが出され、採用。子どものアイデアを取り入れる教師の姿勢も、子どもの発言を引き出すポイントになっている。

貼り出した意見に番号を振り、グループ討議に入る準備。

要所要所でノートにメモをとる子どもたち。

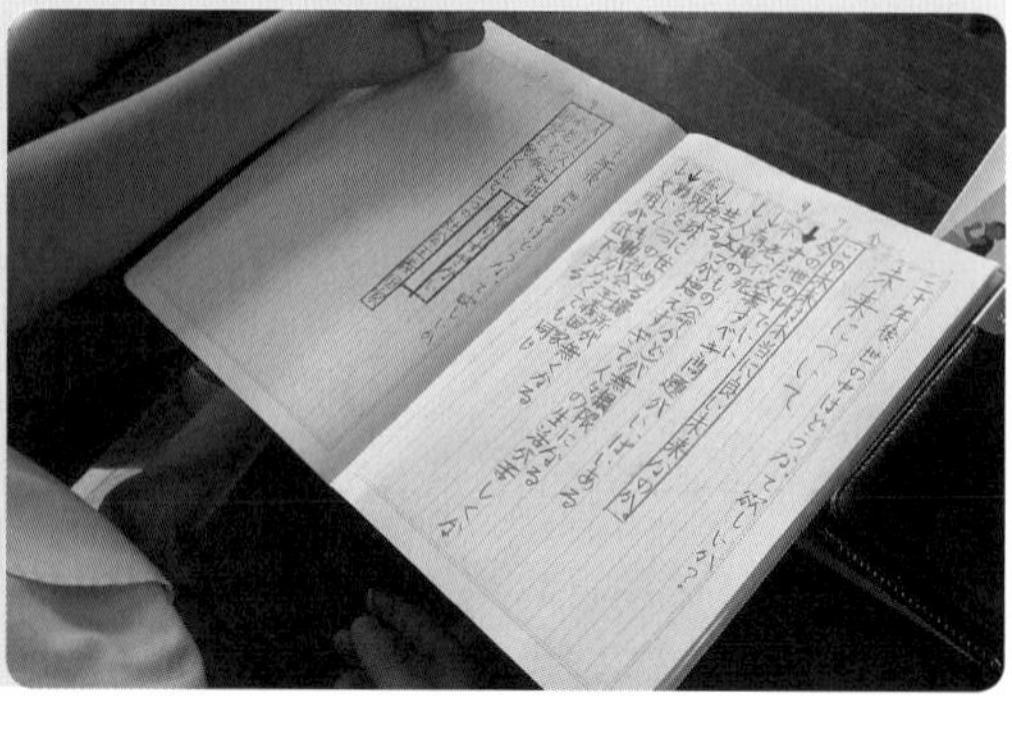

展開

❷ファシリテーターを決める。

グループ討議に入るにあたって、各グループから一人ファシリテーターを選出。

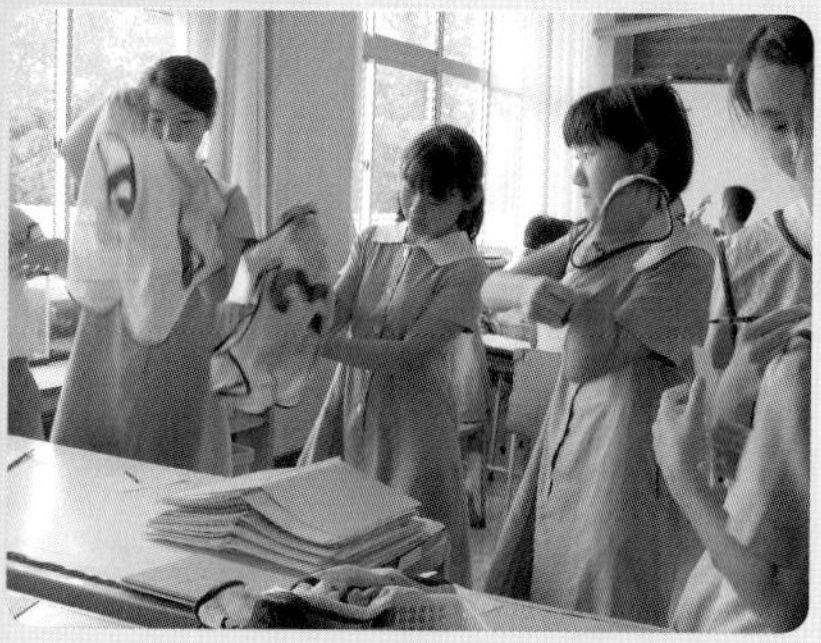

ファシリテーターには目印のビブスを配布。

自分たちのグループで、いちばん大事だなというものを一つ出してもらいます。基本的に自分のやり方で進めていいですが、もし困ったときのために三つ挙げます。

一つ目は「比べる」
二つ目は「関連」
三つ目は「どうすればそれが実現できると思いますか」

ポイント！

ファシリテーターとして、話し合いの目的、話し合いの意味、話し合いの状況を客観的に見ながら、討論で話し合うべき焦点を提案してあげることを示唆する。

グループでの話し合い活動では、ファシリテーターの役目を担わせることで成果をあげている。
（右写真：教室掲示）

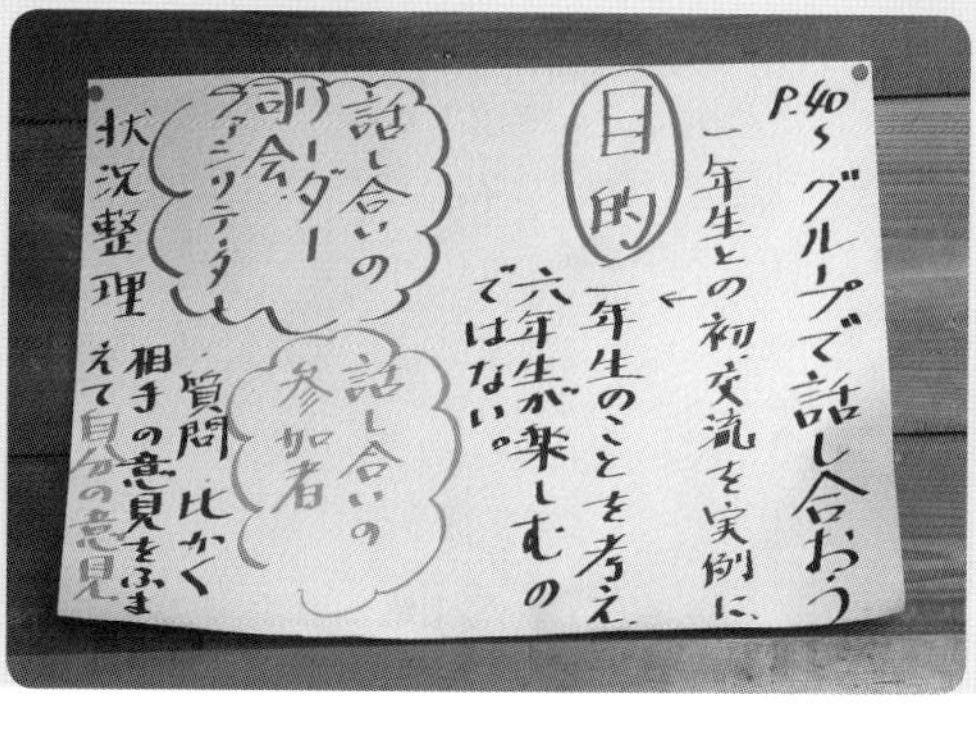

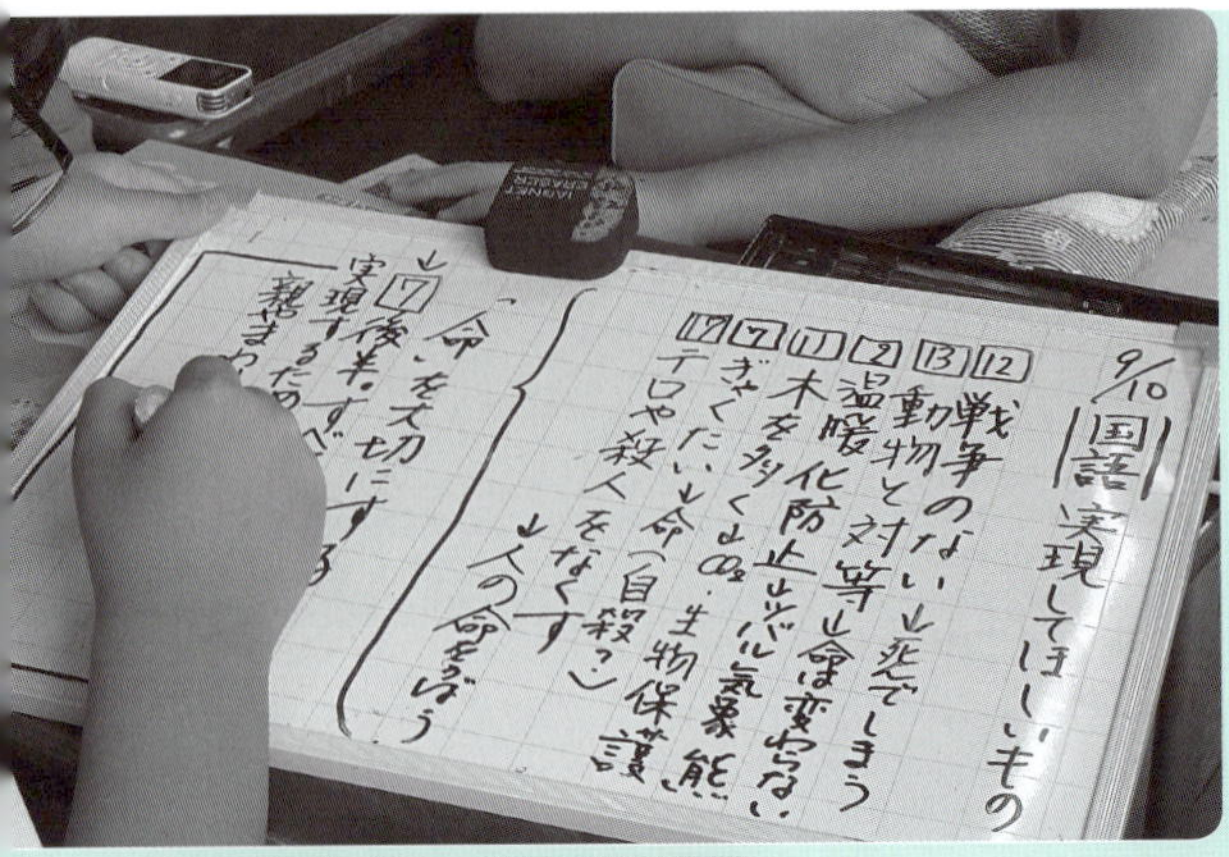

展開

❸「30年後の世の中はどうなっていてほしいか」をグループで項目をしぼり話し合う。

グループでの討議。ファシリテーターを中心に話し合いが進む。

各グループに一つずつホワイトボードを配布し、書記係が書き込み整理していく。ファシリテーター、書記、と役割を与えることで、活動が円滑に。

グループ間を回って、耳を傾ける。ただし、口は挟まず、様子を見て回るに留めている。

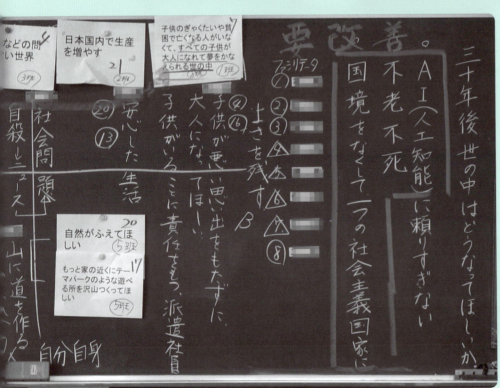

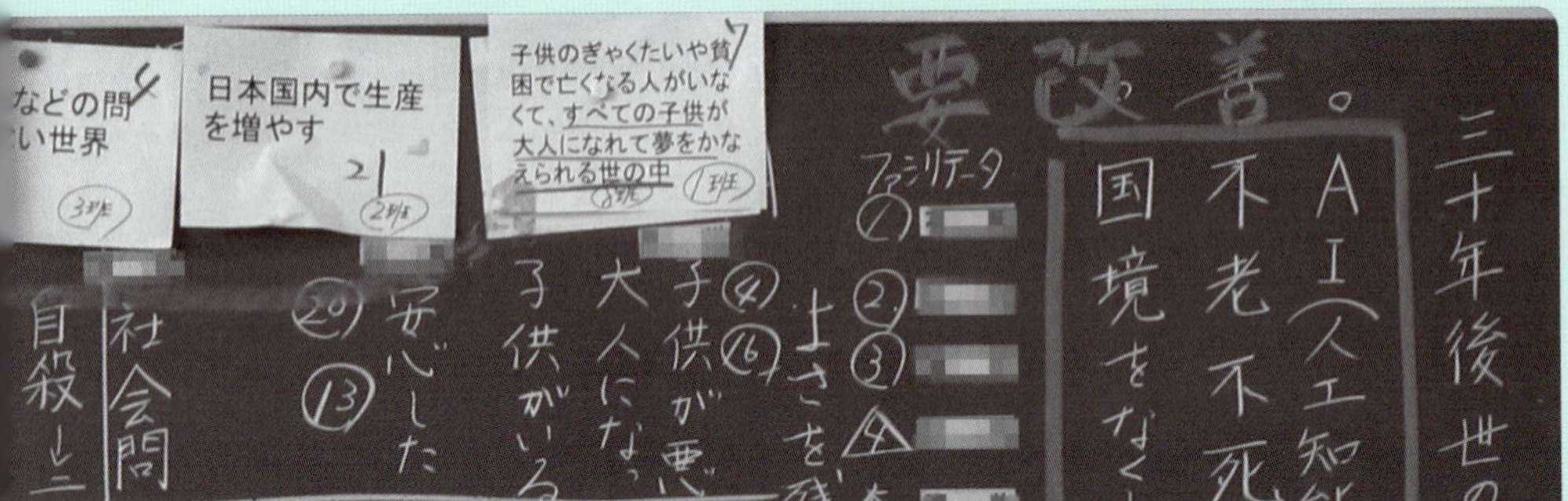

終末

❹ グループごとに意見を発表する。

10分間のグループ討議を終え、意見を集約。

グループの発表を終えたところで授業を終えた。

ポイント！
グループでの話し合いの後、他のグループの意見を聞くことで考え方、見え方がちがってくる。思考の行き来が見られる瞬間となる。

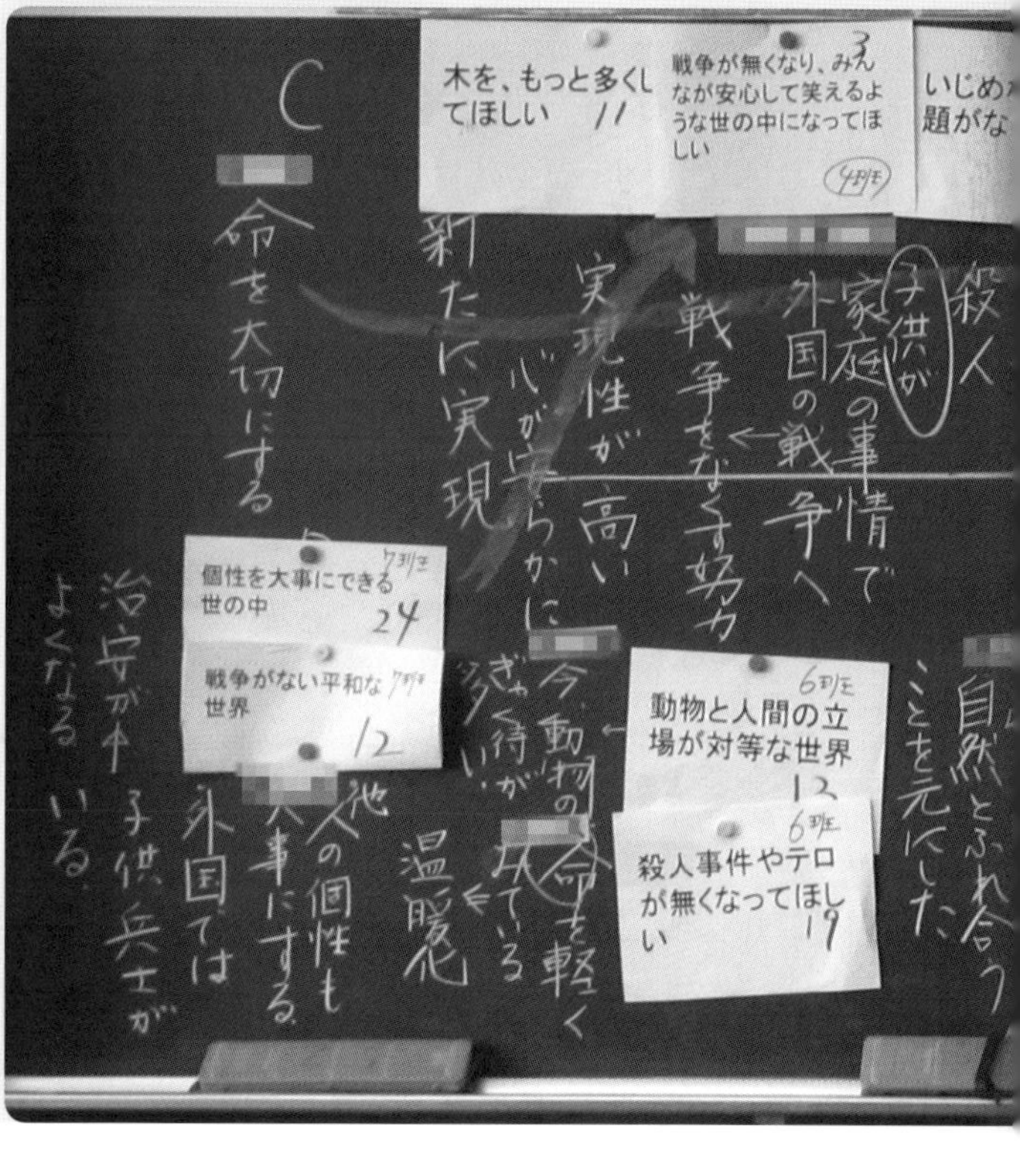

第3時

自分たちが漠然と考えていた「30年後どうなっているか」「どうなっていてほしいか」ということが、子ども同士で議論することによって整理されてきた。友達の言っていることと関連づけて考えられるようにもなってきた。今日考えたことが、何か子どもたちの中に残るように授業の中で展開していきたいと考えている。

未来を考えるということは、逆に未来から今を考えることにもつながる。「自分たちではどうしようもないこともあるけれど、やってみたい！」という意見にもあったように、いまにつながるようなまとめ方にもっていけたらよいと思う。この学びをスピーチ活動や、卒業に向けてのさまざまな活動に活かしていきたい。

書くこと×考える

中村 和弘

「B　書くこと」に関しては、指導事項が次のような構成で示されています。

○題材の設定、情報の収集、内容の検討
○構成の検討
○考えの形成、記述
○推敲
○共有

これまでの学習指導要領と同様に、書くことの指導事項は、一般的な書くことの過程に即して構成されており、学習過程がつかみやすいといえるでしょう。

大切なことは、「書きながら考える」「考えながら書く」というように、「書く」能力と「考える・判断する」能力を連動させながら育てることです。

たとえば、作文を書かせる場面を想定してみましょう。「まず何をやって」「次に何を書いて」というように、教科書に載っている作文例に合わせて活動を進めていけば、確かに文章は書き上がります。

しかし、書く過程のなかで、「どうやって書こうかな」とか、「いままでの書き方には何があったかな」とか、「何をどうやって取材しようかな」といったように、書く内容と方法の両方から、もっと子どもたちに考えさせて書かせていくことが大切なのではないかと思います。

書くことの授業では、題材設定・情報収集→構成→記述→推敲→共有と段階を踏んで、一直線（単線型）に指導をしがちですが（下図の㋐）、子どもに考えさせるためには、行ったり来たりする授業の工夫（下図の㋑）が必要です。

たとえば、書く分量を少なくしたり、テーマも易しいものにしたりして、短い時間で取材・構成して、まずは一度書かせてみます。すると、子どもは書きながら、「ここが足りない」「ここはもう少し取材したい」と考え始めます。そこで改めて、情報を集めたり書き方の工夫を考えたりします。

そうして再び書いた文章を推敲し、また

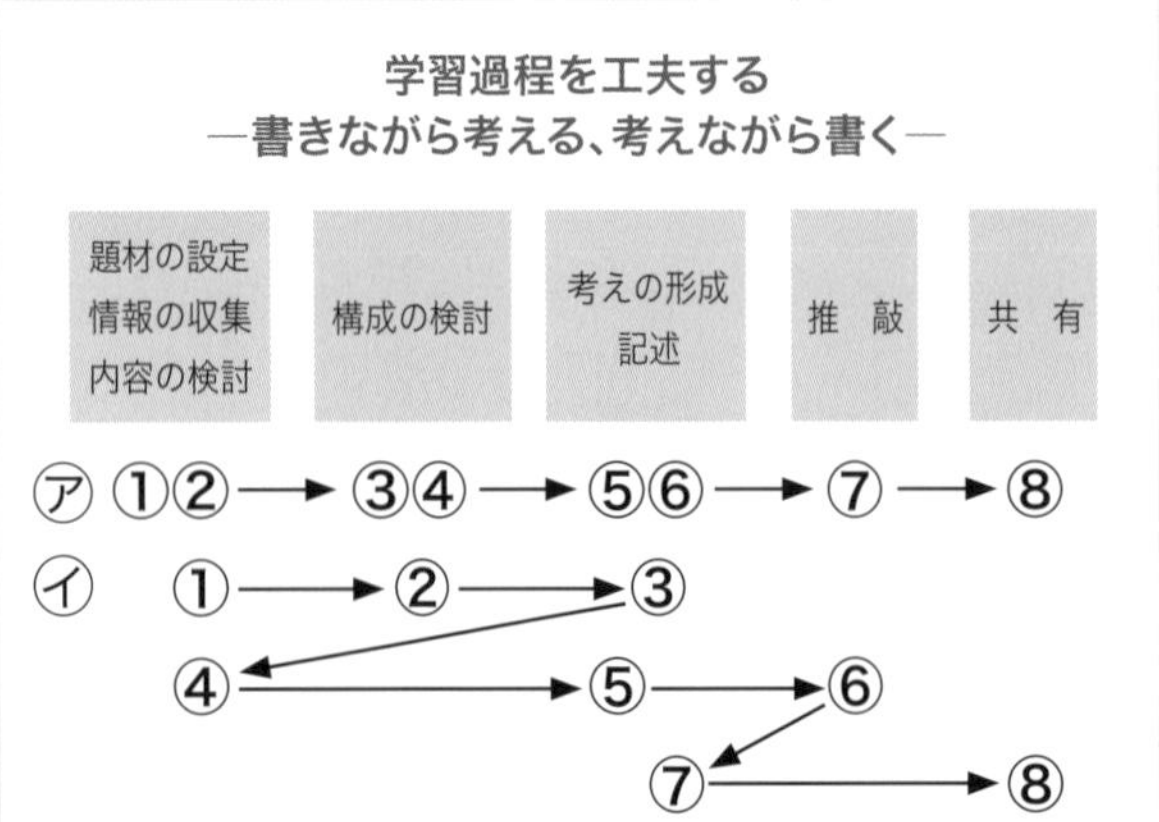

新学習指導要領では、文章を書くことと、書くために考えたり判断したりすることの両面がねらわれています。

〔思考力・判断力・表現力等〕としての書くこと

○書く上で、必要な事柄を調べること
→書くことを選び、集めた材料を比較したり分類したりして、伝えたいことを明確にすること
○文章を構成すること
→文章の構成を考えること
○文章を書くこと
→書き表し方を工夫すること
○書き直したりすること
→文や文章を整えること
○書いたものを発表し合い、…意見を述べ合うこと
→文章に対する感想や意見を伝え合い、自分の文章のよいところを見つけること

それぞれの過程で、思考や判断の学習が大切になる

書き直し、最後に共有し合います。一直線に書き上げていくのではなく、書いて考え、書き直して見直して、また少し書き直して…と、ジグザグ型の過程を工夫することで、自ずと「考えながら書く、書きながら考える」ことが体現されていくでしょう。

もちろん、長い文章を何度も書き直すのは、子どもたちにも負担です。ですから、題材を書きやすいものに選び直したり、文章の長さを短めにしたりするのです。大切なのは、上にあるように、書くことと考えたり判断したりすることの両方をねらうところにあります。

また、書くことといえば、授業の振り返りの書かせ方に困っていると聞きます。子どもは振り返る必然性がないと書けません。「附属小の子どもはよく書けますね」と言われますが、書く必要性が実感できる課題や活動だからこそ書くと思います。

先生方の授業を参観すると、活動の目的や意図を子どもたちと共有するような布石がきちんと打ってある。下の「主体的な学び」の工夫にあるように必要のある場、目的、意味を子どもたちが実感できるからこそ書けるのではないでしょうか。

「主体的な学び」×「書くこと」の学習指導の工夫

・学ぶことに興味や関心をもち、自己のキャリア形成の方向性と関連付けながら、見通しをもって粘り強く取り組み、自らの学習活動を振り返って次につながる「主体的な学び」が実現できているか。

○「課題」を契機に、自分事としての「問い」の追究となる学習活動を組織する
○課題→問い→見通し→追究→交流→振り返り
○「単元」として、問題探究の子どもの学習意識の流れに沿って、言語活動を組み合わせていく
○活動の選択肢を設け、複線型の授業構成を考える

[思考力・判断力・表現力等]

B　書くこと

	（小）第１学年及び第２学年	（小）第３学年及び第４学年	（小）第５学年及び第６学年
	（１） 書くことに関する次の事項を身に付けることができるよう指導する。		
題材の設定 情報の収集 内容の検討	ア　経験したことや想像したことなどから書くことを見付け、必要な事柄を集めたり確かめたりして、伝えたいことを明確にすること。	ア　相手や目的を意識して、経験したことや想像したことなどから書くことを選び、集めた材料を比較したり分類したりして、伝えたいことを明確にすること。	ア　目的や意図に応じて、感じたことや考えたことなどから書くことを選び、集めた材料を分類したり関係付けたりして、伝えたいことを明確にすること。
構成の検討	イ　自分の思いや考えが明確になるように、事柄の順序に沿って簡単な構成を考えること。	イ　書く内容の中心を明確にし、内容のまとまりで段落をつくったり、段落相互の関係に注意したりして、文章の構成を考えること。	イ　筋道の通った文章となるように、文章全体の構成や展開を考えること。
考えの形成 記述	ウ　語と語や文と文との続き方に注意しながら、内容のまとまりが分かるように書き表し方を工夫すること。	ウ　自分の考えとそれを支える理由や事例との関係を明確にして、書き表し方を工夫すること。	ウ　目的や意図に応じて簡単に書いたり詳しく書いたりするとともに、事実と感想、意見とを区別して書いたりするなど、自分の考えが伝わるように書き表し方を工夫すること。 エ　引用したり、図表やグラフなどを用いたりして、自分の考えが伝わるように書き表し方を工夫すること。
推敲	エ　文章を読み返す習慣を付けるとともに、間違いを正したり、語と語や文と文との続き方を確かめたりすること。	エ　間違いを正したり、相手や目的を意識した表現になっているかを確かめたりして、文や文章を整えること。	オ　文章全体の構成や書き表し方などに着目して、文や文章を整えること。
共有	オ　文章に対する感想を伝え合い、自分の文章の内容や表現のよいところを見付けること。	オ　書こうとしたことが明確になっているかなど、文章に対する感想や意見を伝え合い、自分の文章のよいところを見付けること。	カ　文章全体の構成や展開が明確になっているかなど、文章に対する感想や意見を伝え合い、自分の文章のよいところを見付けること。
言語活動例	（２）（１）に示す事項については、例えば、次のような言語活動を通して指導するものとする。		
	ア　身近なことや経験したことを報告したり、観察したことを記録したりするなど、見聞きしたことを書く活動。 イ　日記や手紙を書くなど、思ったことや伝えたいことを書く活動。 ウ　簡単な物語をつくるなど、感じたことや想像したことを書く活動。	ア　調べたことをまとめて報告するなど、事実やそれを基に考えたことを書く活動。 イ　行事の案内やお礼の文章を書くなど、伝えたいことを手紙に書く活動。 ウ　詩や物語をつくるなど、感じたことや想像したことを書く活動。	ア　事象を説明したり意見を述べたりするなど、考えたことや伝えたいことを書く活動。 イ　短歌や俳句をつくるなど、感じたことや想像したことを書く活動。 ウ　事実や経験を基に、感じたり考えたりしたことや自分にとっての意味について文章に書く活動。

小学校学習指導要領（平成29年告示）解説「国語編」より

ここが見どころ! 授業NAVI

１年生　書くこと×考える
「よく見てかこう」「てがみをかこう」
p 64～75

高須先生の実践には、１年生の書くことの指導のアイデアがたくさんつまっている。

とくに注目したいのは、ワークシートの効果的な使い方と、平仮名指導の方法。ワークシートの使用にあたっては、自分で考える時間をしっかり取ること、言葉を出し合うこと、ぴったりな言葉を選んで文を書くことなど、学習のプロセスがよく工夫されている。

また、こうした学習の背景には、ていねいな平仮名の指導の積み重ねがある。文字の練習だけではなく、文で考えさせている点、子どもと一緒に例文を考え、子どもの目線で取り組んでいる点などが、言葉を考えるための資質・能力を育んでいる。

実践の写真に写り込む教室掲示の工夫にも、すぐに取り入れたいアイデアがあふれている。

４年生　書くこと×考える
「すじみちを立てて考えよう」
p 76～87

土屋先生の書くことの実践では、文章構成図を工夫して考えて作文を書き、交流、推敲、書き直しをさせている。考えることを大切にした学習過程のジグザグを、子どもたちに自然に行わせている点に注目したい。

たとえば、「調べ学習をどうやって作文にまとめるか」「調べたことをそのまま原稿用紙に書き始めるのはハードルが高い、ではどうしたら？…」と、子どもの必要感から文章構成図を考えさせる導入の工夫は納得である。また、構成図はチャート図でも箇条書きでもいい、ノートでも紙でも原稿用紙でもいい、と選択させて取り組ませているところも、子どもが思考し判断する大切なポイントだろう。

考えることを大切にした学習過程をどう具体化すればよいのか、そのヒントがたくさんつまっている実践である。教師の確かな指導の工夫で、子どもたちの発想豊かな構成図が生まれている。

東京学芸大学附属
竹早小学校1年1組
担任：高須　みどり

第1時

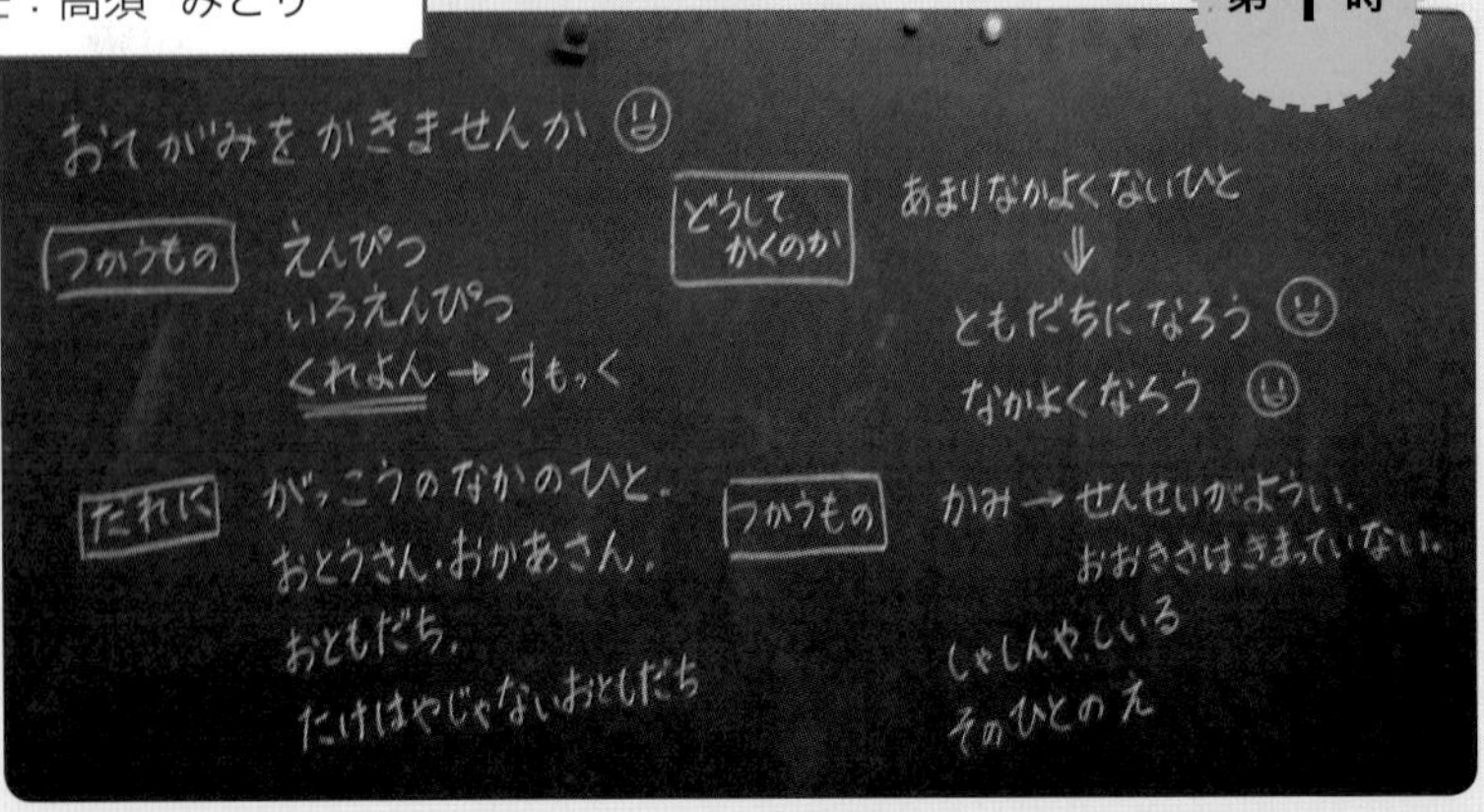

1年生

書くこと×考える「よく見て かこう」「てがみを かこう」

大切な朝顔のことを手紙で知らせる「1の1　おてがみプロジェクト」を紹介する。

6月、女児3人からクラスのみんなに「お手紙を書きませんか」という提案があり、クラス全体で取り組むことに決定。「大切な人に」「1年1組が全員で取り組んでいる朝顔のこと」を書くことになった。お手紙が届いたときのワクワクした、すてきな気持ちを想像し、「1の1　おてがみプロジェクト」と命名。

夏休み前にお手紙を出すことがクラス全体の目標となった。

学習指導計画

①お手紙を書きませんか
（子どもの提案）。
②③「おてがみプロジェクト」発足。
④生活科の「朝顔」観察と連動。
⑤朝顔を表す言葉探し。
⑥自分の朝顔にぴったりな言葉で文をつくろう。
☆ひらがな指導とも連動
⑦自分の朝顔にぴったりな言葉でお手紙を書こう。
⑧郵便ポストにお手紙を出しに行こう。
⑨お家の人からお返事をもらったよ。

現状９時間＋継続指導予定
第6時・第7時を詳しく紹介

第2時

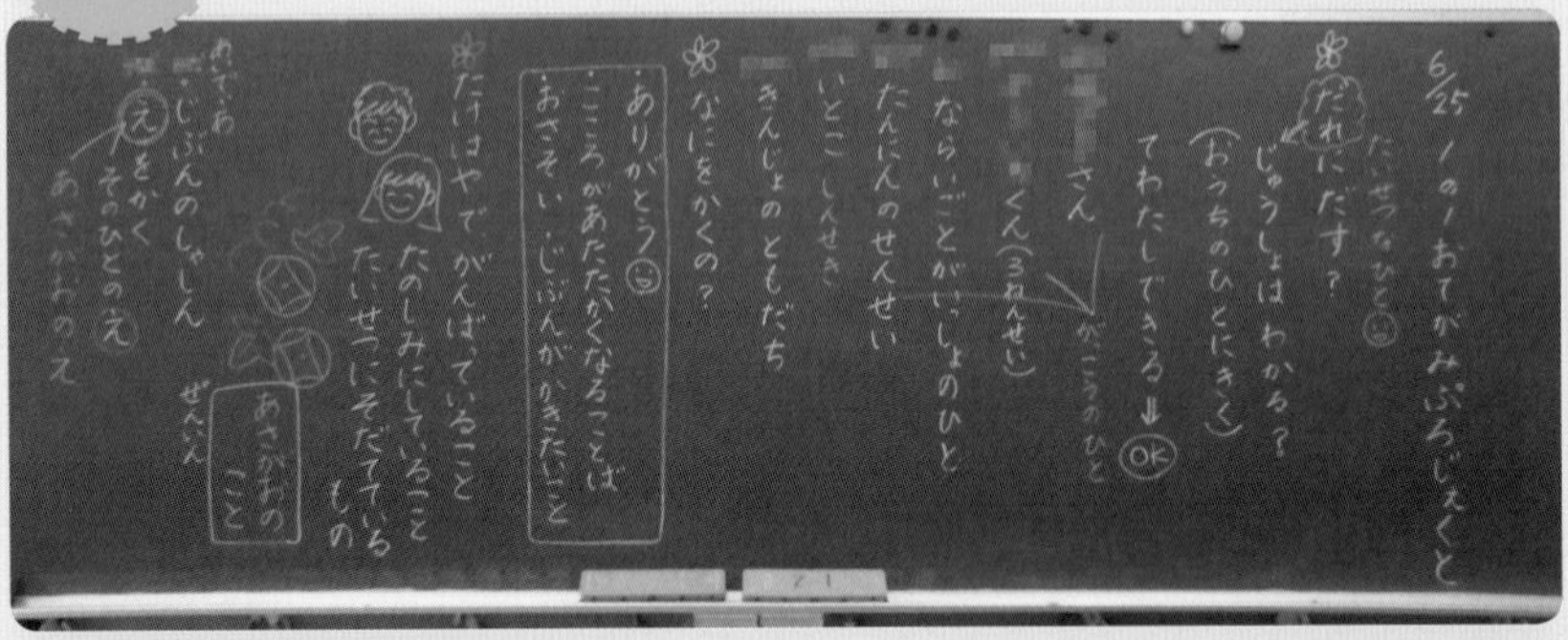

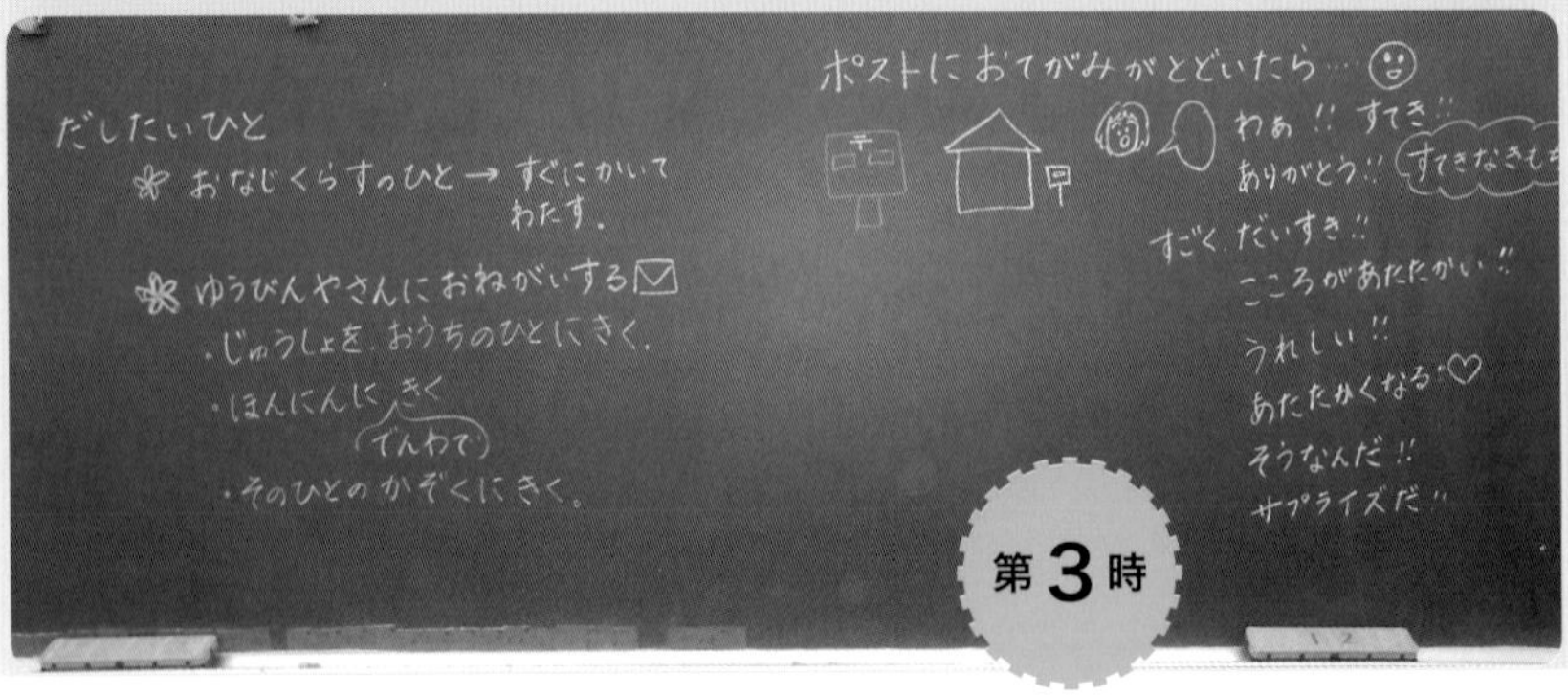

第3時

●**目標**：経験したことから書く題材を決め、書くことができる。主語と述語の関係に注意し、敬体を使って書くことができる。

●**教材名**：「しらせたいな、見せたいな」「てがみをかこう」（光村図書「国語」平成27年度版1年下）

［主な指導事項］
思考・判断・表現
B書くこと
ア・ウ・エ・オ

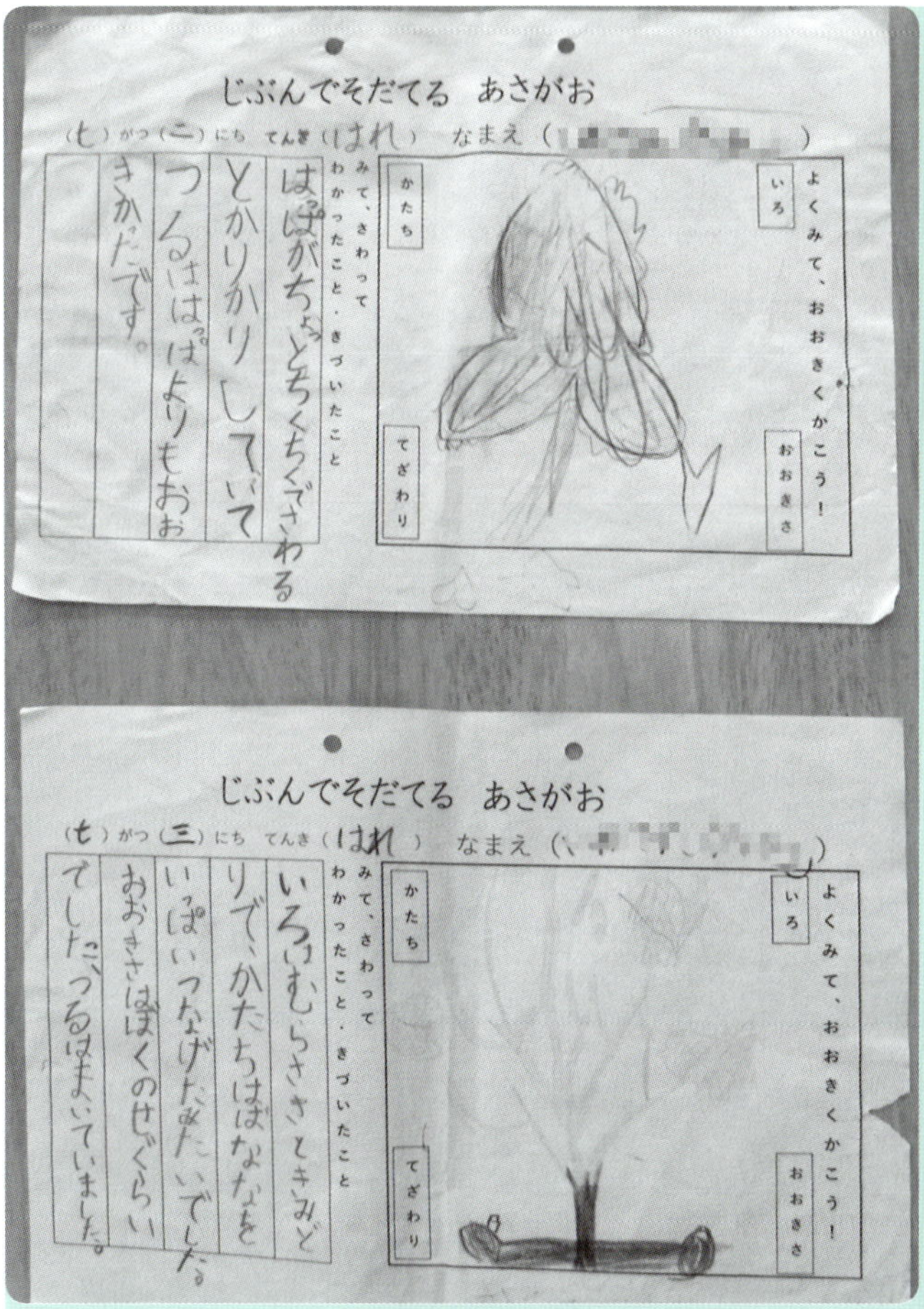

色・大きさ・形・手触り…注目点を明記することで意識が向く。

第４時

手触りを確かめ、「つるつる」「ちくちく」「しゃりしゃり」など自分の言葉で表現する。

第５時

ポイント！

板書を模造紙にまとめて教室に掲示。いつでも目につくところに貼ってあることで子どもたちの意識が高まる。

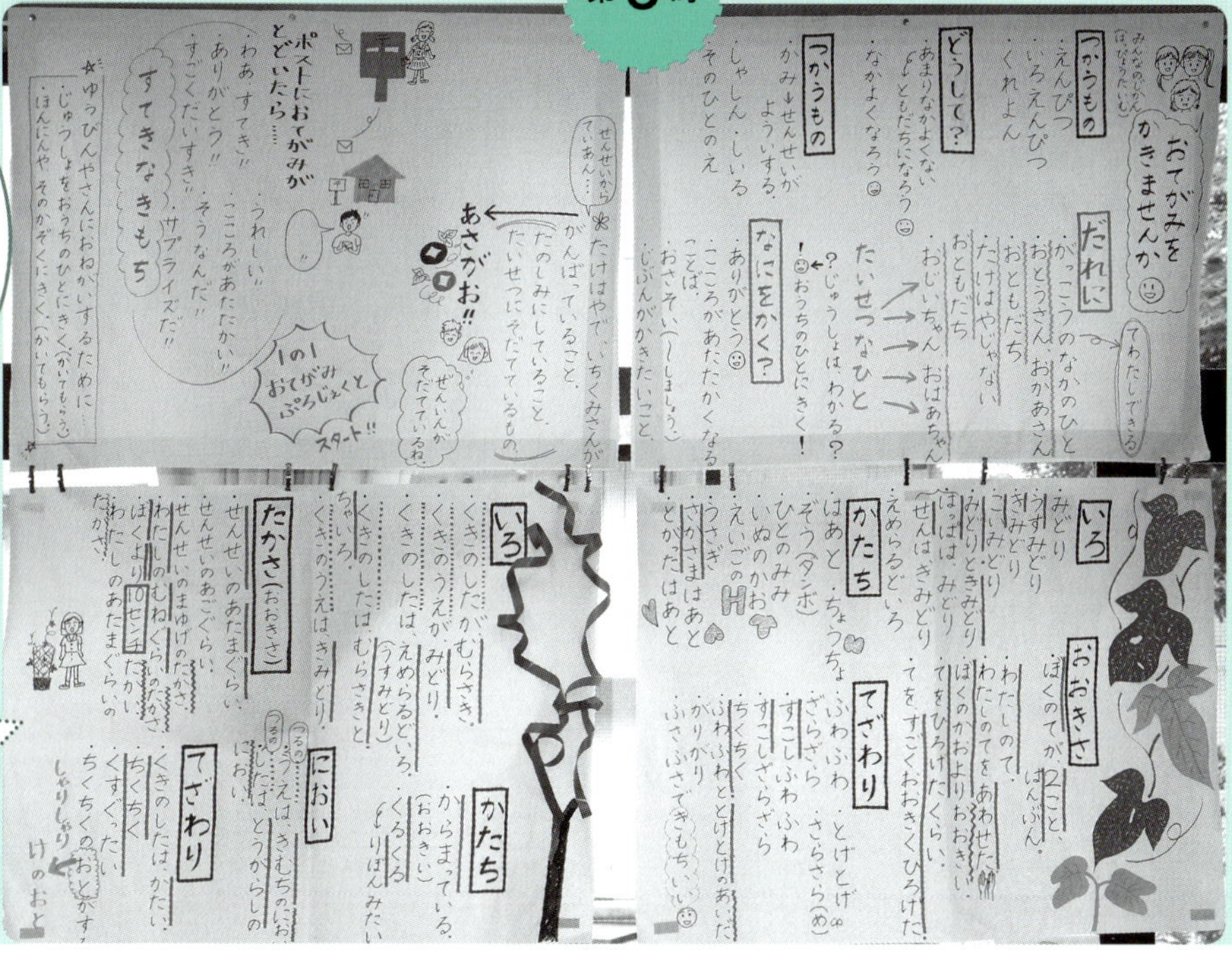

朝顔の観察記録に書かれていた子どもの表現（前日に板書したもの）もすぐに掲示。友達の表現、新しい言葉に触れることを大切にしている。

導入

① 朝顔観察で生まれた言葉、文章の書き方を確認。

朝顔を観察して、葉っぱの色や形、大きさ、手触りを言葉にしたことを振り返り、「自分の朝顔にぴったりな言葉でお手紙を書こう」と持ちかけた。

第6時

「これからお手紙プロジェクトを始めます」日直の合図で授業開始。

本時の内容を確認。

文を書くときにははじめのひとマスを空けることや、「は」「を」の使い方を再確認。

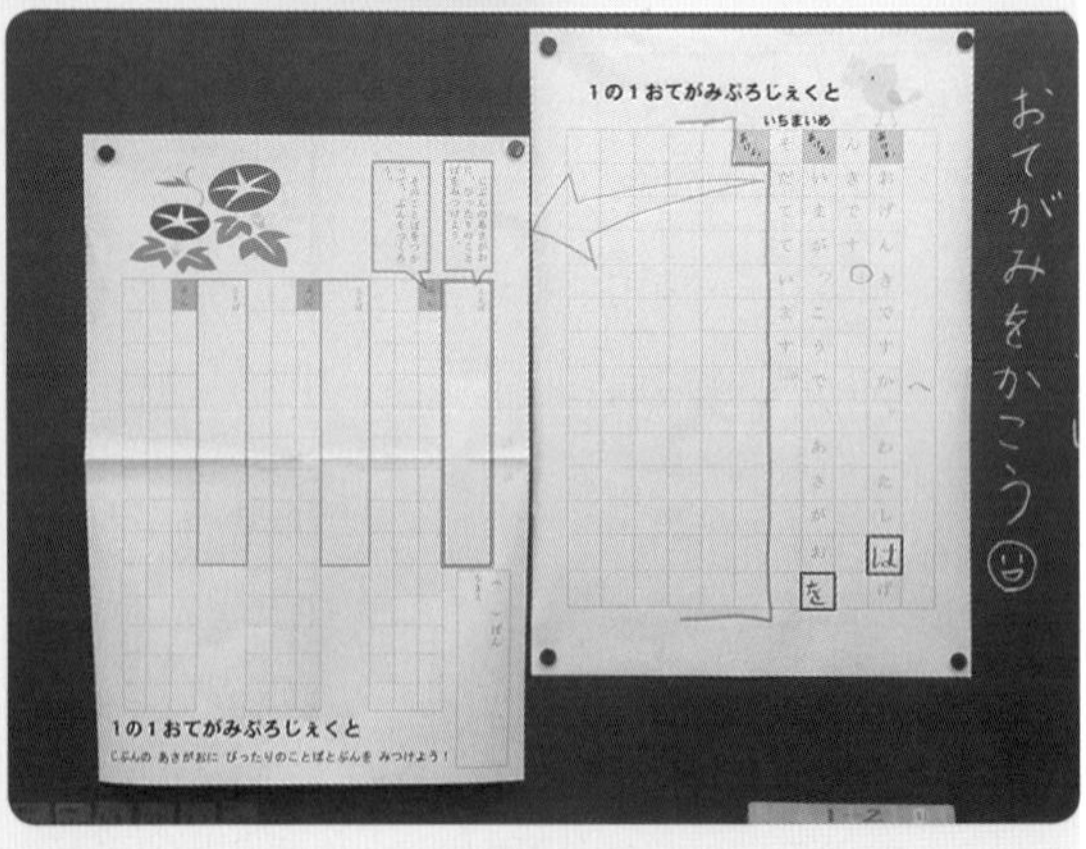

「自分の朝顔にぴったりの言葉をさがして文をつくってみましょう」と呼びかけワークシートを配布。

展開

❷自分で考える時間をもつ。

掲示してある模造紙を参考にしたり、朝顔の観察記録を見たりしながら、自分の朝顔にぴったりの言葉を探す。

「ぼくの朝顔の葉っぱは『ざらざら』です」

「私の葉っぱは『つるつる』です」

ポイント！

入学から「〇日め」の数字カードを黒板に貼付している。
帰りの時間に数字カードを教室の後ろの黒板に貼って帰る。
授業当日は入学から59日目。
さりげなく位取りの勉強になっている。

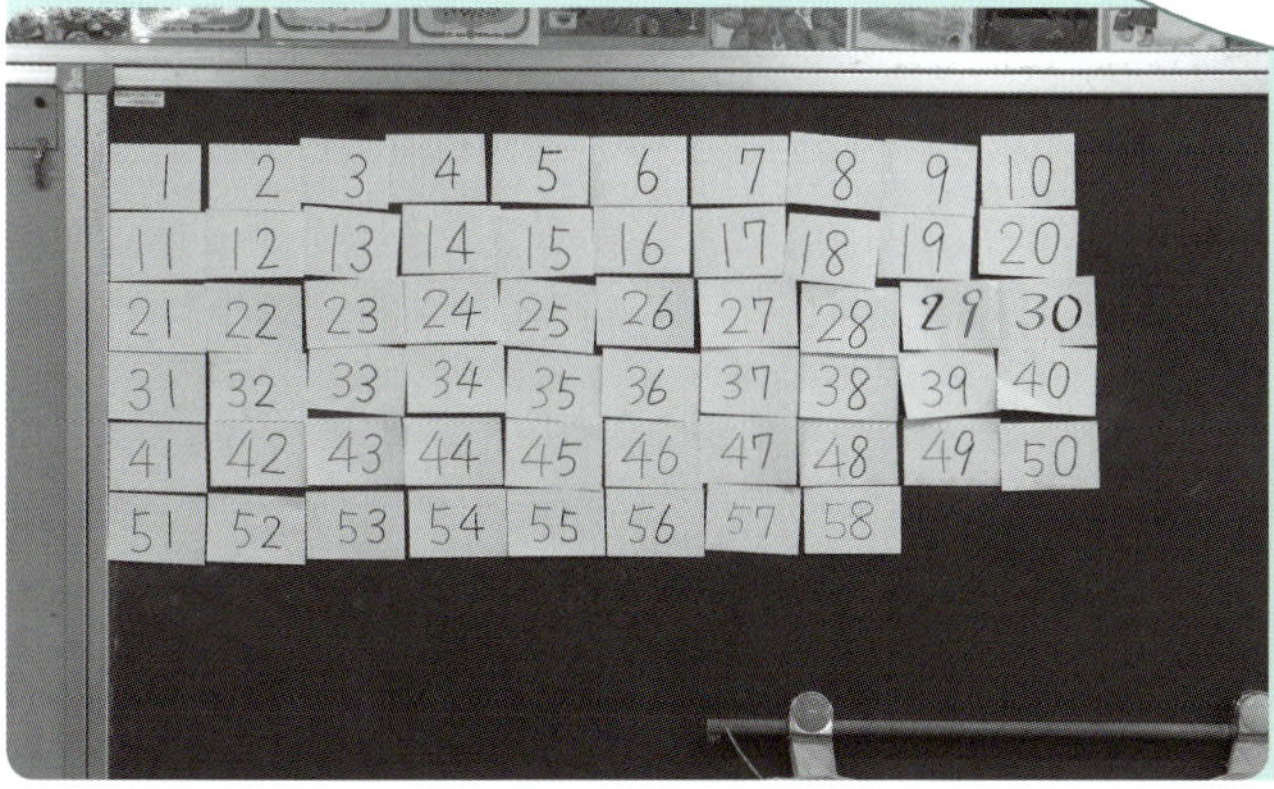

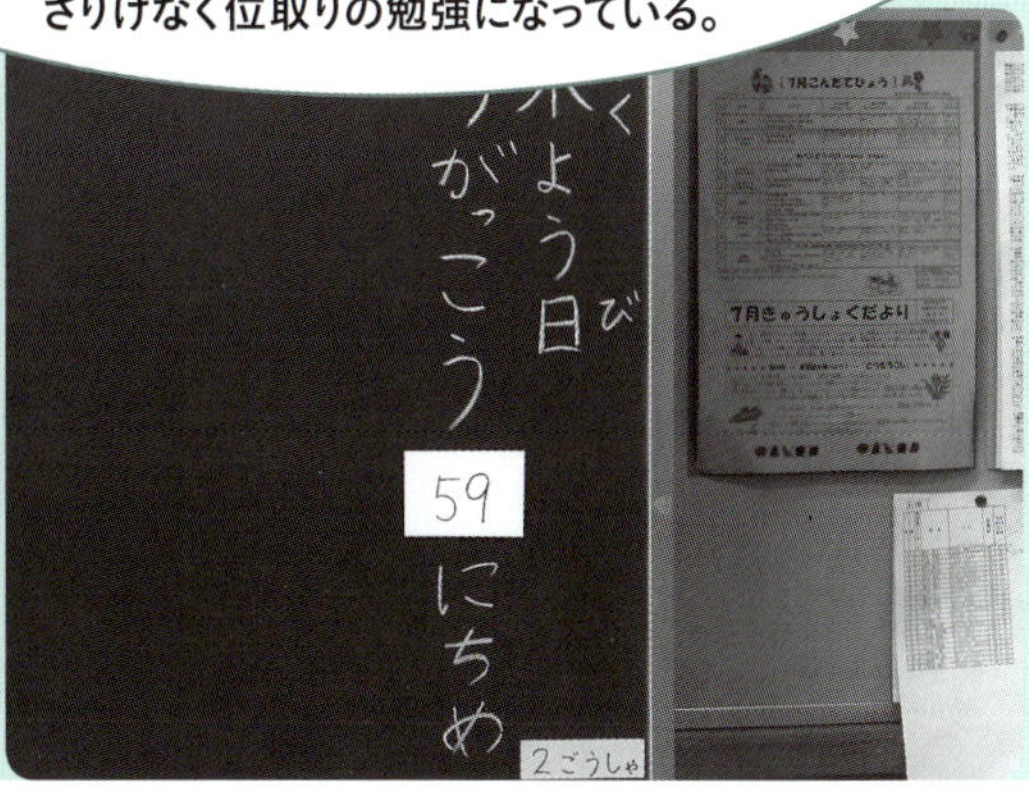

展開

❸ ぴったりの言葉を使って文をつくる。

まわりは緑、中の線は黄緑。
ほかにありますか？

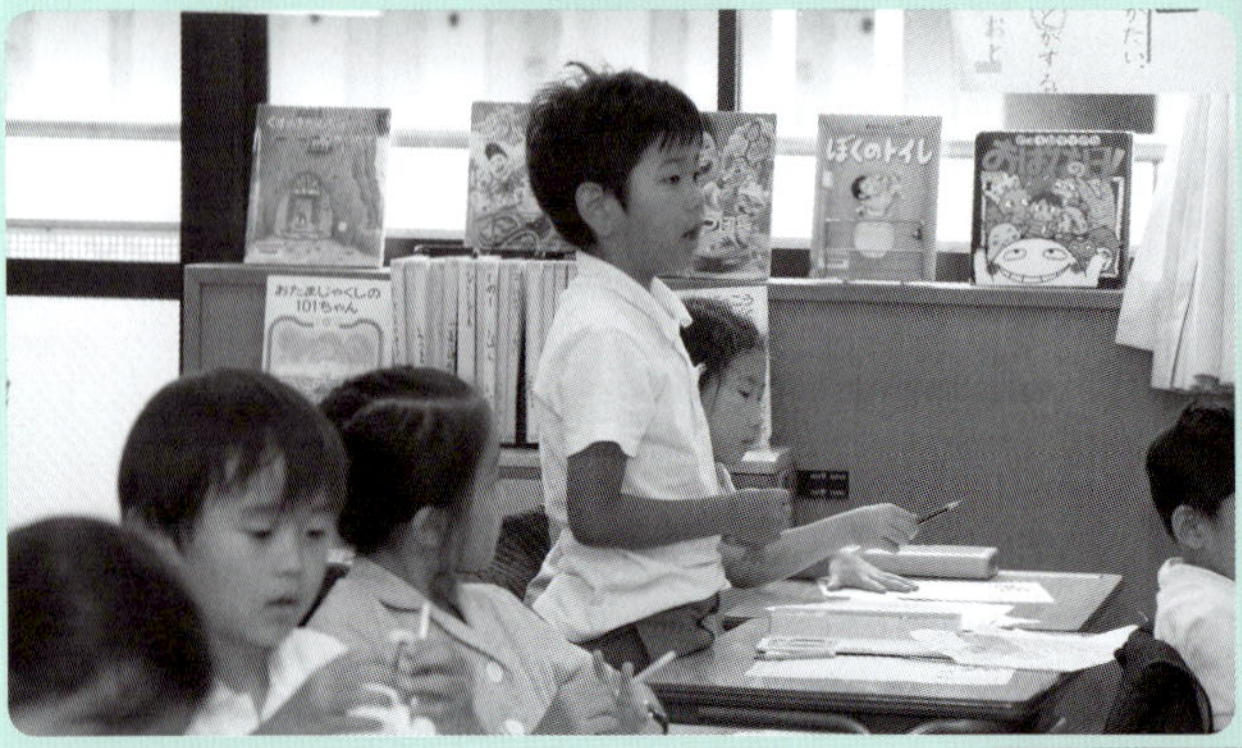

「まわりが緑は同じだけど、
中の線はエメラルド」

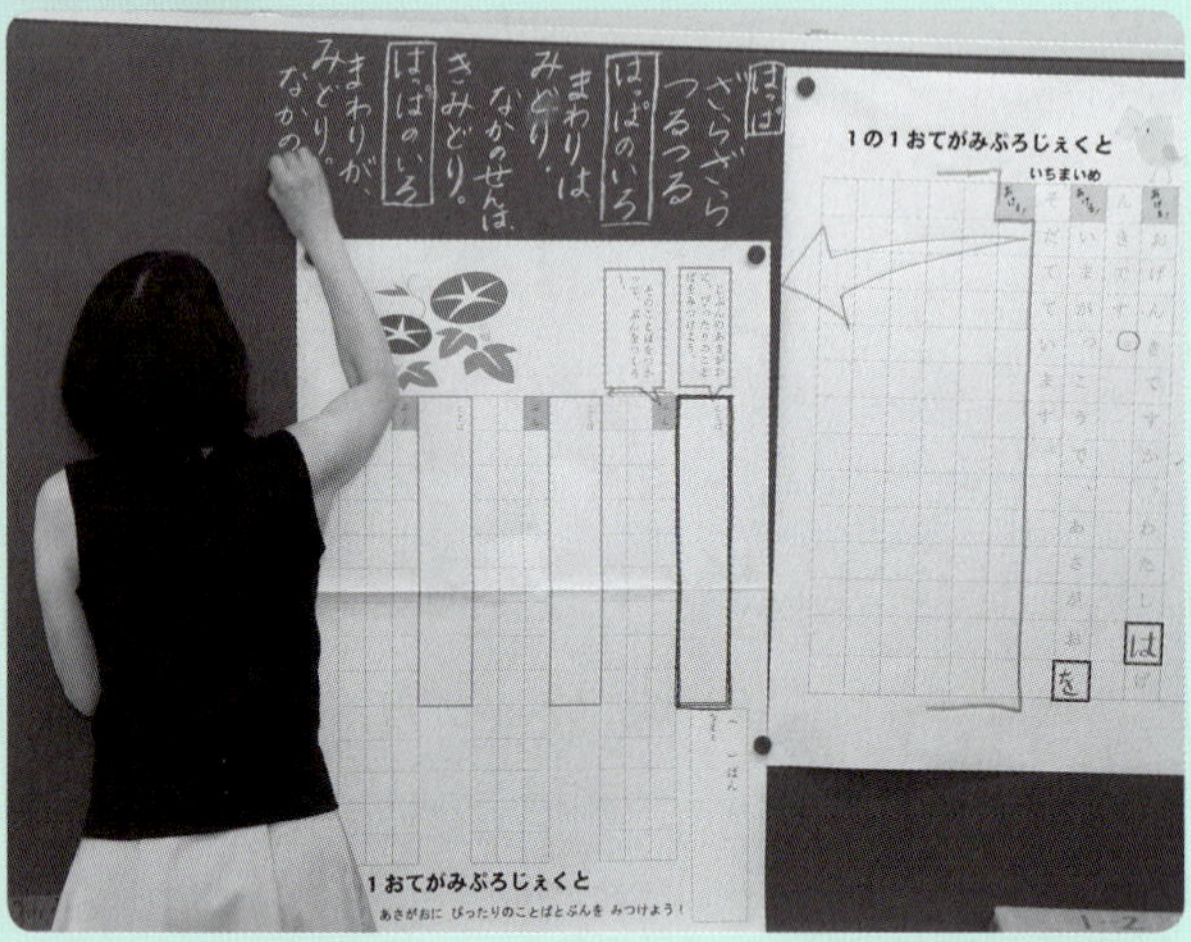

中の線はエメラルド、それもすてきですね。
色や形、大きさなど、子どもが発見した朝顔の様子、
子どもの発言に価値づけながら板書する。

自分の朝顔にぴったりの言葉が
見つかったら、今度は文にして
みましょう。

自分の朝顔にぴったりの言葉を書いたら、隣にその言葉を使って文を書きます。「葉っぱはいぬのかおの形です。」「耳のほうがざらざらで、かおのほうがつるつるです。」

例文を板書した後で、書く時間を設定。すぐに書き始める子もいるが、なかなか言葉が出てこない子も。

教室の掲示を見に行き、ヒントを得てくる子どもも多い。

机間指導で、個別に声をかける。

途中、何人かの文を読んで聞かせる。

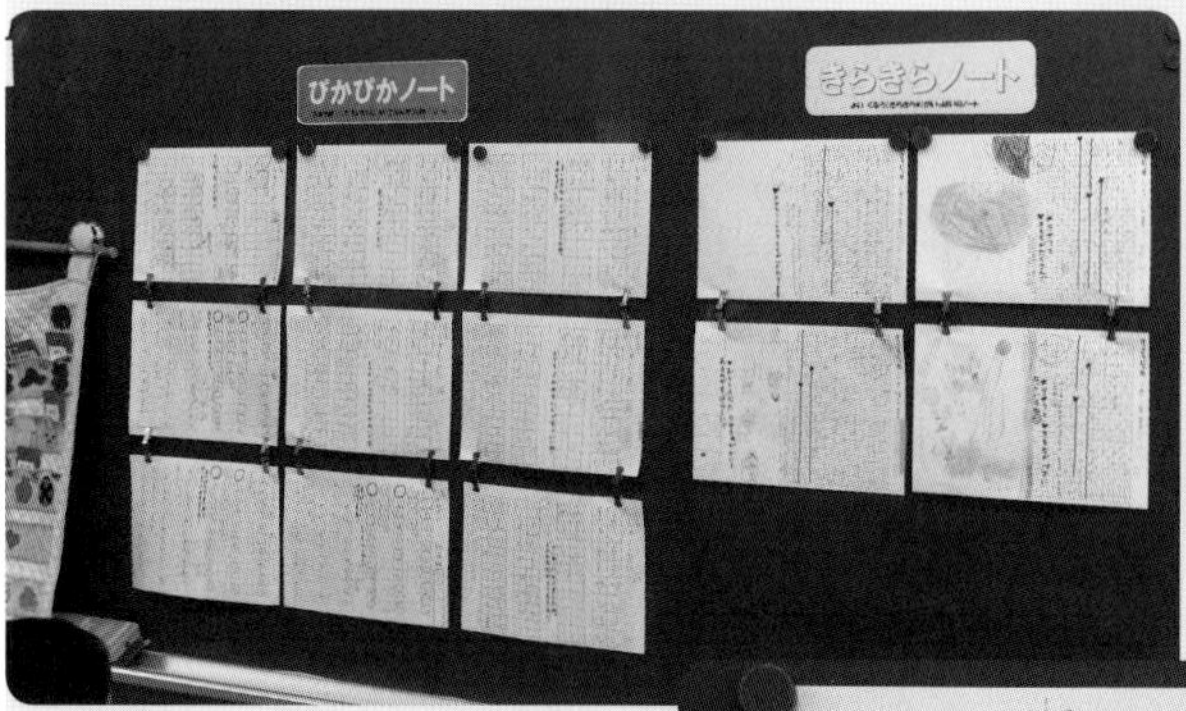

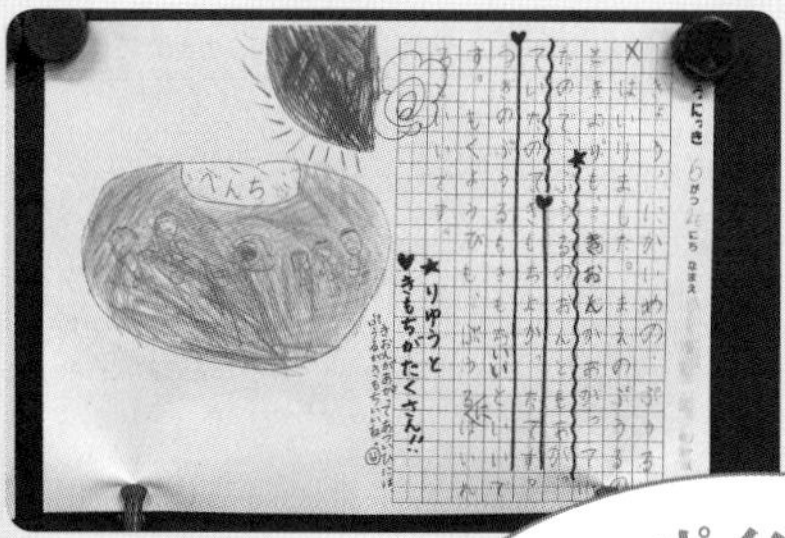

「きらきらノート」

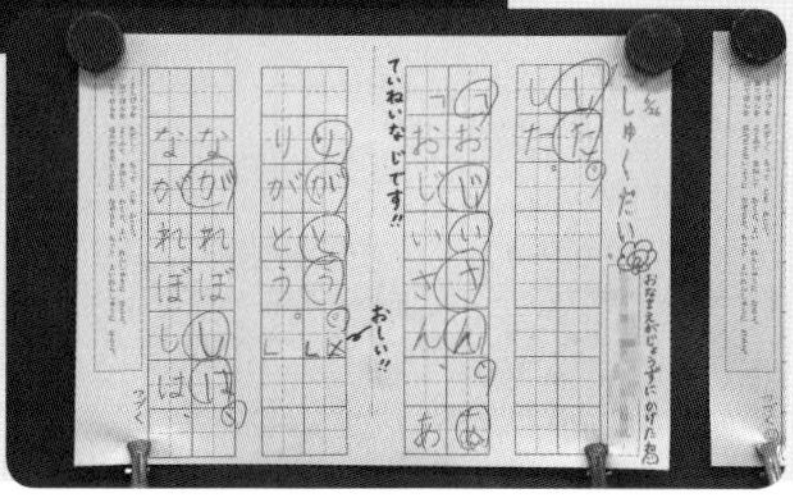

「ぴかぴかノート」

ポイント!

教室後ろには「ぴかぴかノート（読みやすい字で丁寧に書いている）」「きらきらノート（よい工夫『きらきら』がいっぱい）」を掲示。子どもの励みになっている。

ペアを換えて真剣に読み合う。いいところを見つけ合い、うれしそうなペアも。

文章を3つ書くように指示。

書けた人はお友達と交換して読み合いましょう。いいところを見つけ合いましょう。

展開

❹ 文章を友達と読み合い、推敲する。

読み合うときの注意点（「、」「。」「は」「を」「へ」）を指示。

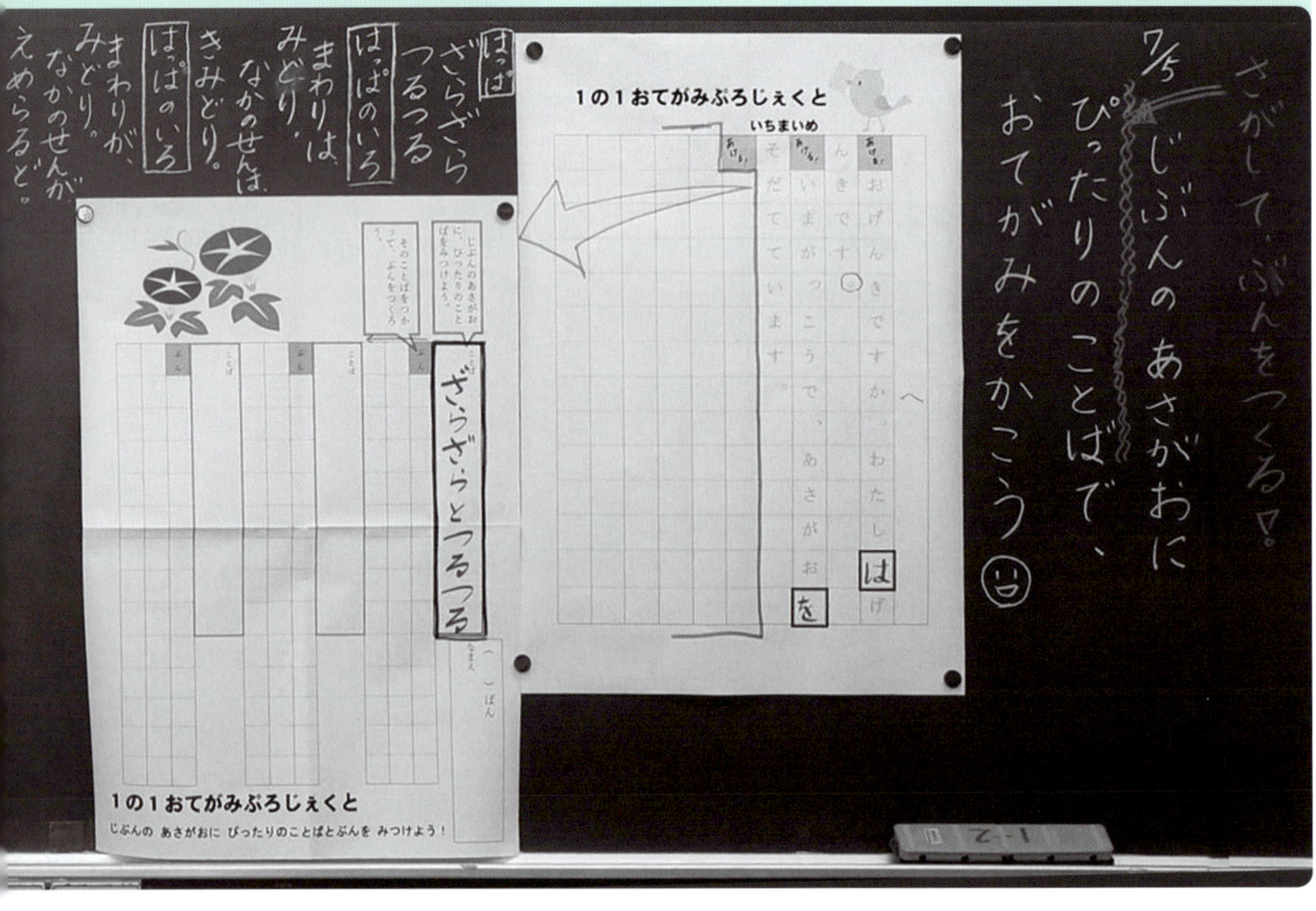

終末

⑤ 作品を発表し合い、振り返り。

「はっぱが『しゃりしゃり』でした」

ワークシートの提出を指示。

では、できた文を聞かせてくれる人はいますか？

第６時

引き続きお手紙を書く時間にすることもできたが、子どもの集中力が切れている様子にひらがなの学習に切り替えた。

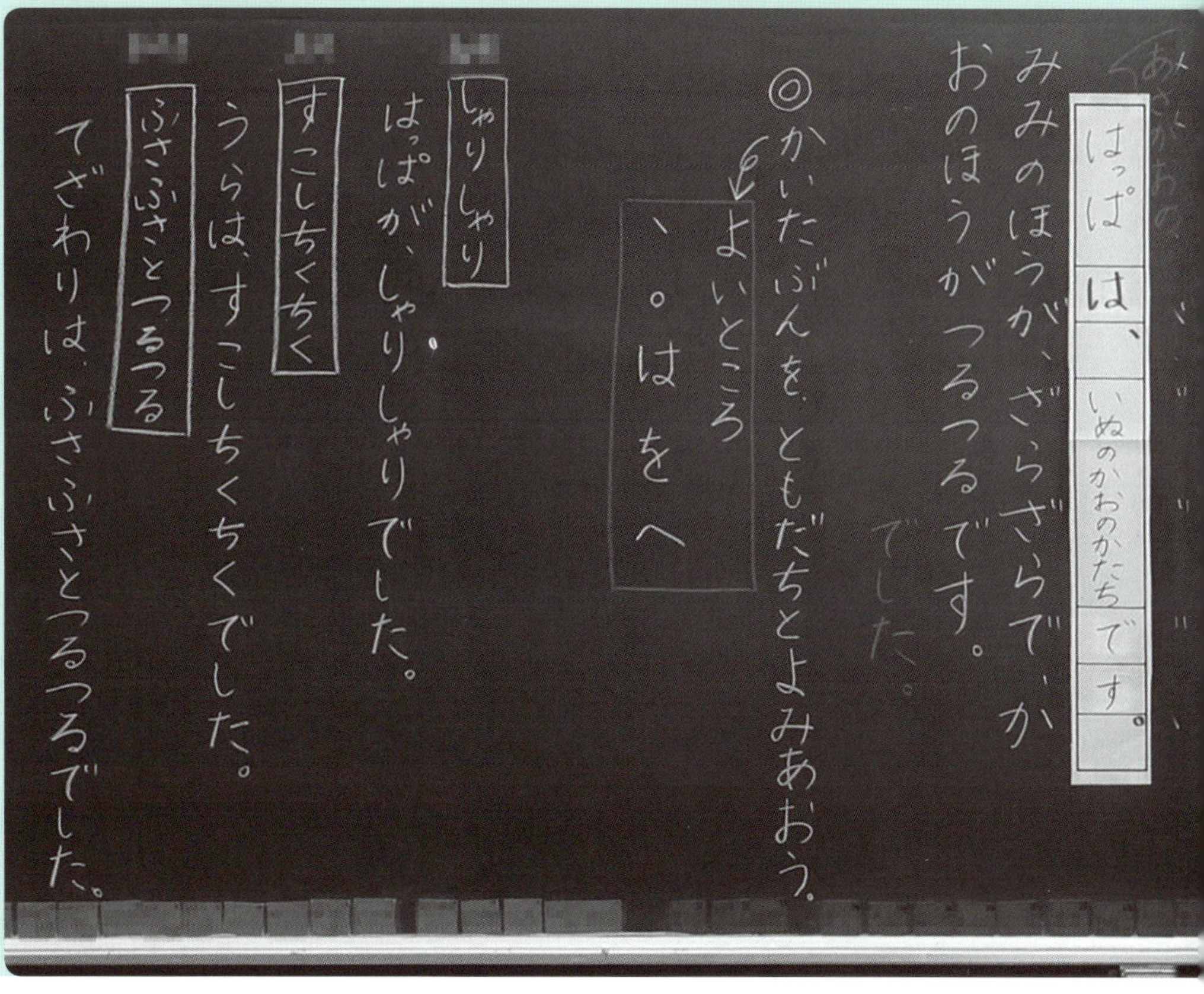

第7時

前時に書いた朝顔の下書きワークシート（写真右：教師の赤字◯枠を入れたもの）を子どもに返し、下書きを完成させた（写真左）。前時と同様、友達と交換して確認し合い、さらにほかに自分がつけ加えたいことを書き足して手紙を書きあげた。

読む人を意識して、丁寧に書くように指導する。手紙を書いてうれしい、もらってうれしいという経験が、次の手紙を書こうとする意欲につながる。

第7時

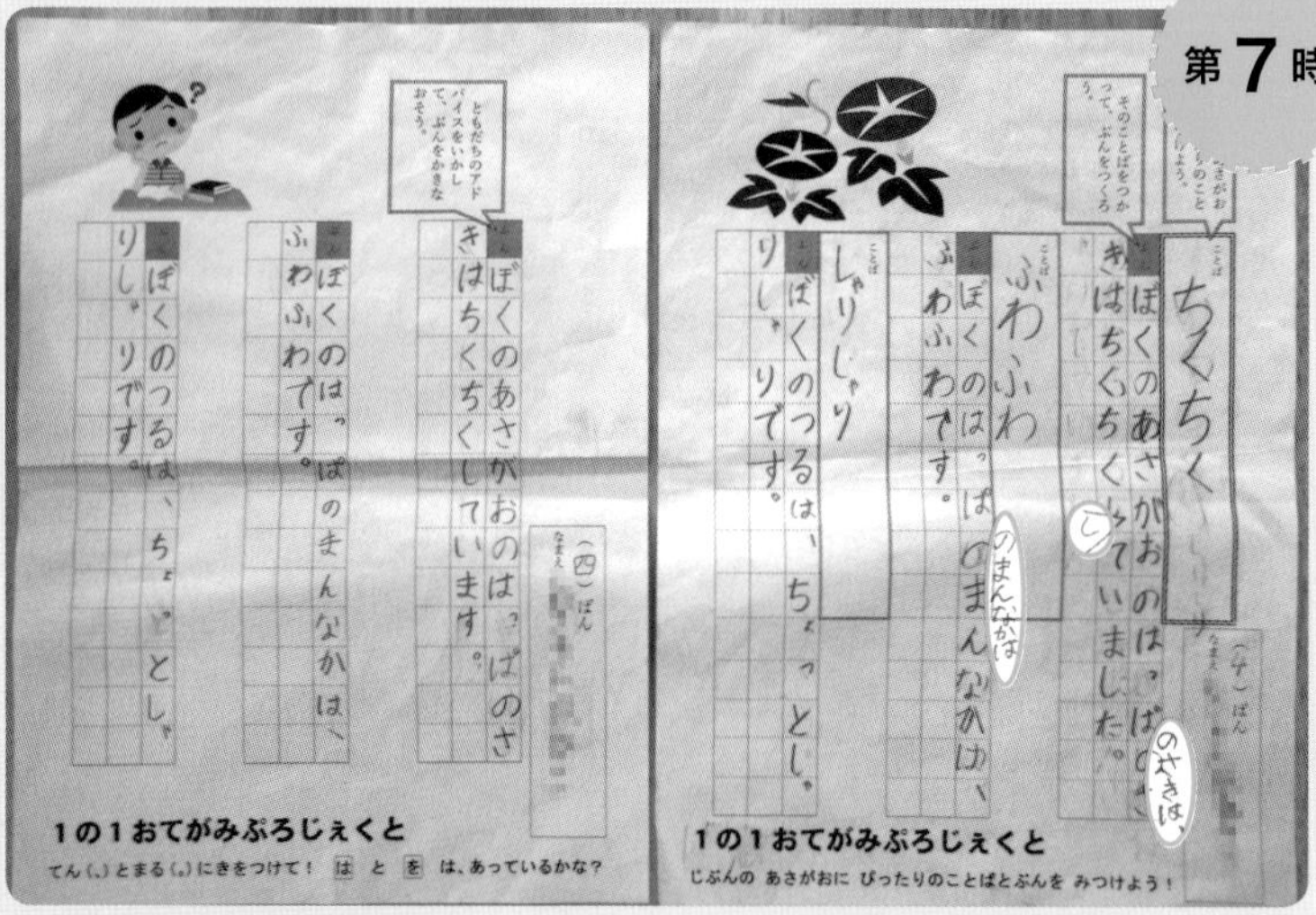

完成した下書き　　下書きワークシート

本好きの子に育てる工夫が教室内のあちこちに。

子どもの目のつきやすい場所に読み聞かせをした絵本の表紙を掲示。図書館との連動も図っている。

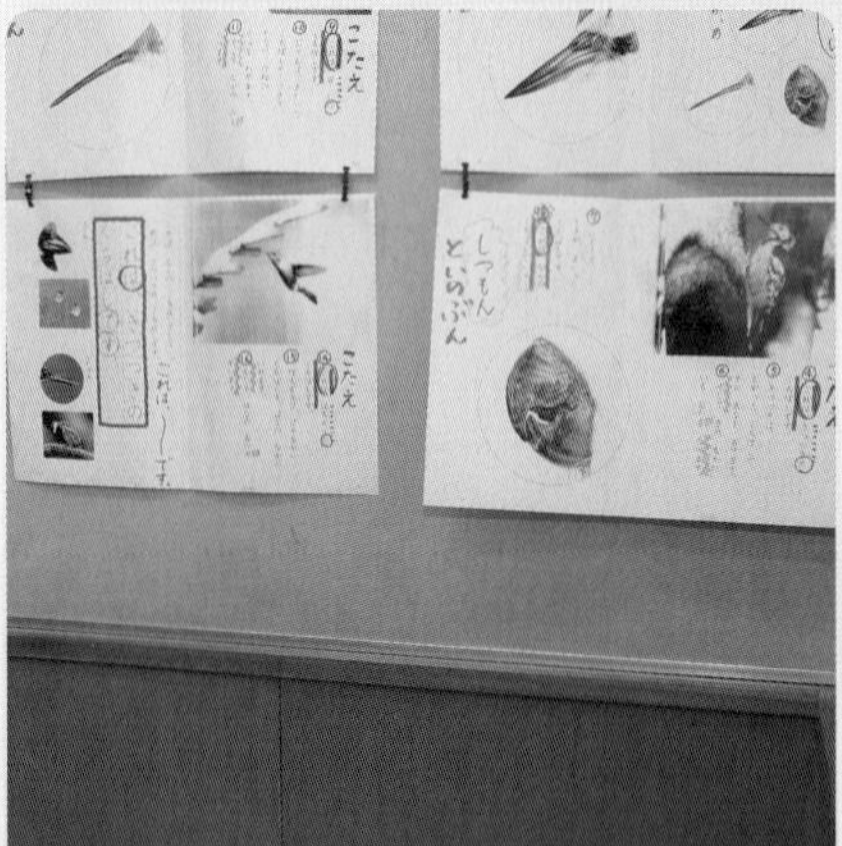

ポイント！
本に親しませるための掲示の工夫が随所に。授業時間の調整やすき間の時間には読み聞かせも多用。

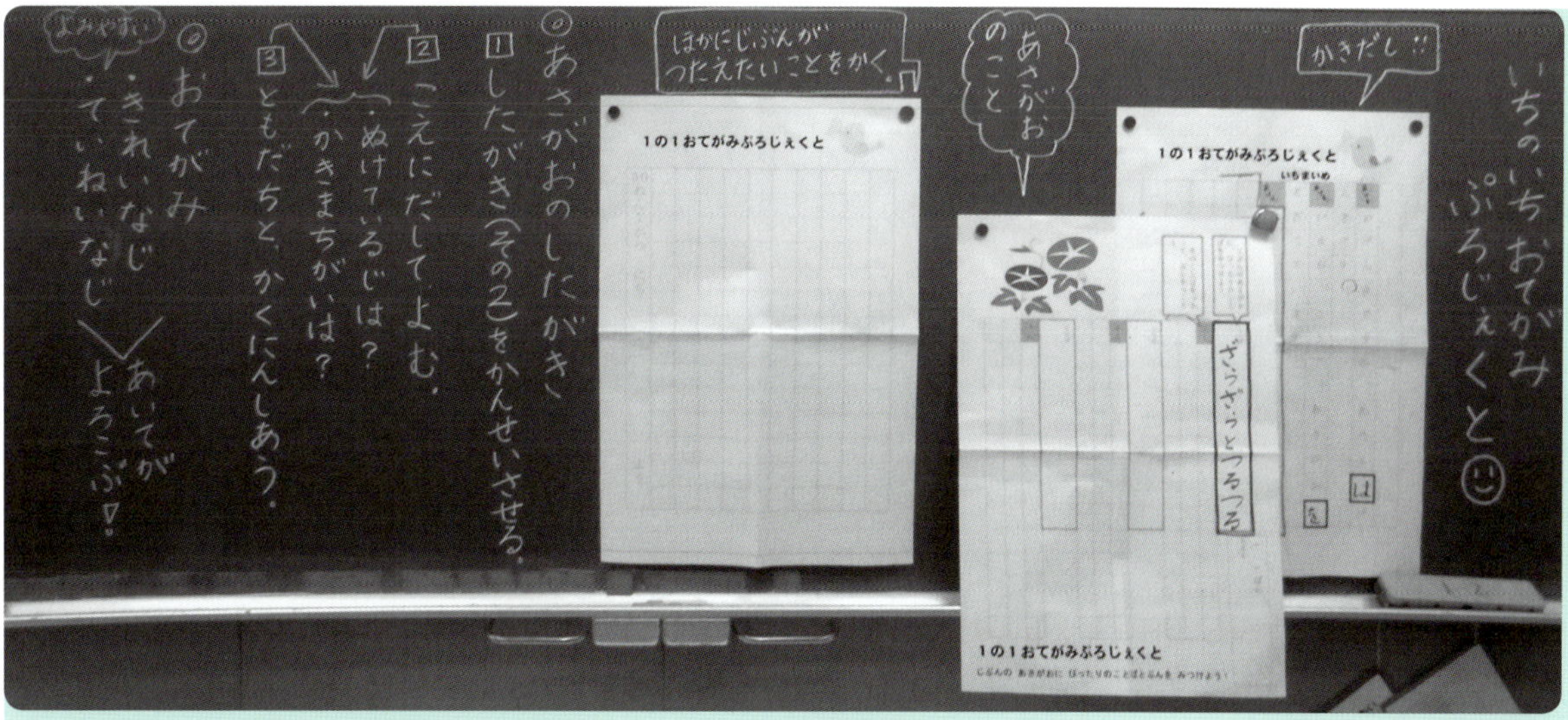

ひらがな指導の工夫

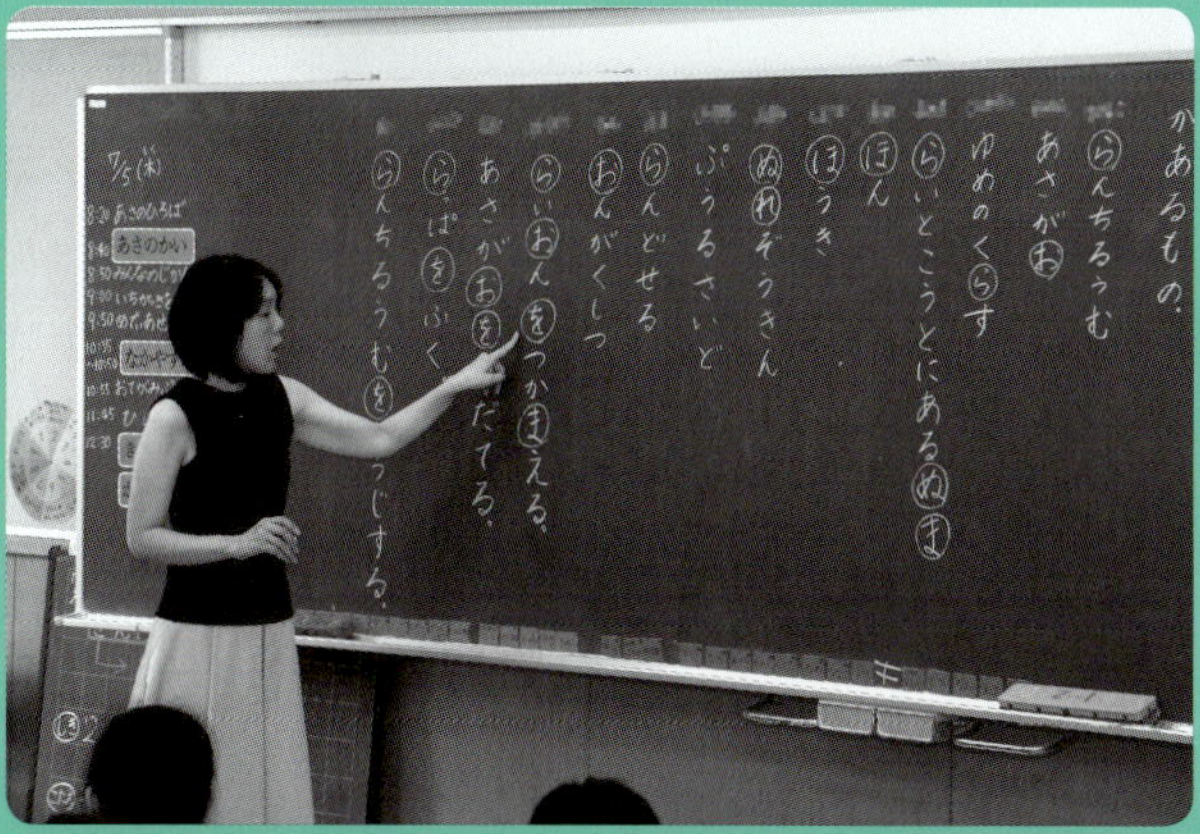

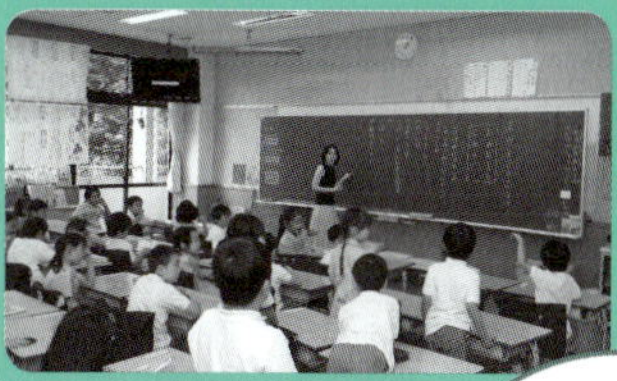

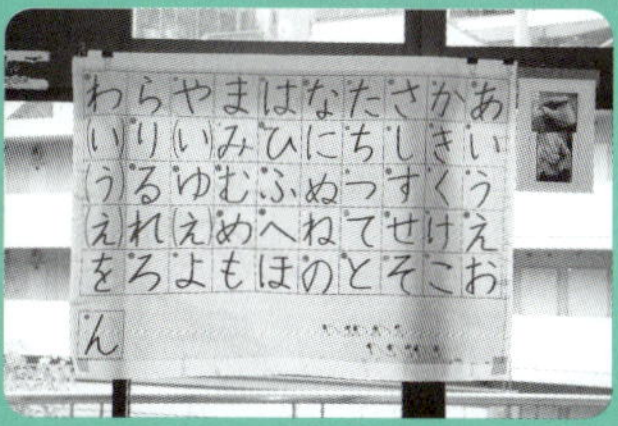

ポイント！
ひらがな指導では、文字だけでなく、文で指導することを心がけている。

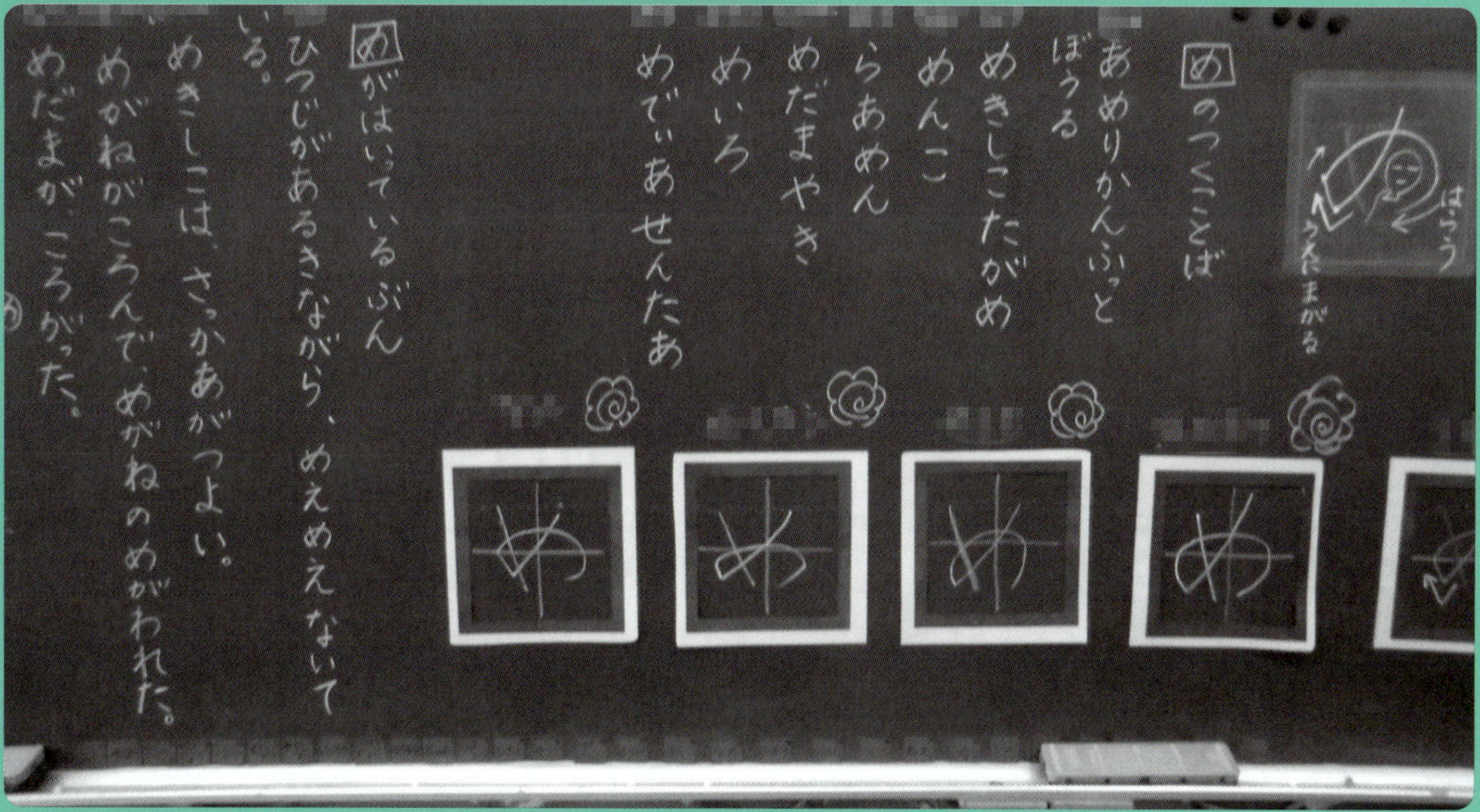

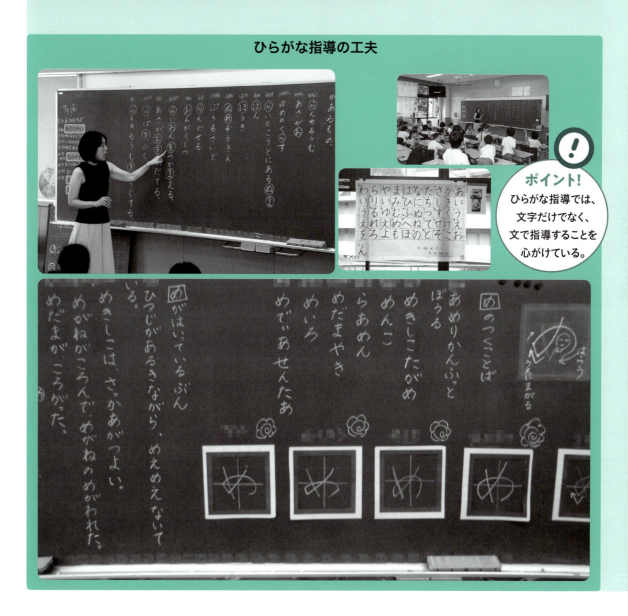

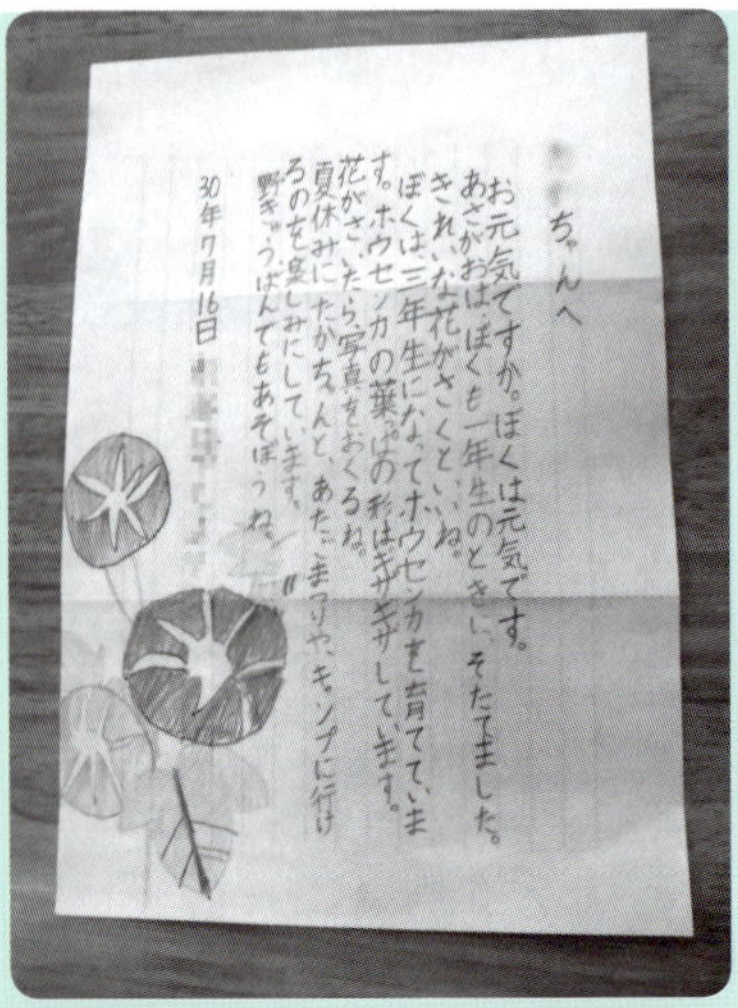
ちゃんへ
お元気ですか。ぼくは元気です。
あさがおは、ぼくも一年生のときにそだてました。
きれいな花がさくといいね。
ぼくは、三年生になってホウセンカを育てていま
す。ホウセンカの葉っぱの形はギザギザしています。
花がさいたら写真をおくるね。
夏休みにたかちゃんと、あたごまつりや、キャンプに行け
るのを楽しみにしています。
野きゅうばんでもあそぼうね。
30年7月16日

学校近くの郵便ポストに投函に出かけた。

第8時

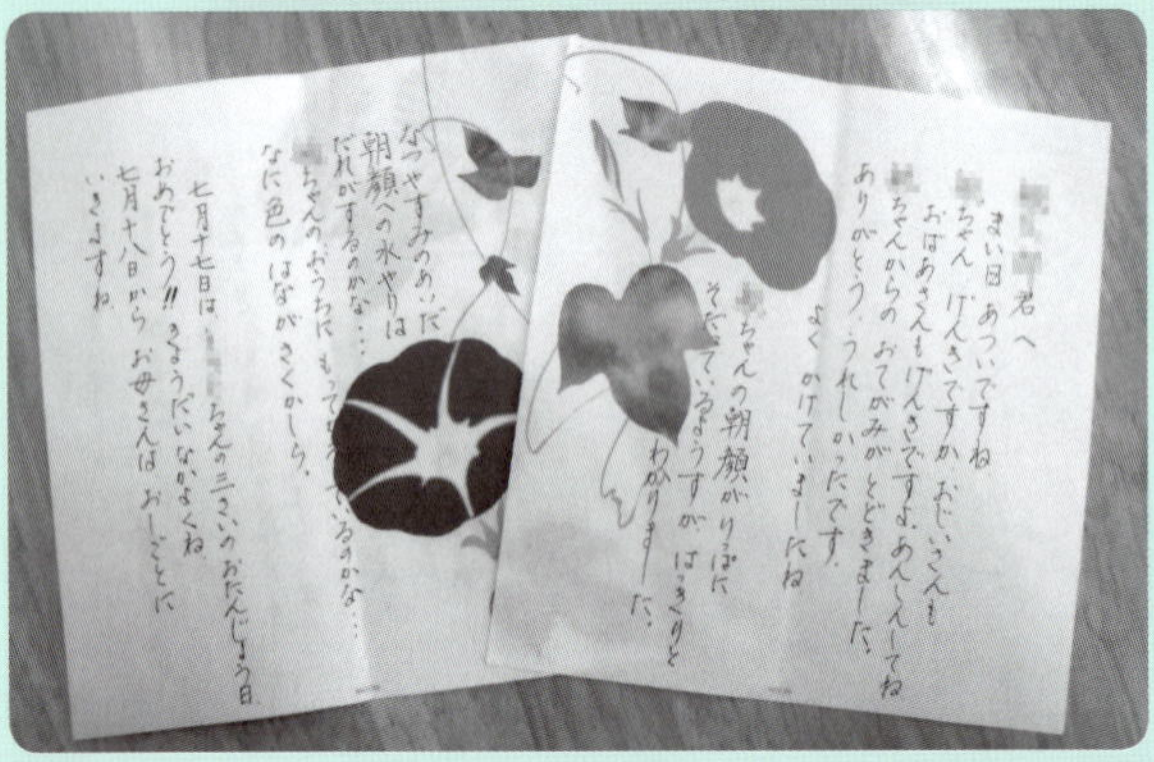
君へ
まい日あついですね
ちゃん げんきですか。おじいさんも
おばあさんもげんきですよ。あんしんしてね
ちゃんからの おてがみがとどきました。
ありがとう。うれしかったです。
よくかけていましたね
ちゃんの朝顔がりっぱに
そだっているようすが はっきりと
わかりました。

なつやすみのあいだ
朝顔への水やりは
だれがするのかな…
ちゃんのおうちにもって　るのかな…
なに色のはながさくかしら。
七月十七日は、ちゃんの三さいのおたんじょう日。
おめでとう!! きょうだいなかよくね。
七月十八日から お母さんは おしごとに
いきますね。

子どもたちはどうしても返事が欲しい。そこで、事前に保護者や相手の方へお願いしておくことも心がけたい。

お返事を読んで、うれしかった言葉、感想を共有し、2学期もプロジェクトを継続していくことを確認。お試し期間として、教室内に1-1ポストを設置した。

第9時

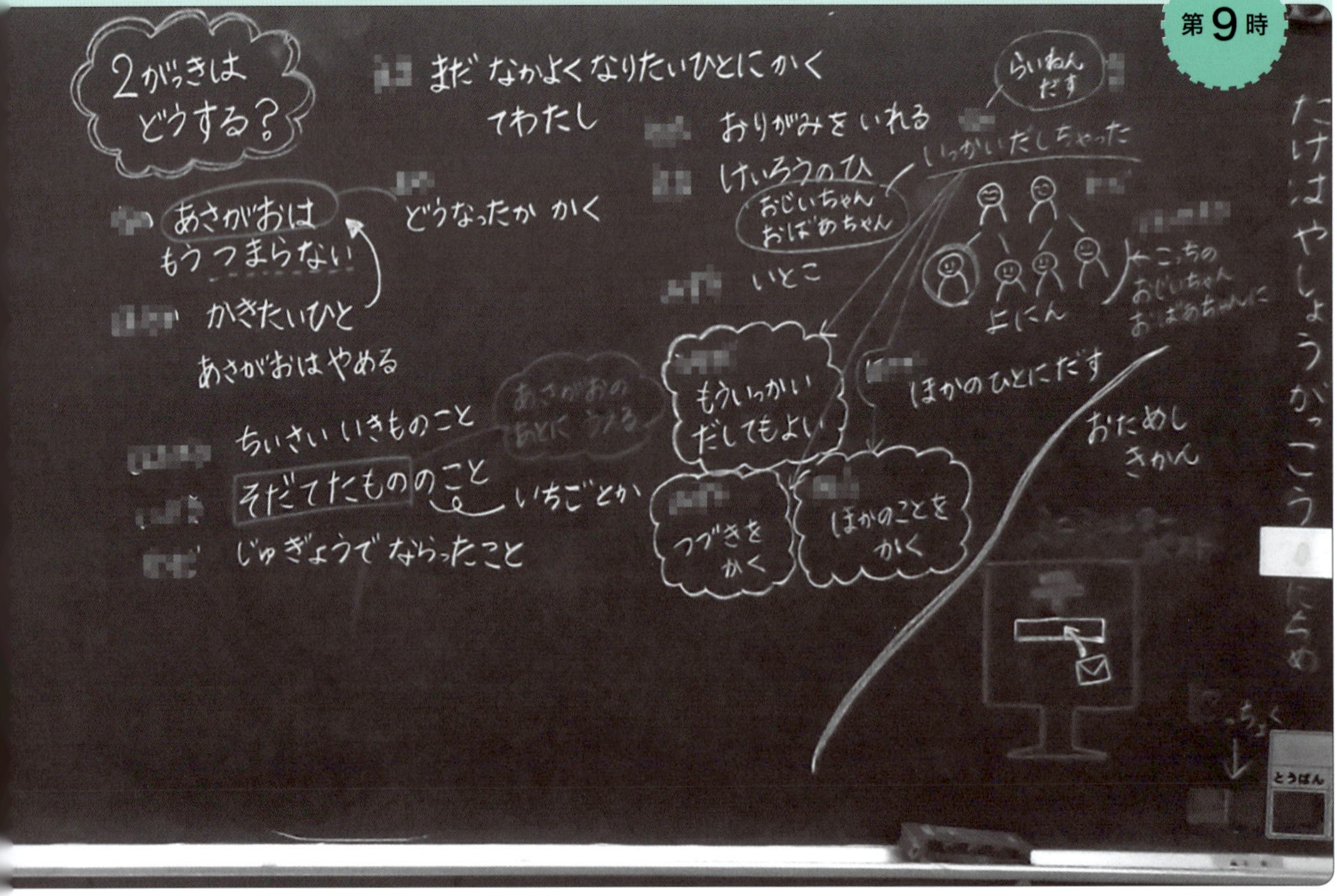

「おてがみプロジェクト」は、今後も継続して取り組んでいき、最終的には3月に卒業する6年生に向けて書く、同じく3月に自分の成長をお家の人に伝える、季節の気づきを祖父母などに伝える、という活動へつなげたいと思っている。低学年なので、途中途中で国語を離れて生活科や特別活動の方に寄っていくことも想定している。

11月に入り、同じ敷地内にある竹早園舎の年長クラスの幼児たちとの交流が始まっている。この前、園児たちの劇発表会に招待してもらったので、そのお礼に、1年1組の児童から2種類の手紙を書いた。手紙を書くことは、児童達が自ら決め、ある児童の「心をこめて書こう」「丁寧に書かないと、感謝の気もちが伝わらないよ」という意見に全員が頷いていた。これから、児童達に、自分の気持ちを伝える手段として手紙を活用したり、気もちを伝えるための言葉を獲得したりする経験をさせたいと考えている。

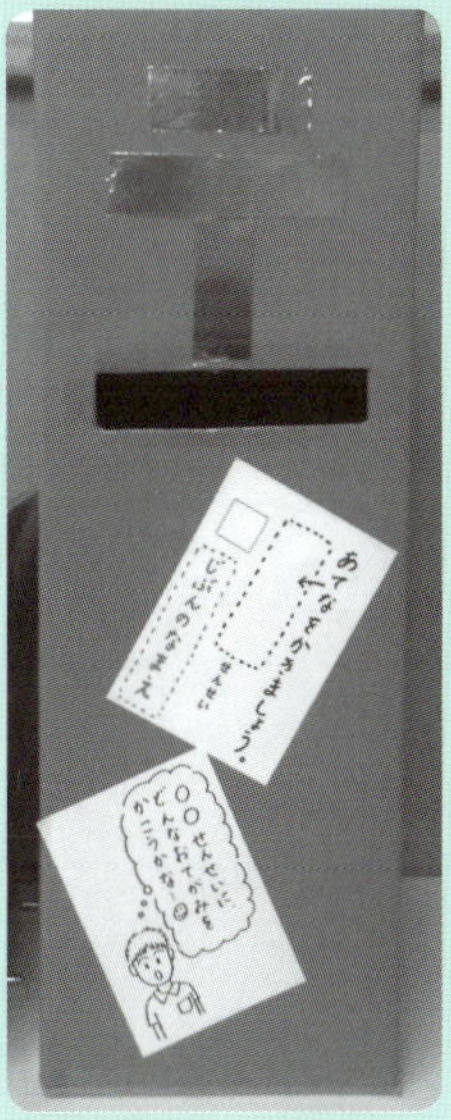

教室内に置いてある
1-1 ポスト

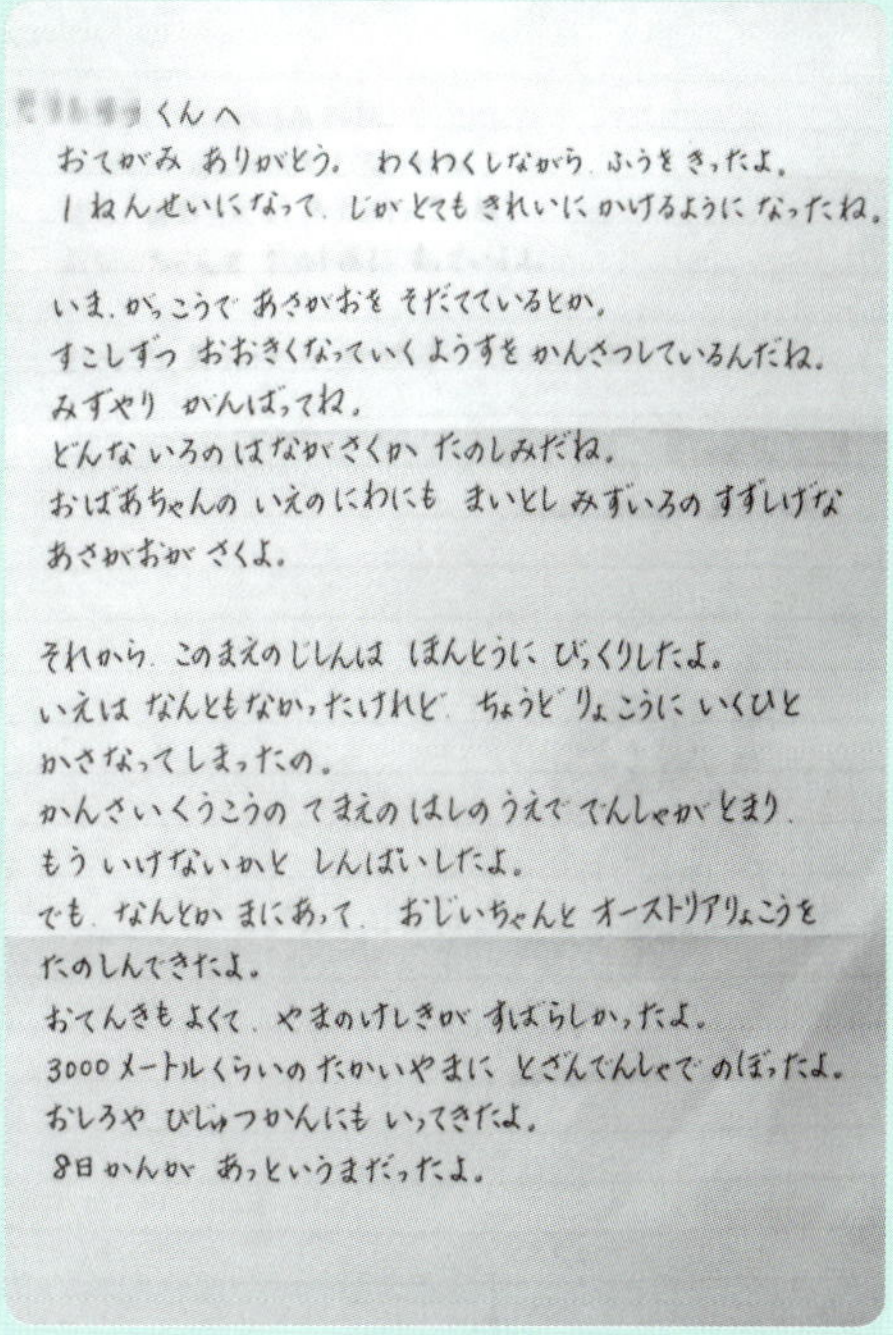

くんへ
おてがみ ありがとう。 わくわくしながら、ふうを きったよ。
1 ねんせいに なって、じが とても きれいに かけるように なったね。

いま、がっこうで あさがおを そだてているとか。
すこしずつ おおきくなっていく ようすを かんさつしているんだね。
みずやり がんばってね。
どんな いろの はなが さくか たのしみだね。
おばあちゃんの いえの にわにも まいとし みずいろの すずしげな
あさがおが さくよ。

それから、このまえの じしんは ほんとうに びっくりしたよ。
いえは なんともなかったけれど、ちょうど りょこうに いくひと
かさなって しまったの。
かんさいくうこうの てまえの はしの うえで でんしゃが とまり、
もう いけないかと しんぱいしたよ。
でも、なんとか まに あって、 おじいちゃんと オーストリアりょこうを
たのしんで きたよ。
おてんきも よくて、やまの けしきが すばらしかったよ。
3000メートルくらいの たかい やまに、とざんでんしゃで のぼったよ。
おしろや びじゅつかんにも いってきたよ。
8日かんが あっというまだったよ。

子どもたちに届いたお返事。お返事を読んで「心があたたかくなった」「ほっとした」という感想が聞かれ、励みになっている様子がうかがえる。

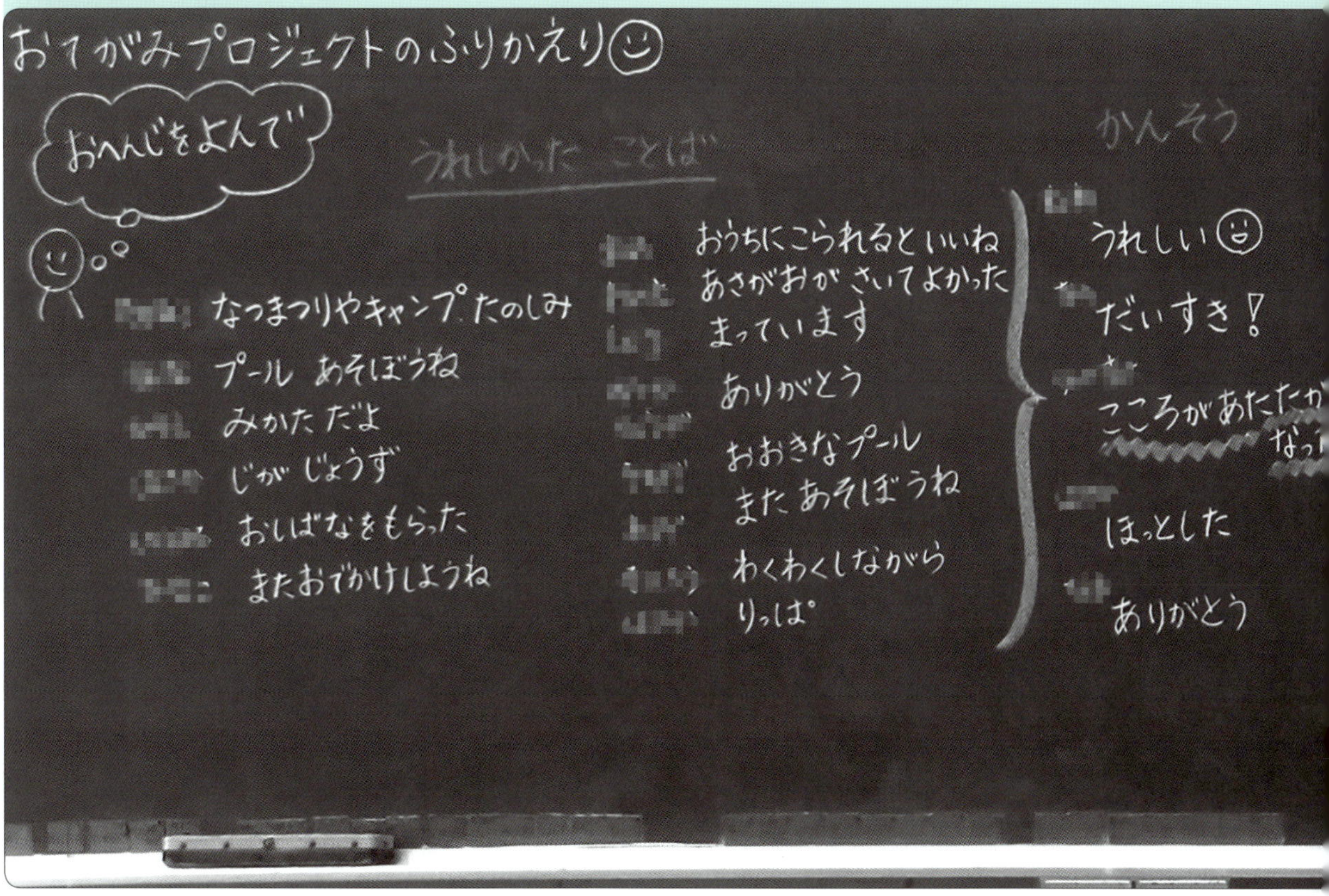

4年生

書くこと×考える

「すじみちを立てて考えよう」

プロジェクト学習を作文にまとめる過程（構成図をつくり、作文に生かす取り組み）を紹介する。

東京学芸大学附属
大泉小学校４年うめ組
担任：土屋　晴裕

第１時

「花を見つける手がかり」を読む

学習材を読み、「もっと知りたい・調べたい」ことを考える。

「花を見つける手がかり」を読んで、もっと知りたい・調べたいことを調査する「プロジェクト学習」に取り組んだ。

調査結果を報告する文章を書くにあたって、子どもたちから「いきなり原稿用紙に書くのはきつい！」という声があがり、文章構成を考えてから作文することになった。文章構成図の作成から作文を書き、さらに交流を経て、子どもたちは考えながら書く学習に主体的に取り組んでいった。

①学習材を読んで、学習計画を立てる。
②～④調べ学習（プロジェクト学習）をする。
⑤まとめ方を話し合う。
　→文章構成図の必要性
⑥⑦文章構成図の書き方を知り、書いてみる。
⑧Ａ文章構成図を仕上げる。
　Ｂ作文を書き始める。
⑨⑩作文を書く。
⑪交流をする。
⑫単元全体の振り返りをする。

学習指導計画
（全12時間）
第6時・第7時、
第8時を詳しく紹介

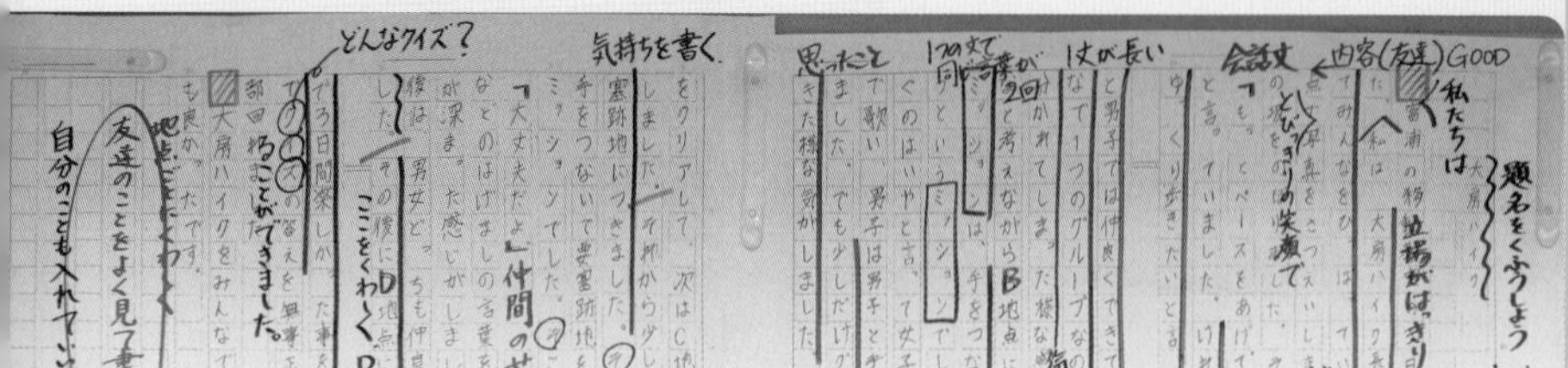

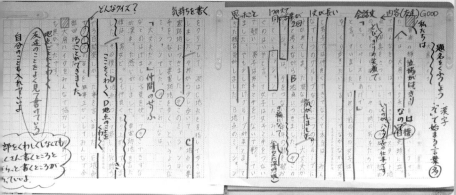

教室側面（子どもたちが見上げると目に入る位置）に掲示された作文指導（前単元の学習履歴）。

●**目標：**「自分の調べたこと」が相手に明確に伝わるように、組み立て（構成）を工夫して書くことができる。

●**教材名：**「花を見つける手がかり」（教育出版「小学国語」平成27年度版4年上）

［主な指導事項］
思考・判断・表現
Ｂ書くこと
イ・ウ・オ

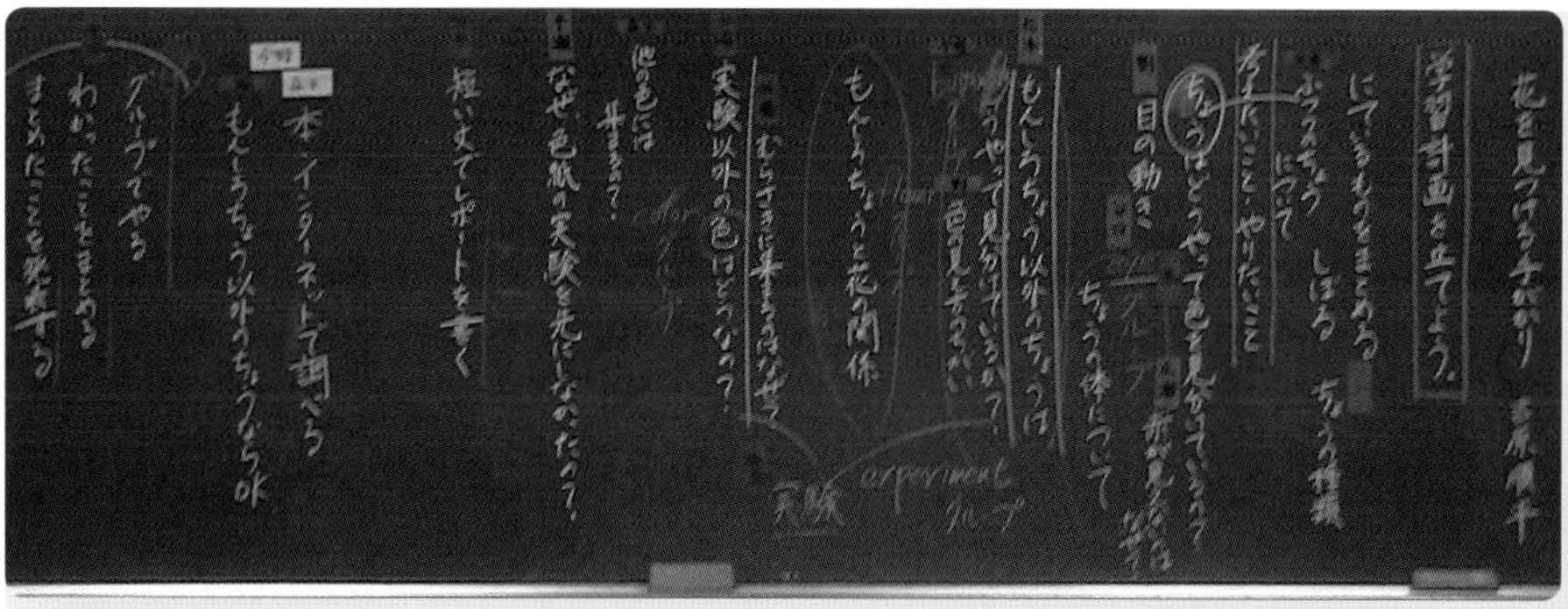

第2-4時

第2〜4時

「もっと知りたい・調べたい」ことに取り組むプロジェクト学習を行った。原稿用紙に書く前に、まず子どもたちが意欲を高くもって活動に取り組むことができるように単元の導入にはとくに神経を使う。

教室に関連図書のコーナーを設けたり、インターネットで調べたりすることで、自主的に書きたいテーマを考えることができた。

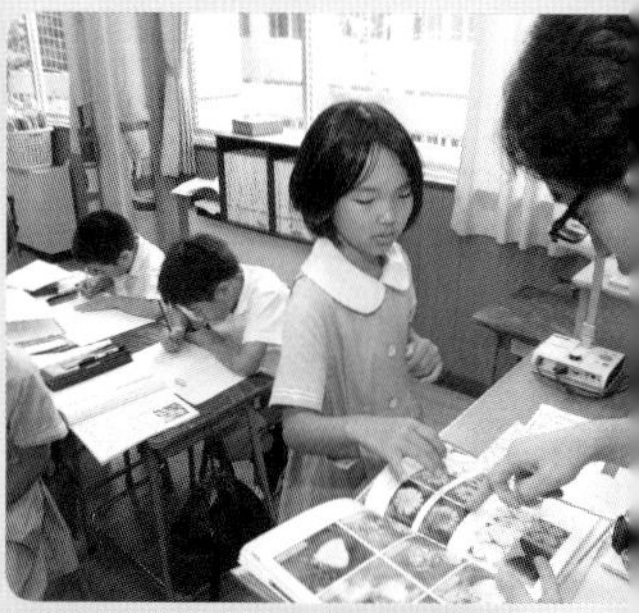

資料探しに取り組む子どもたち。国語の授業と他教科の授業の融合が自然な形で行われている。

ポイント!

本単元の前に行った「書くこと」の単元では、原稿用紙をすぐに渡して書かせるのではなく、「思い出をお家の人や、ペアの3年生に伝えよう」と投げかけた。絵と文、両方で表現したいという声が多くあがり、文は原稿用紙に書き、絵とリンクする条件で取り組ませた。

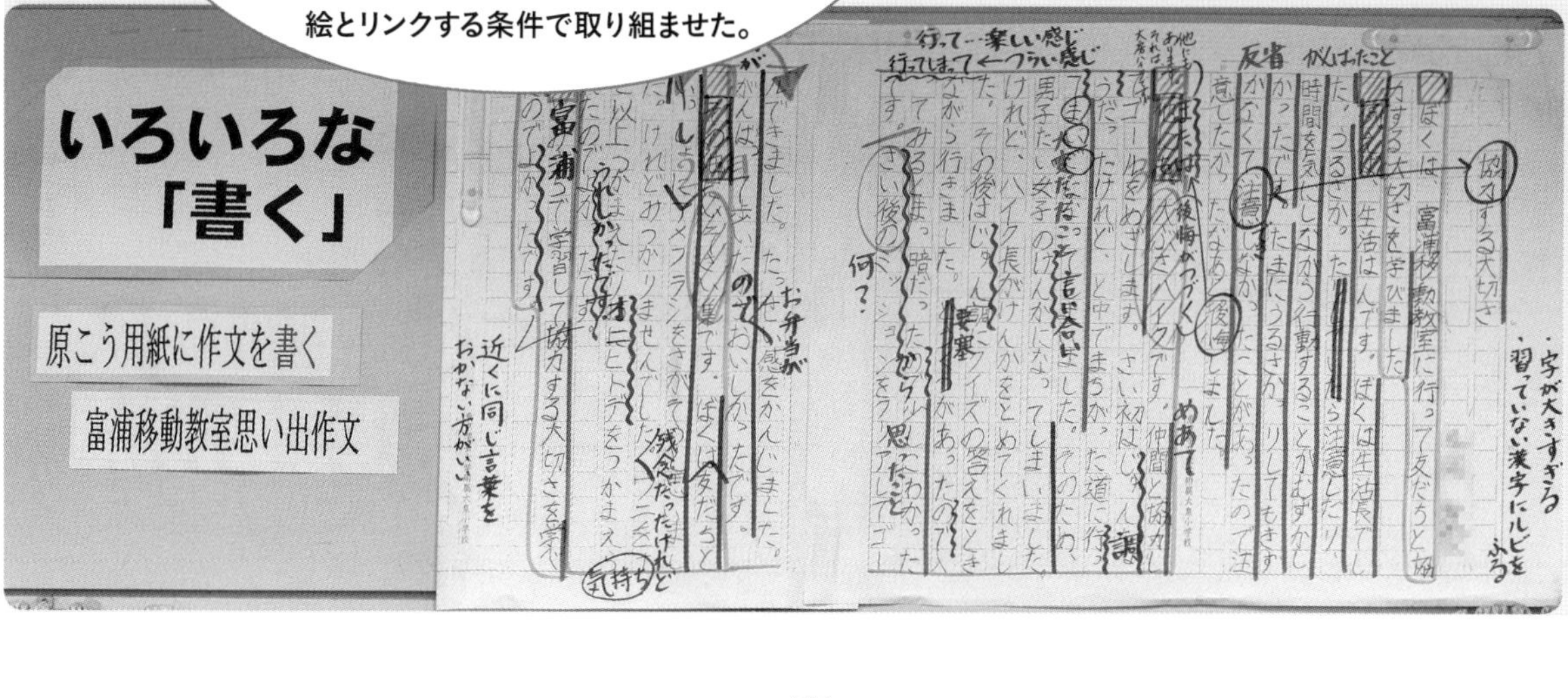

第**5-7**時

導入

❶ 構成図のよさを知る。

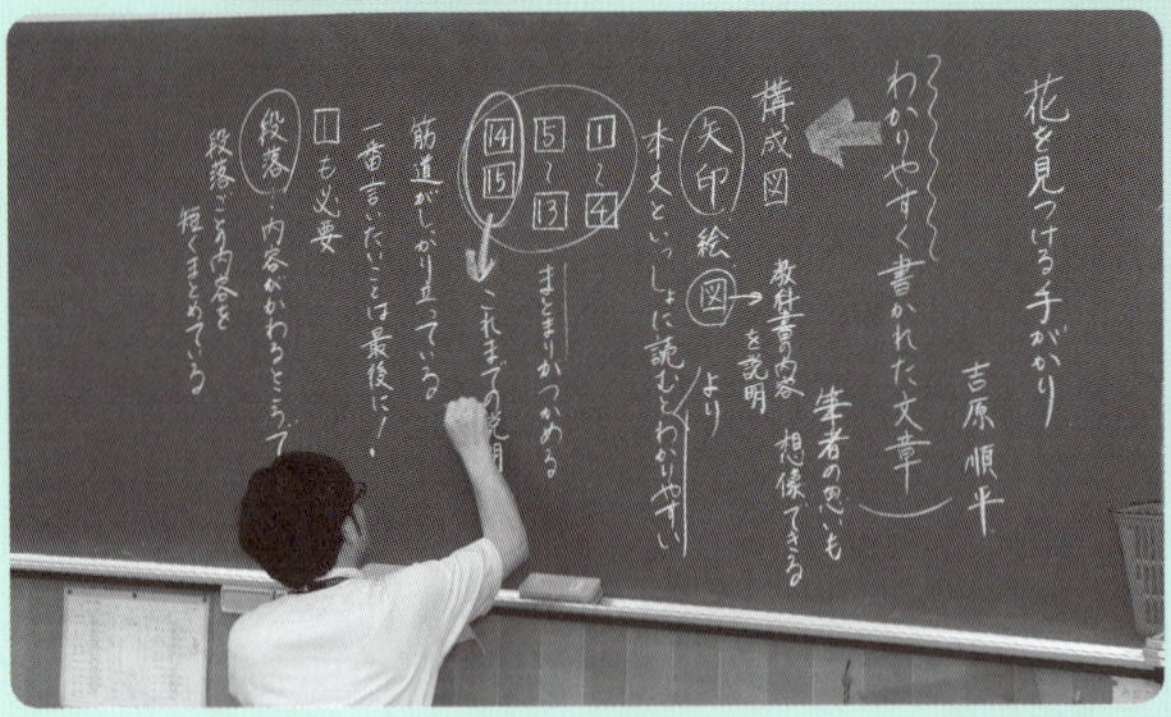

まずは、短い言葉で端的に書かれた構成図のよさを知る。

展開

❷ 文章構成図をつくる。

言いたいことを伝えるために、まとまりを考えることと、構成図を書くことのイメージがつながっていく。

ポイント！

普段の学習でも、あまり条件づけをきつくはしない。必要最低限にして、あとは子どもたちに任せるというスタンスをとることによって、子どもたちの自由な発想が生まれ、教師の期待を上回るものが生まれる。

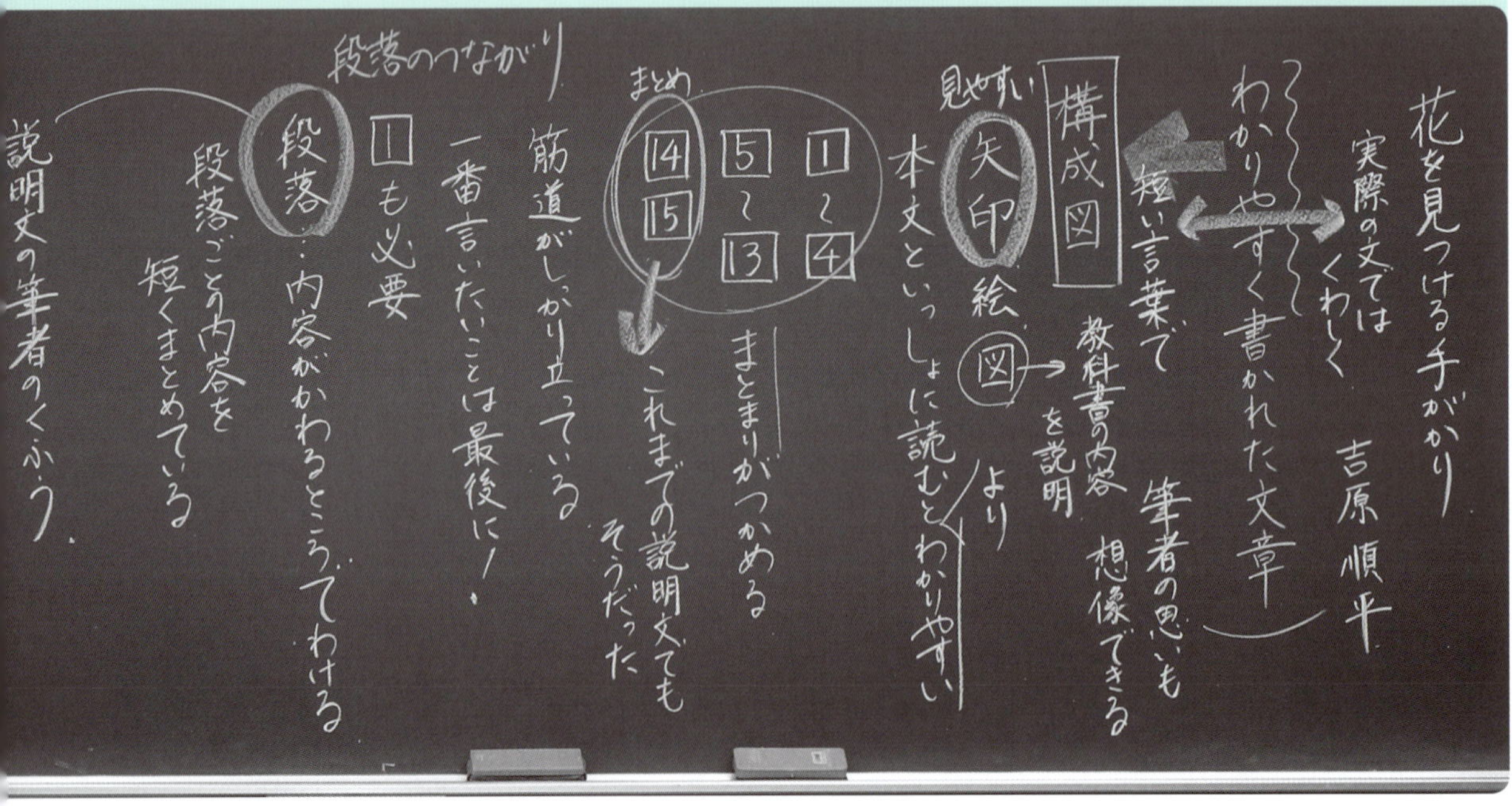

終末

❸ 振り返りを行う。

構成図を提示し、イメージをもたせる。チャート図で表す子、箇条書きにする子など、それぞれに工夫を生かして取り組んでいく。

構成図の意義、こう書けばいいんだ、という構想までが練れた様子で、どんどん書き始める子どもたち。

振り返りのときに子どもが言った言葉。「これ、あるといい！」「普通の作文より書きやすい！」が全てを表している。

第５～７時

プロジェクト学習を終え、「調べたことを作文にまとめよう」という段階になって「いきなり原稿用紙に書くのはきつい」という声が出た（第５時）。そこから意見を拾っていったところ、「構成図を書く」という発想が子どもたちから発生し、第６時は、構成図について学習し、第７時に、その構成図を参考に、自分の文章の構成を図式化してみるという時間とした。

文章の構成をどのように表現するか、ノートに書くか、白紙に書くかを選ばせるなど、「選択」という手立ては、子どもの主体性を発揮させるために有効である。

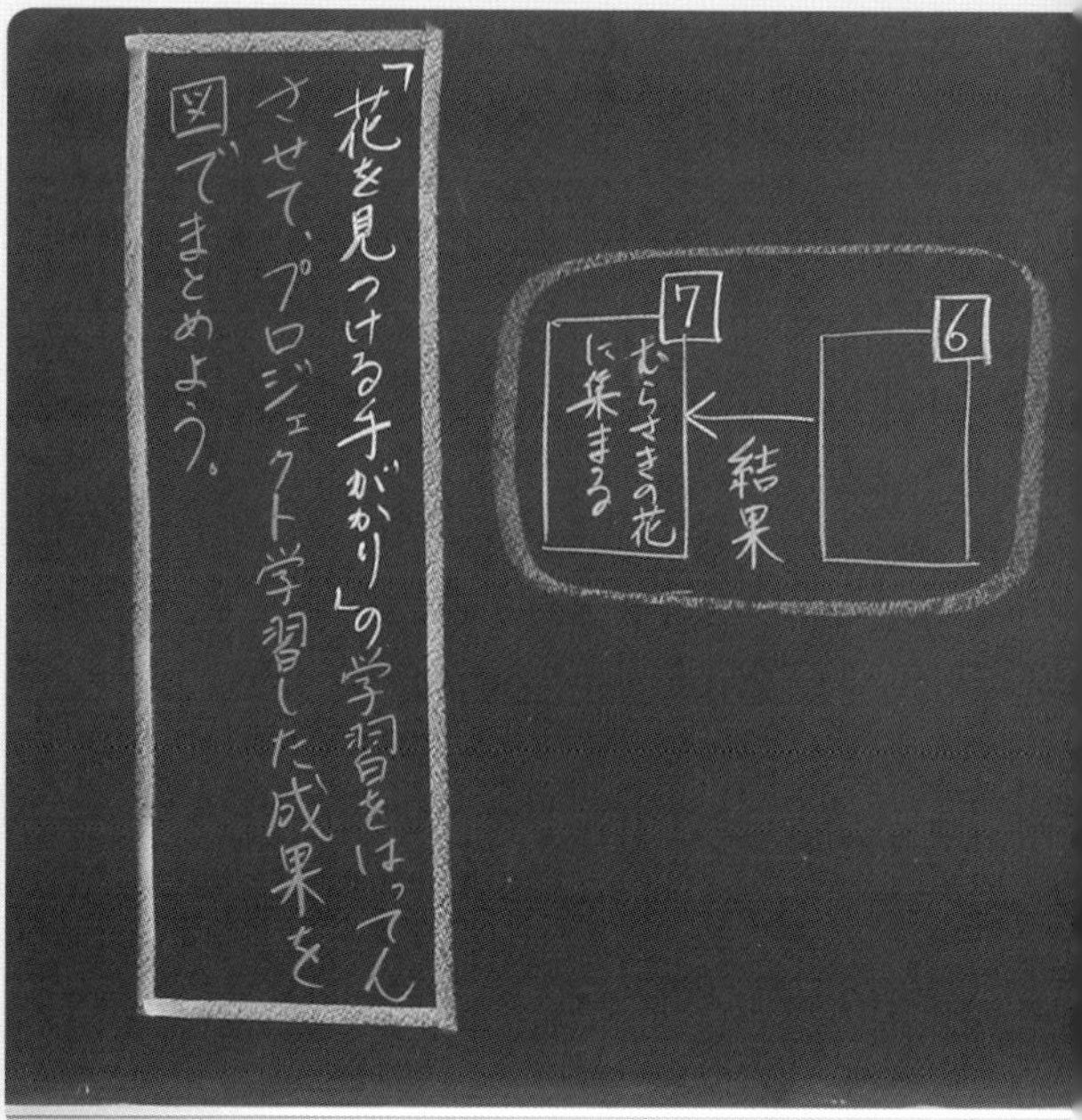

第8時

最初手本で見せた構成図はまっさらな紙に書いたもの。そのあとに示したものは縦にずっと連なっていたもの。チャートのように書く子もいれば、縦の罫を生かすためにノートを使用する子も。

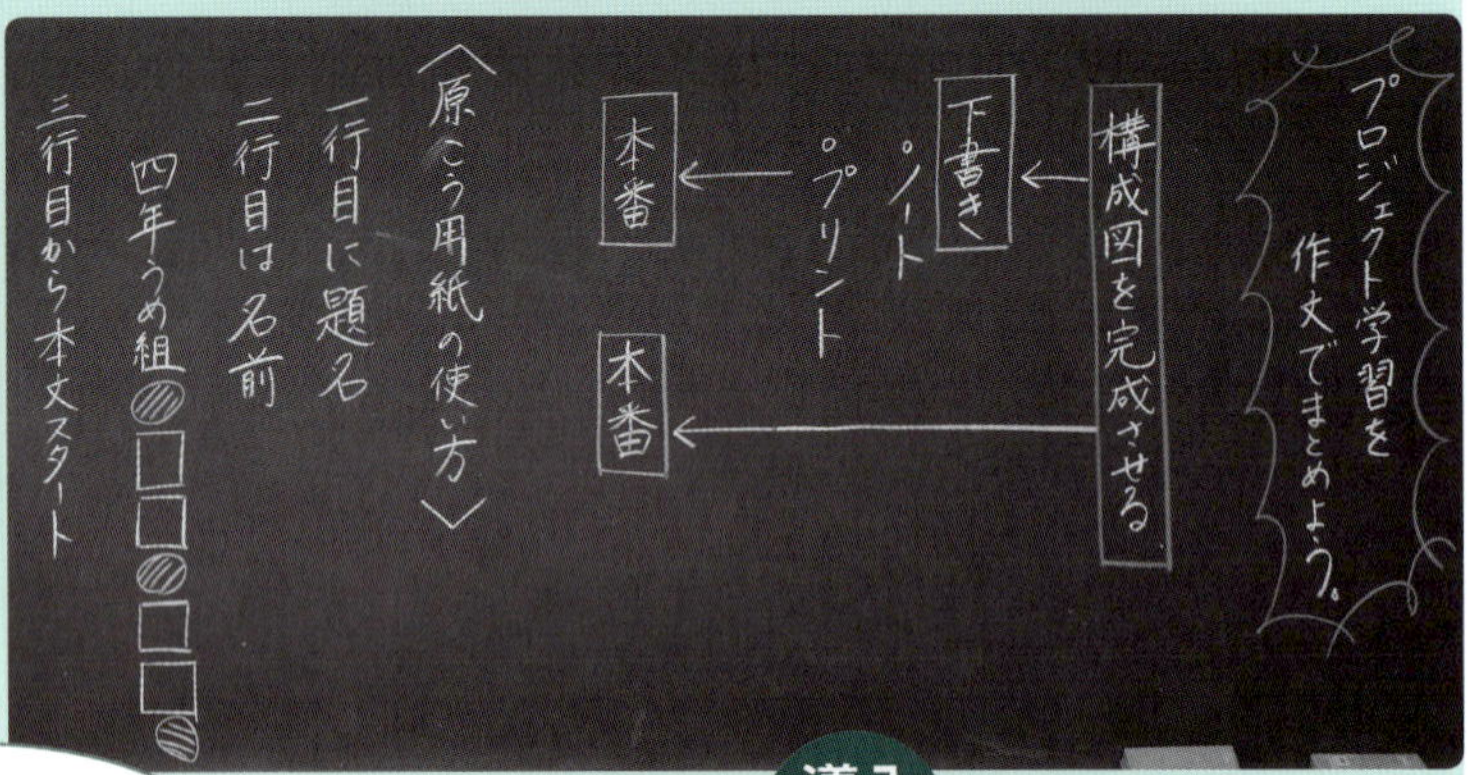

導入

❶ 原稿用紙の使い方を確認。

ポイント!

「紙に書いてもよし、縦に書いてもよし」各自の考えで用紙も書き方も自由に選ばせる。

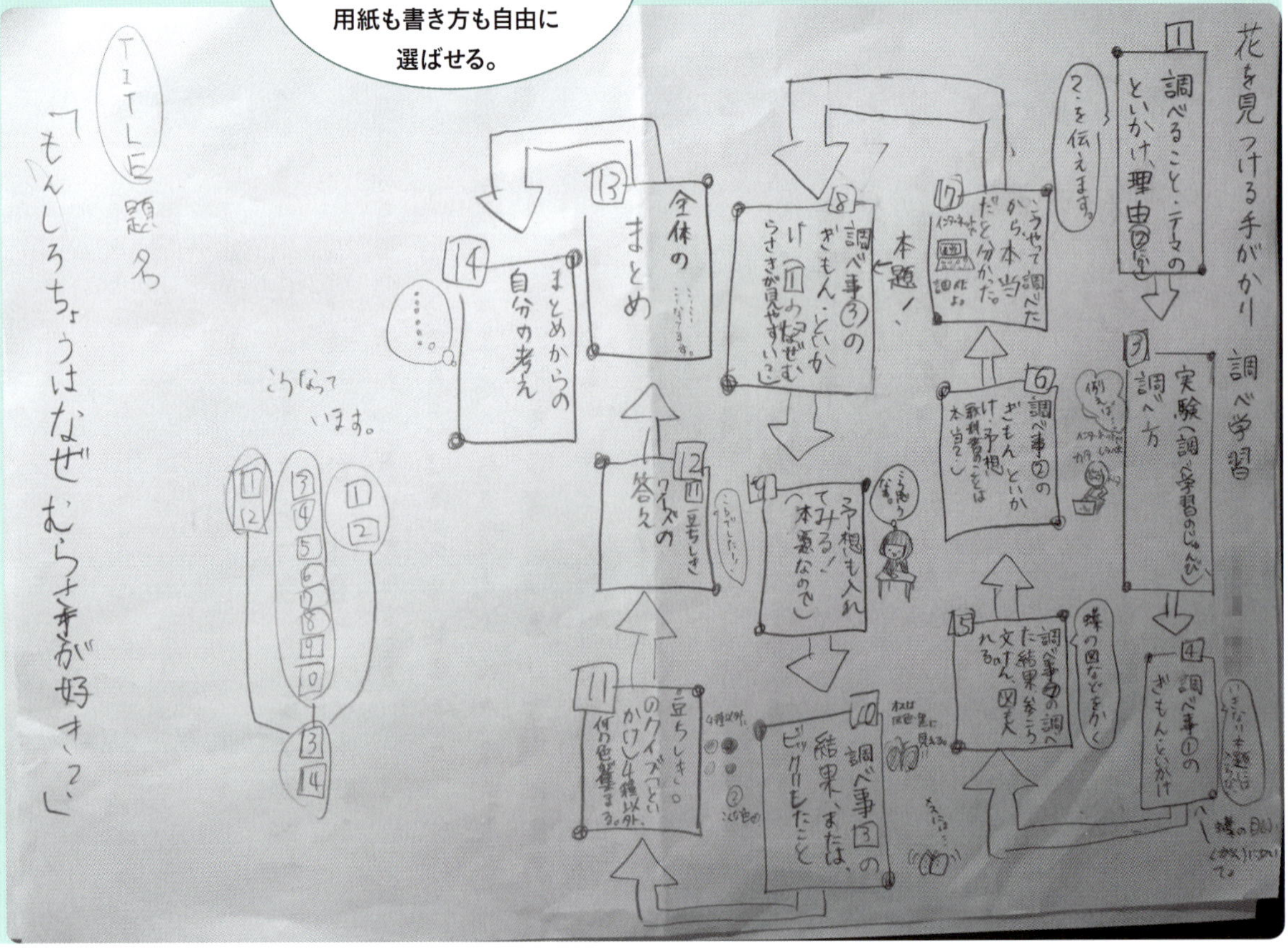

一人で黙々と鉛筆を走らせる子、友達と相談しながら書きあげていく子も。自由度の高い教室の雰囲気が心地いい。

展開

❷ ノートや原稿用紙に向き合う。

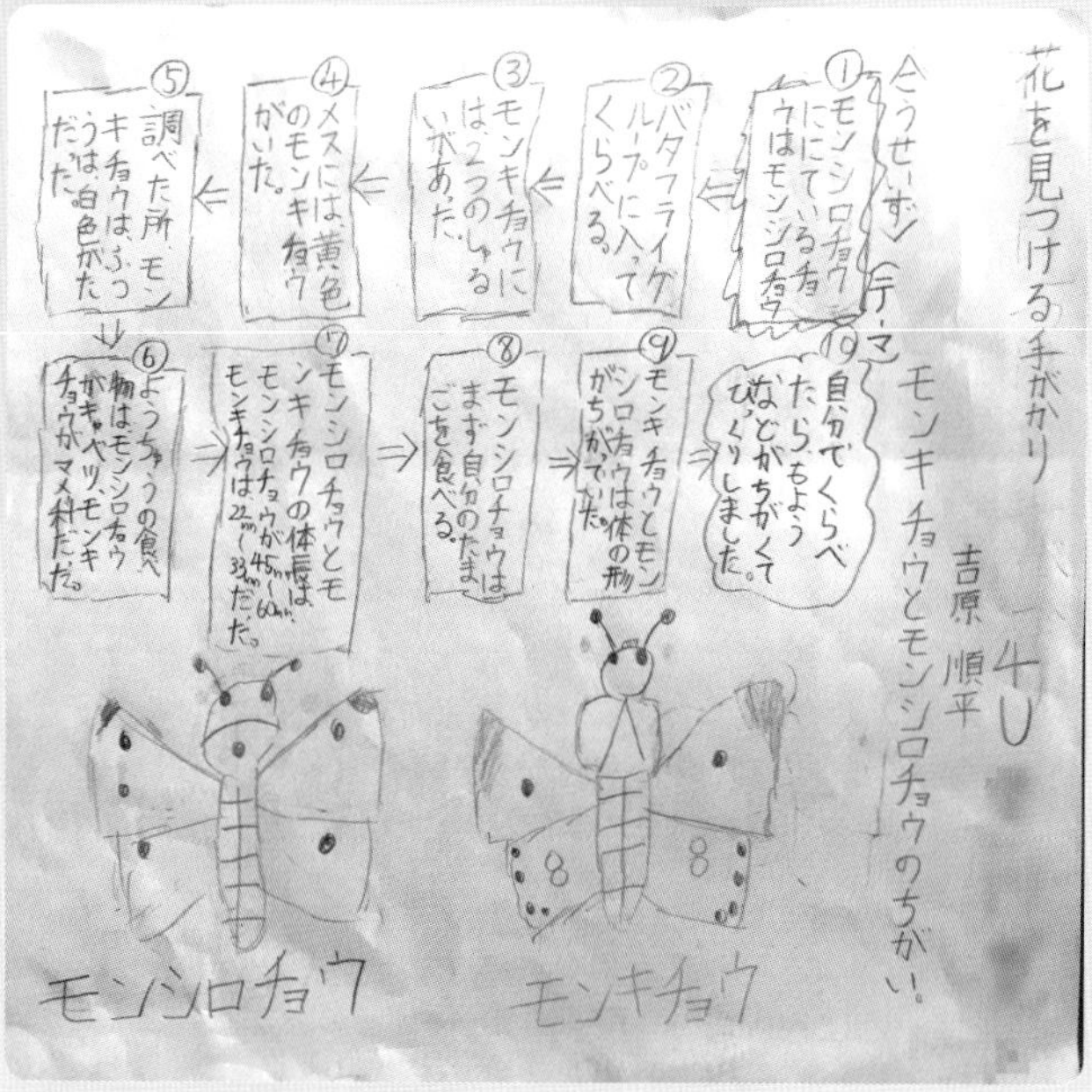

教師からの指示は控え、「聞かれたら答える」に留める。

第８時（前半）

構成図が書けている子は、原稿用紙にどんどん書いていく、構成図がまだの子は、それを補う時間とした。

原稿用紙の使い方の基本を授業の最初に押さえて、各自がノートやプリント、原稿用紙に向かう時間となった。

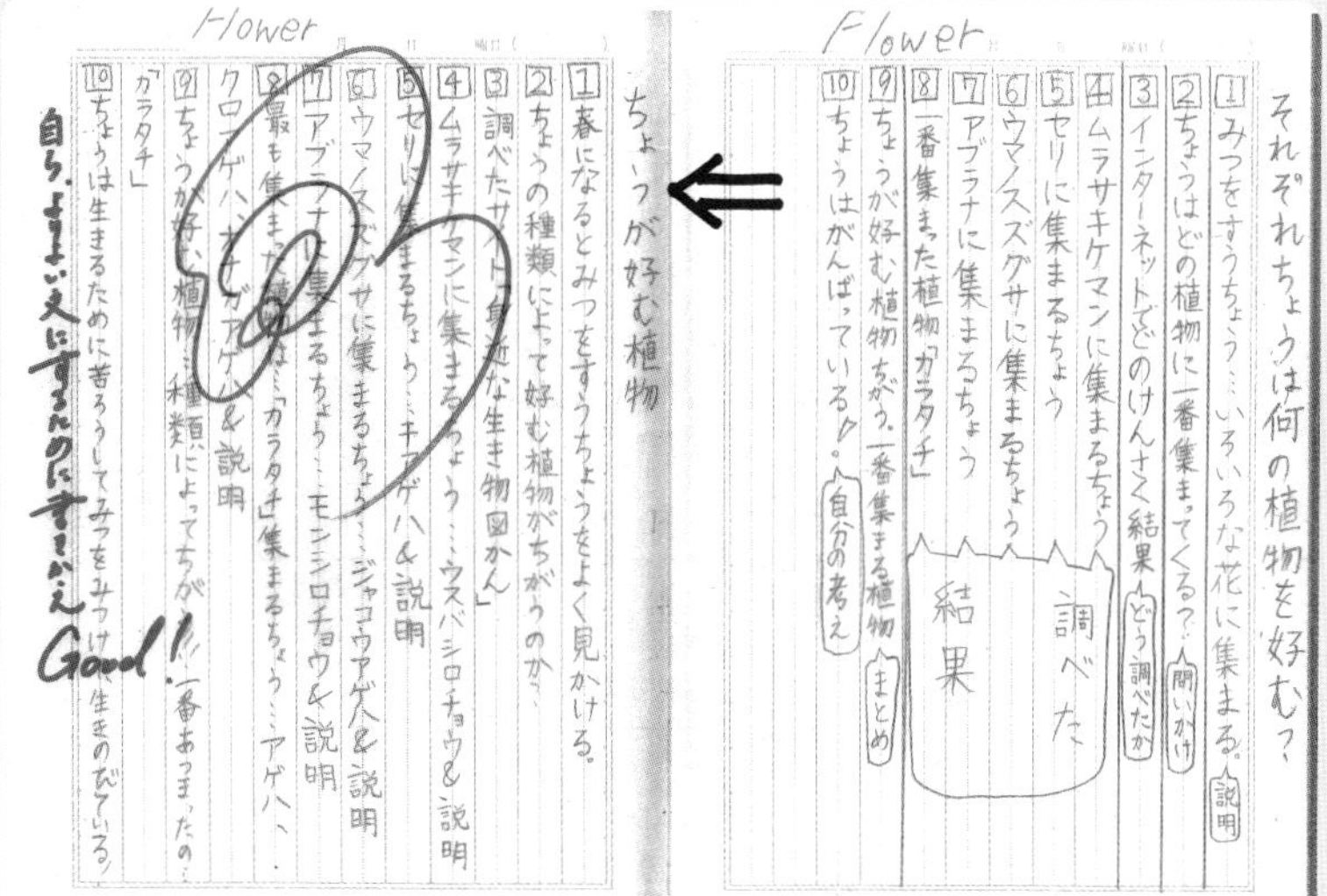

終末

❸ 学びの見通しを立てる。

第8時

第8時（後半）

テーマが決まり、構成ができたところで記述の段階を迎える。ここでは、教師側から必要以上に関わらないようにしている。「放任」ではない。必要ならば、子どもの方から関わりを求めてくる。教師のところに来たときも、「ここをこうしたほうがいいんじゃない」とあまり具体的なことは述べない。

まずは、「どうしたいの？」「どんなふうにしたいの？」と子どもの思いを確認する。その上で、2～3パターンの選択肢を与える。そして自分で選ばせる。

第8時の終末、書きあがった構成図、さらに原稿用紙に書き始めた子の作文をモニター表示。今後、どれくらい書く時間が必要かを検討。

ポイント！

記述中、友達と話しながら作文を書くことを許容する。書きながら友達からアドバイスをもらう。これは、「推敲」の後に清書を書くという活動をしないようにするためでもある。書き直すことに苦痛を感じ、「書くこと」を嫌がる子どもも少なくない。「書くこと」の学習も対話的な学びによって、学びが活性化し、よりよい学習に発展していく。

第9-10時

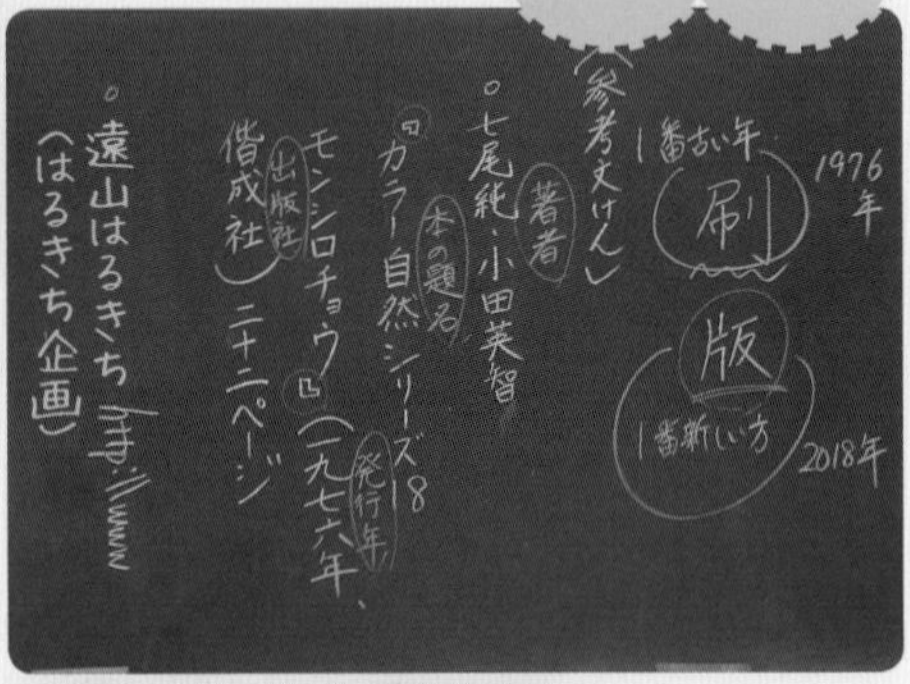

参考文献の表し方も提示。

第9～10時

第8時の終わりに「作文に仕上げるためにはあと2時間は必要」という意見が大半を占めたため、2時間の時間を設定した。

第11時

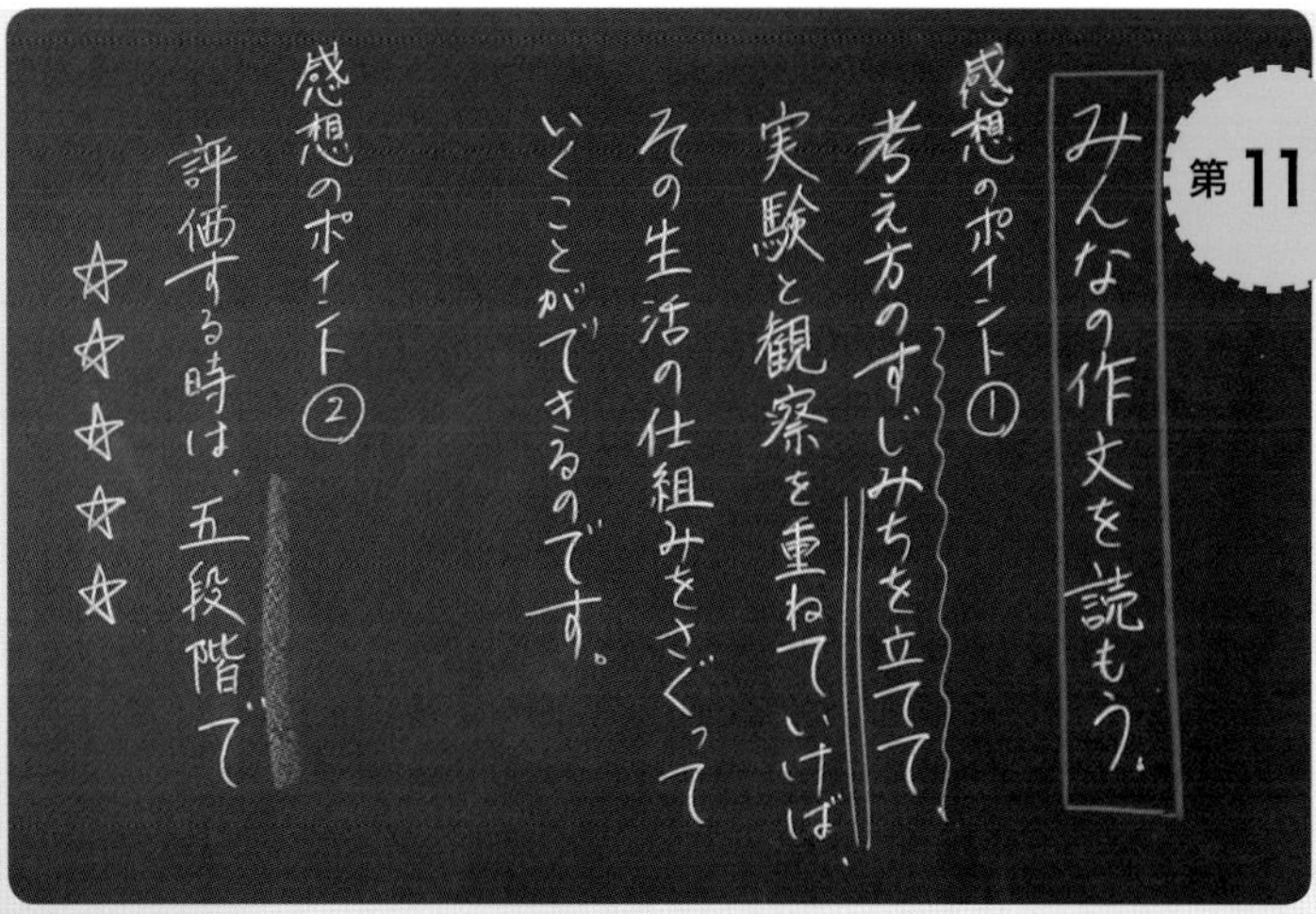
みんなの作文を読もう。
感想のポイント①
考え方のすじみちを立てて
実験と観察を重ねていけば、
その生活の仕組みをさぐって
いくことができるのです。
感想のポイント②
評価する時は、五段階で
☆
☆
☆
☆
☆

友達の作文を読むことで自分の作文を見直すことにもなる。

感想コメントを一心に書く。

教室を自由に立ち歩いて友達の作品を読み合う。

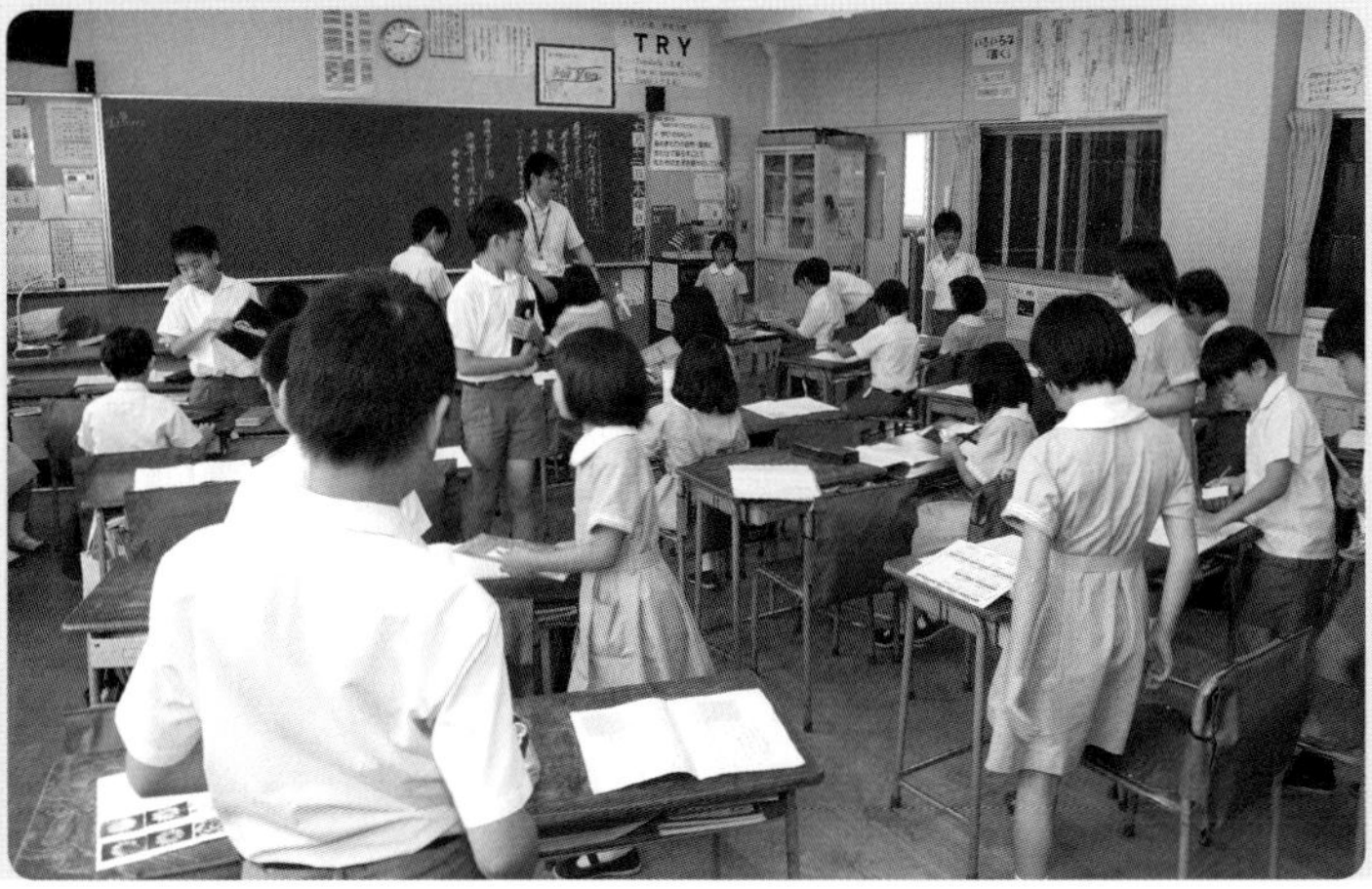
TRY

第11時
他者評価を積極的に取り入れることで、自己評価の高まりを促す「推敲」と「共有」を行った。

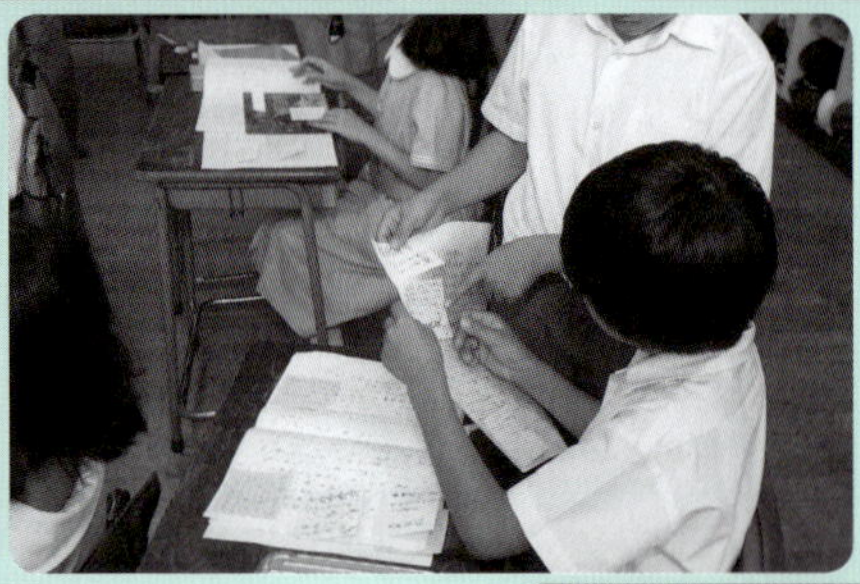

記述ができたら「推敲」の段階であるが、まだ4年生では、なかなか自力で推敲を行うことができる子は少ない。そこで、「推敲」と「共有」の段階をセットにして行う。

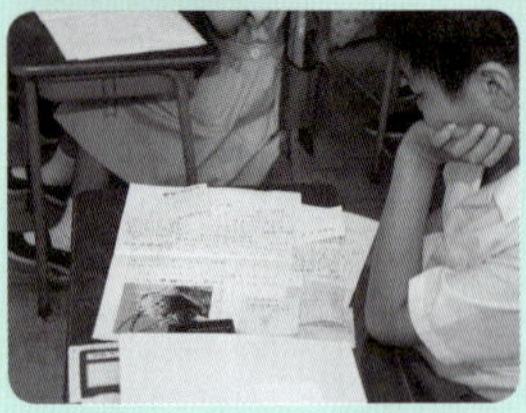

ポイント!

基本的には、友達の作文を読んで「よかったところ」を認めてあげるようにするが、アドバイスも許容し、付箋紙に記入する活動を設定する。

第12時

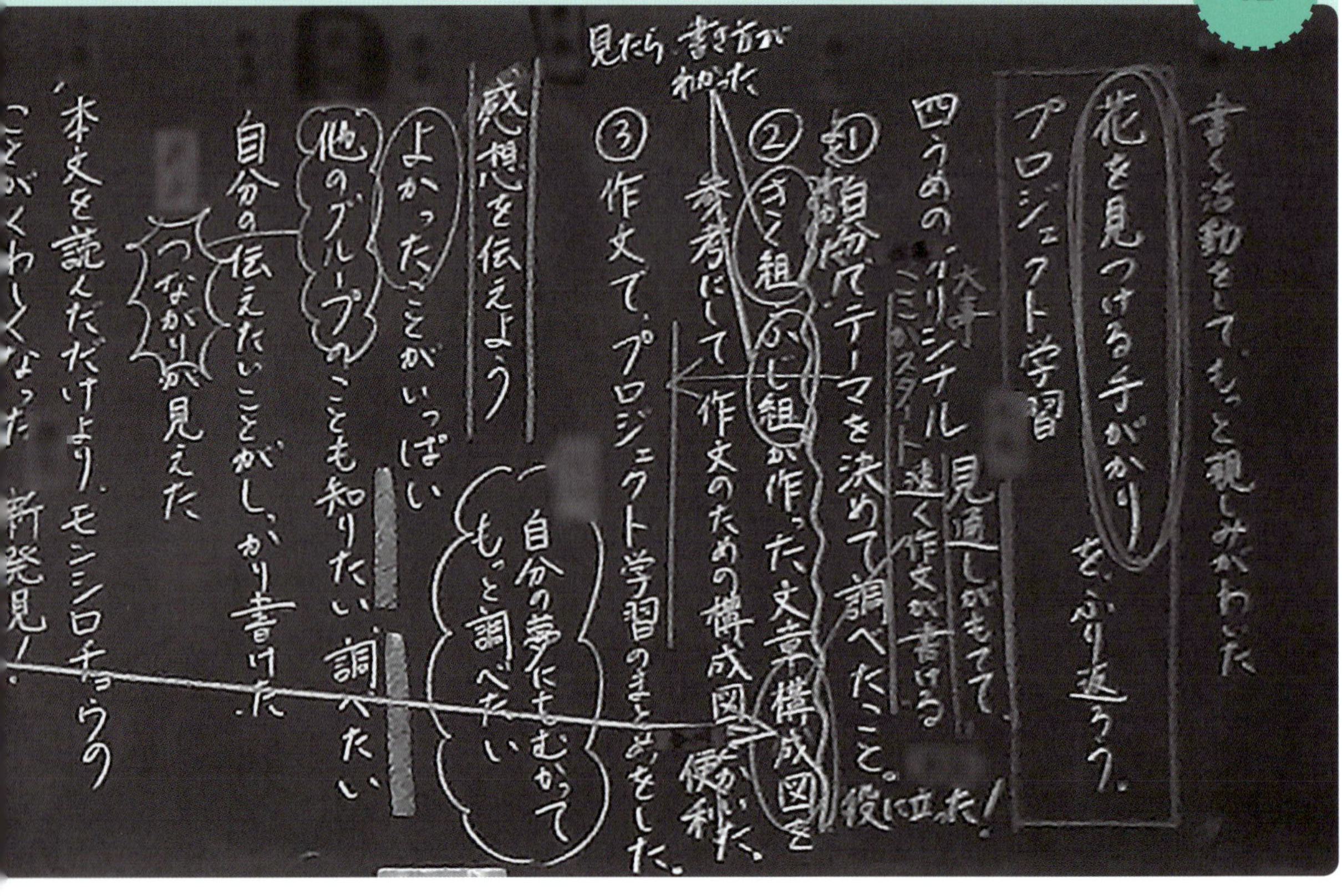

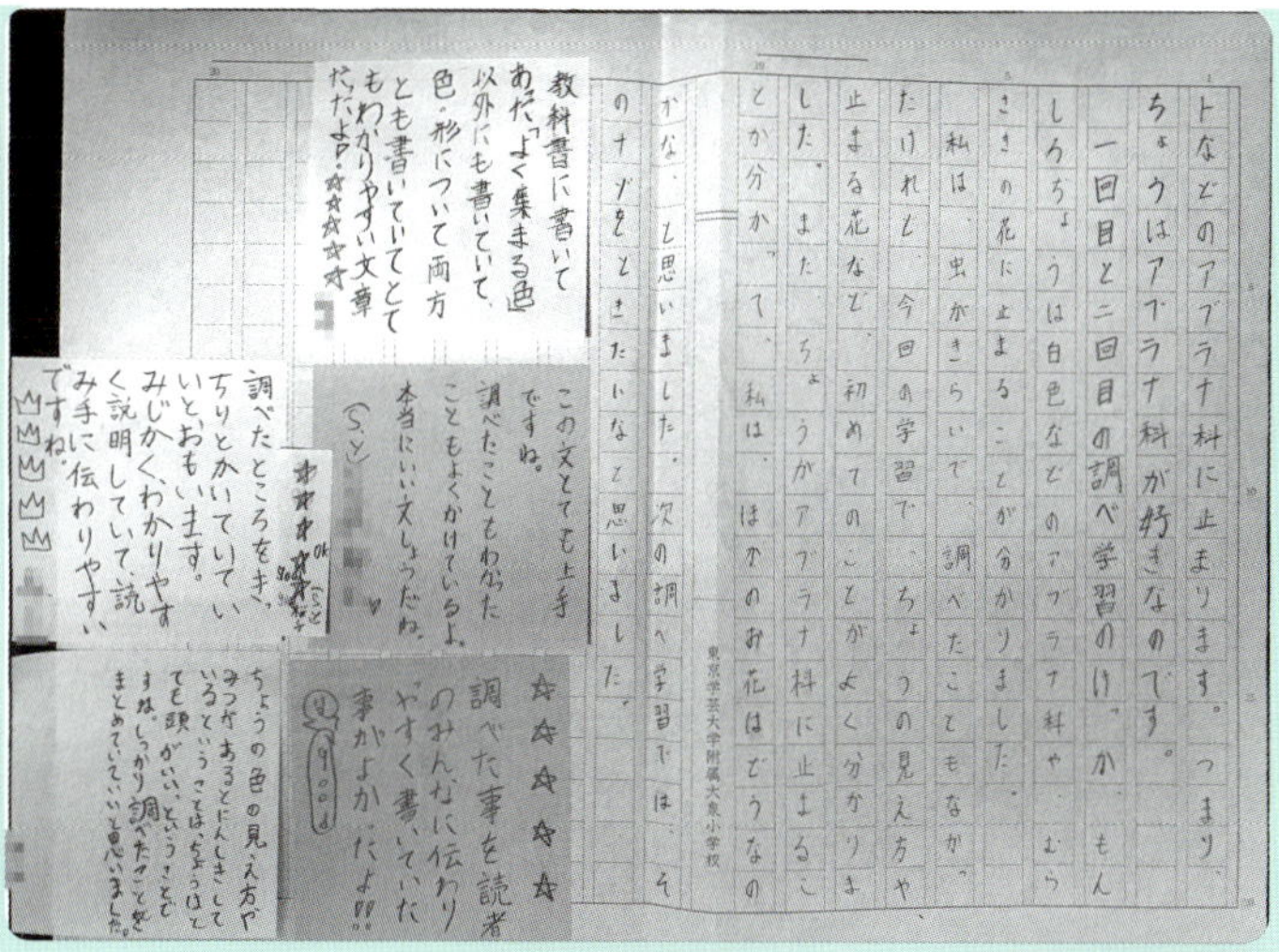

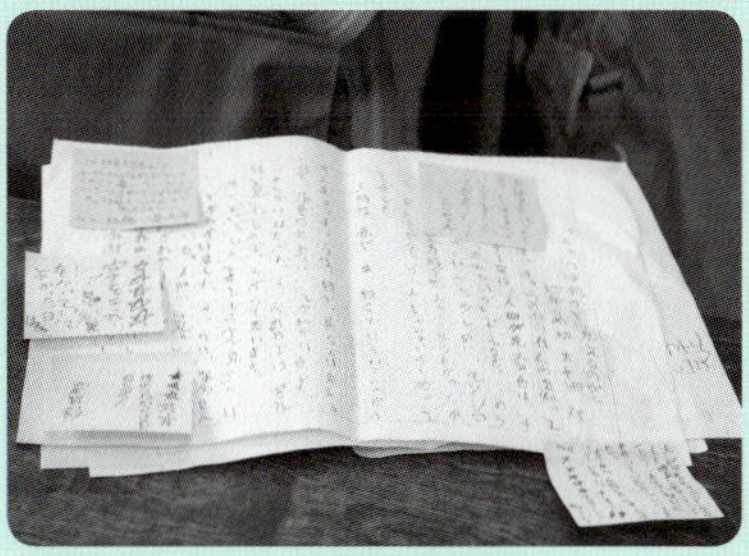

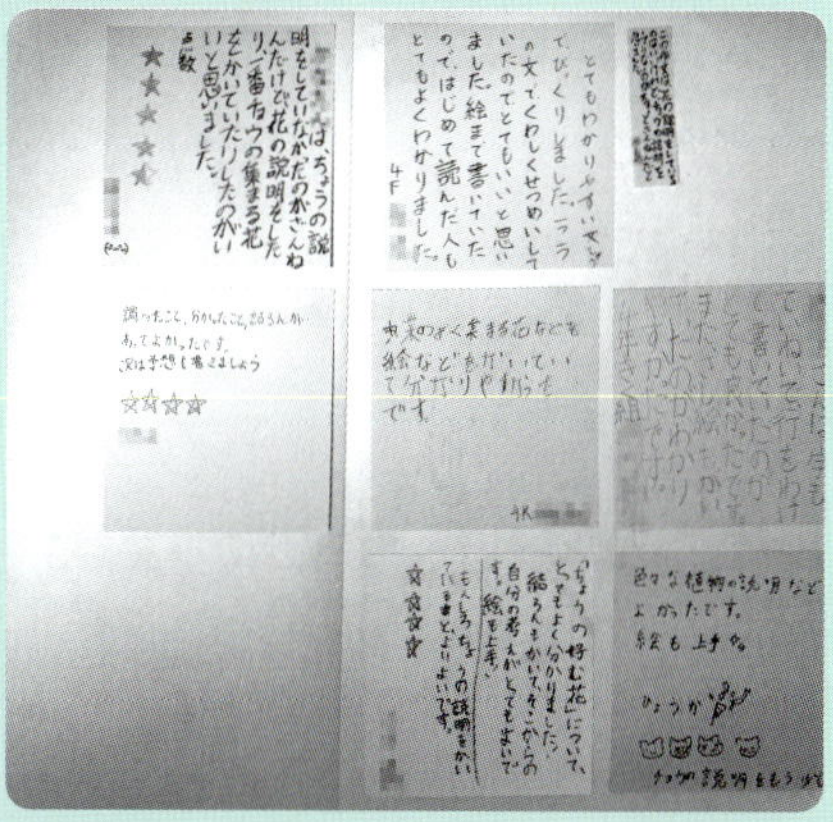

第12時

　学習を振り返っての感想を交流し、単元を終えた。振り返りについては、個人でノートに書いて振り返ることもあるが、本単元では発表をすることで学級全体の振り返りを行った。ちなみに、本時は学級全員が発表をした。このような振り返り方をすることで、学習に対する達成感を学級全体で共有することが可能となる。

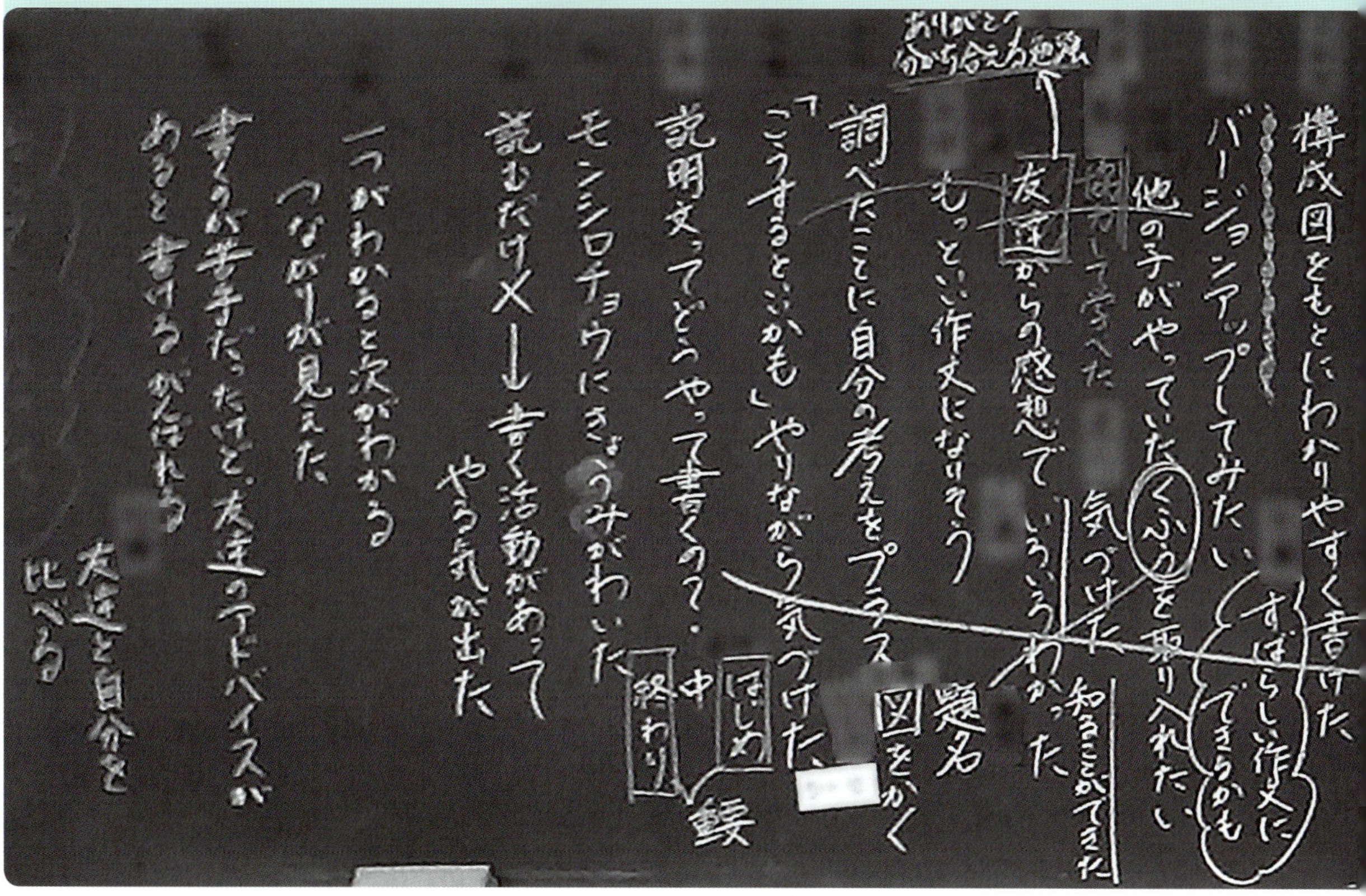

Kさんの作文と文章構成図、感想交流の付箋、振り返りのノート

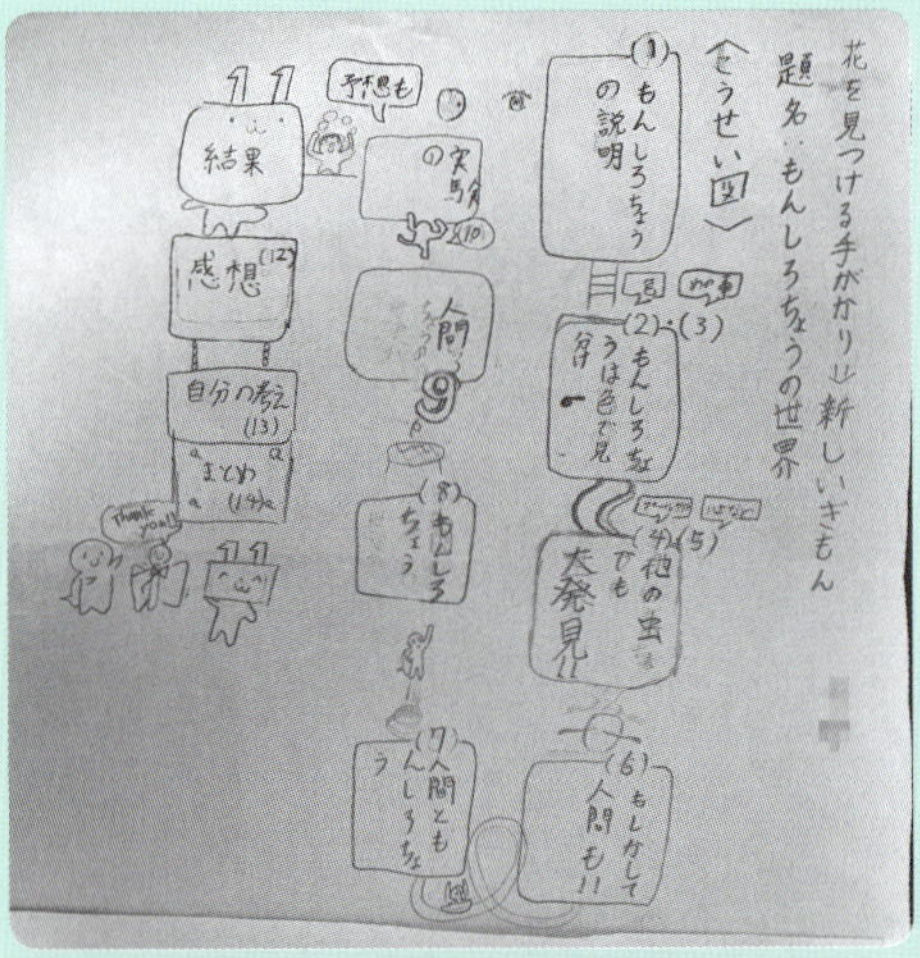

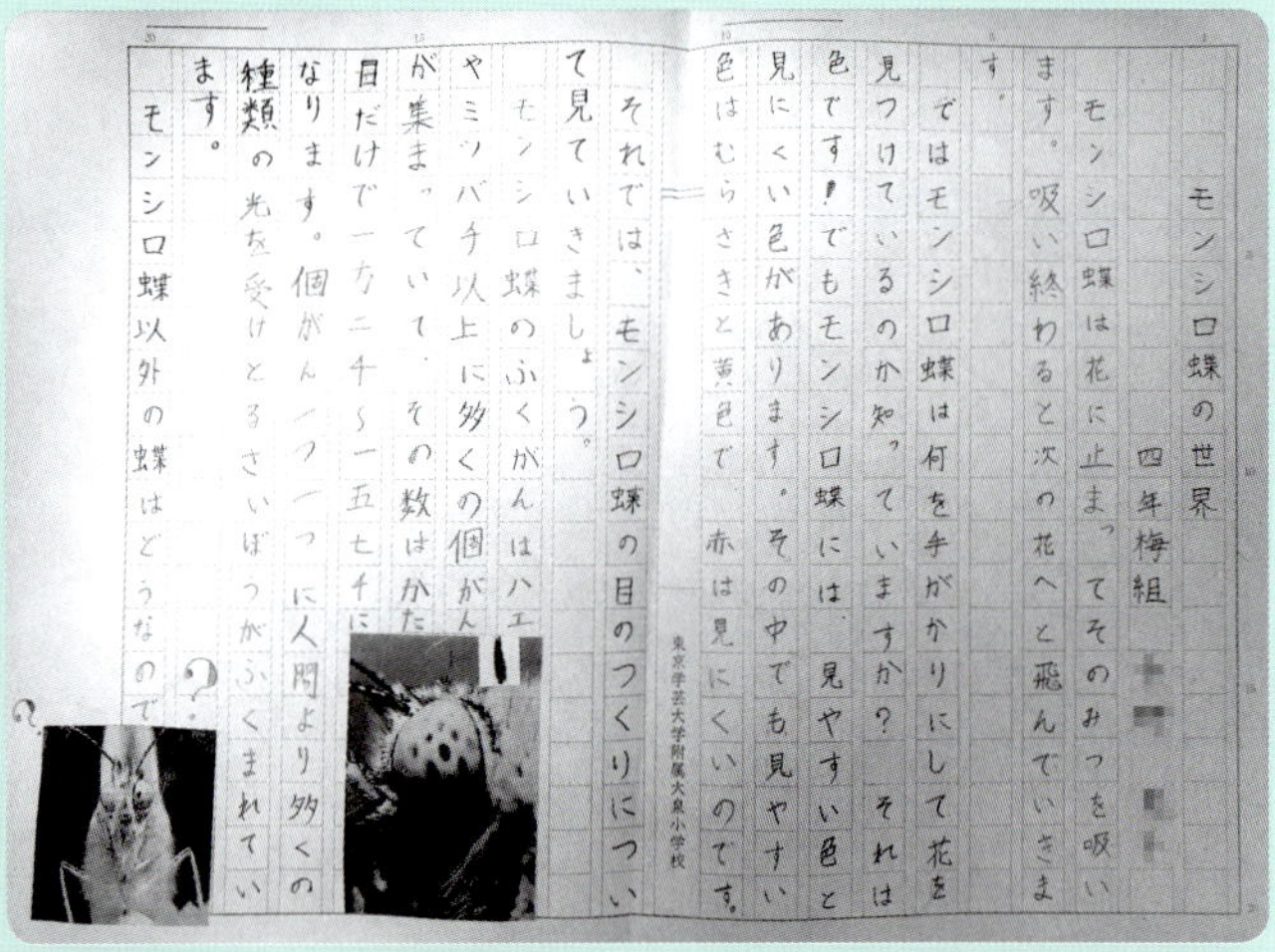

モンシロ蝶の世界

四年梅組 [redacted]

モンシロ蝶は花に止まってそのみつを吸います。吸い終わると次の花へと飛んでいきます。

ではモンシロ蝶は何を手がかりにして花を見つけているのか知っていますか？それは色です！でもモンシロ蝶には、見やすい色と見にくい色があります。その中でも見やすい色はむらさきと黄色で、赤は見にくいのです。

それでは、モンシロ蝶の目のつくりについて見ていきましょう。

モンシロ蝶のふくがんはハエやミツバチ以上に多くの個がんが集まっていて、その数はかた目だけで一万二千～一五七千になります。個がん一つ一つに人間より多くの種類の光を受けとるさいぼうがふくまれています。

モンシロ蝶以外の蝶はどうなので

東京学芸大学附属大泉小学校

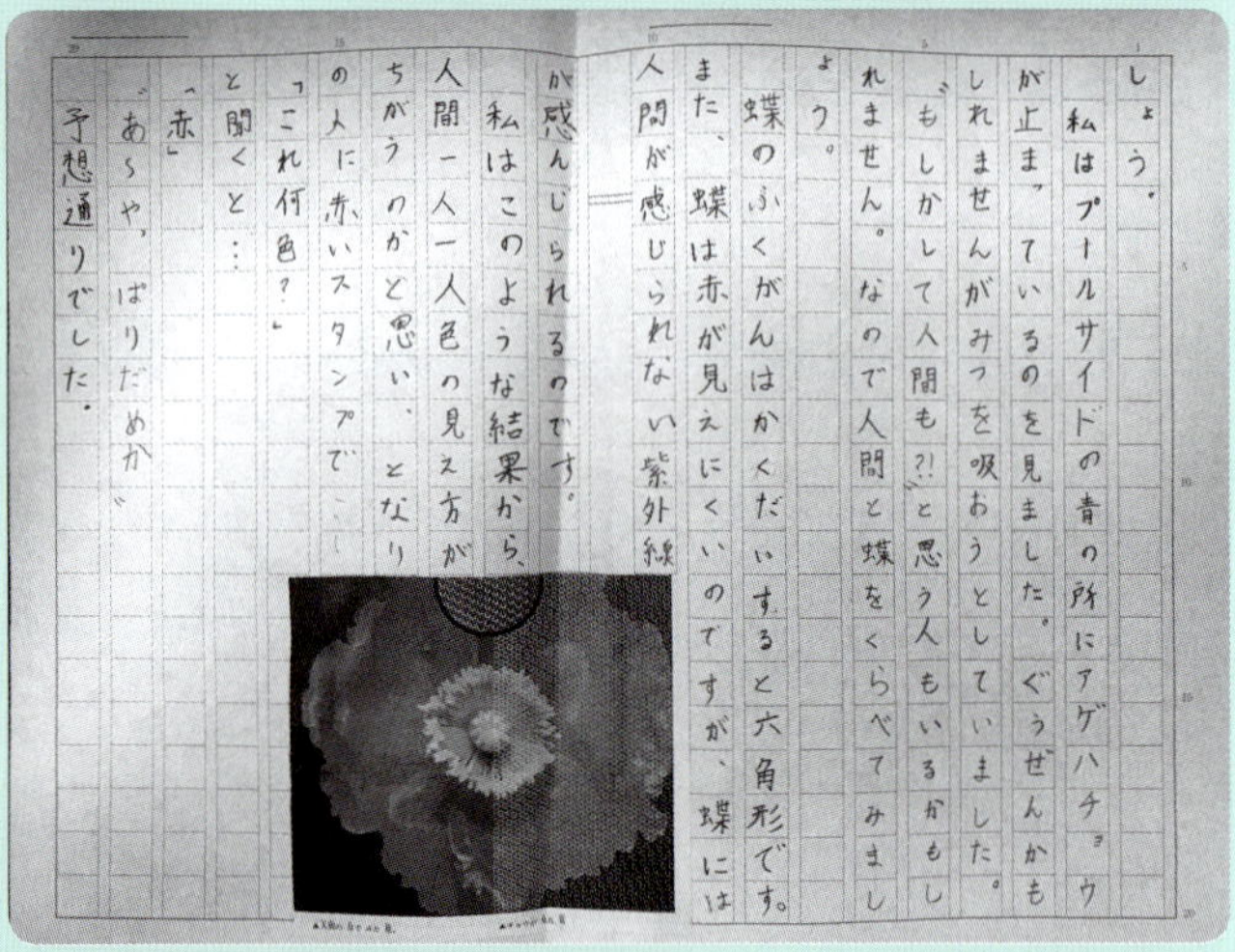

しょう。

私はプールサイドの青の所にアゲハチョウが止まっているのを見ました。ぐうぜんかもしれませんがみつを吸おうとしていました。

「もしかして人間も?!」と思う人もいるかもしれません。なので人間と蝶をくらべてみましょう。

蝶のふくがんはかくだいすると六角形です。

また、蝶は赤が見えにくいのですが、蝶には人間が感じられない紫外線が感じられるのです。

私はこのような結果から、人間一人一人色の見え方がちがうのかと思い、となりの人に赤いスタンプで「これ何色？」と聞くと…

「赤」

「あ～や、ぱりだめか」

予想通りでした。

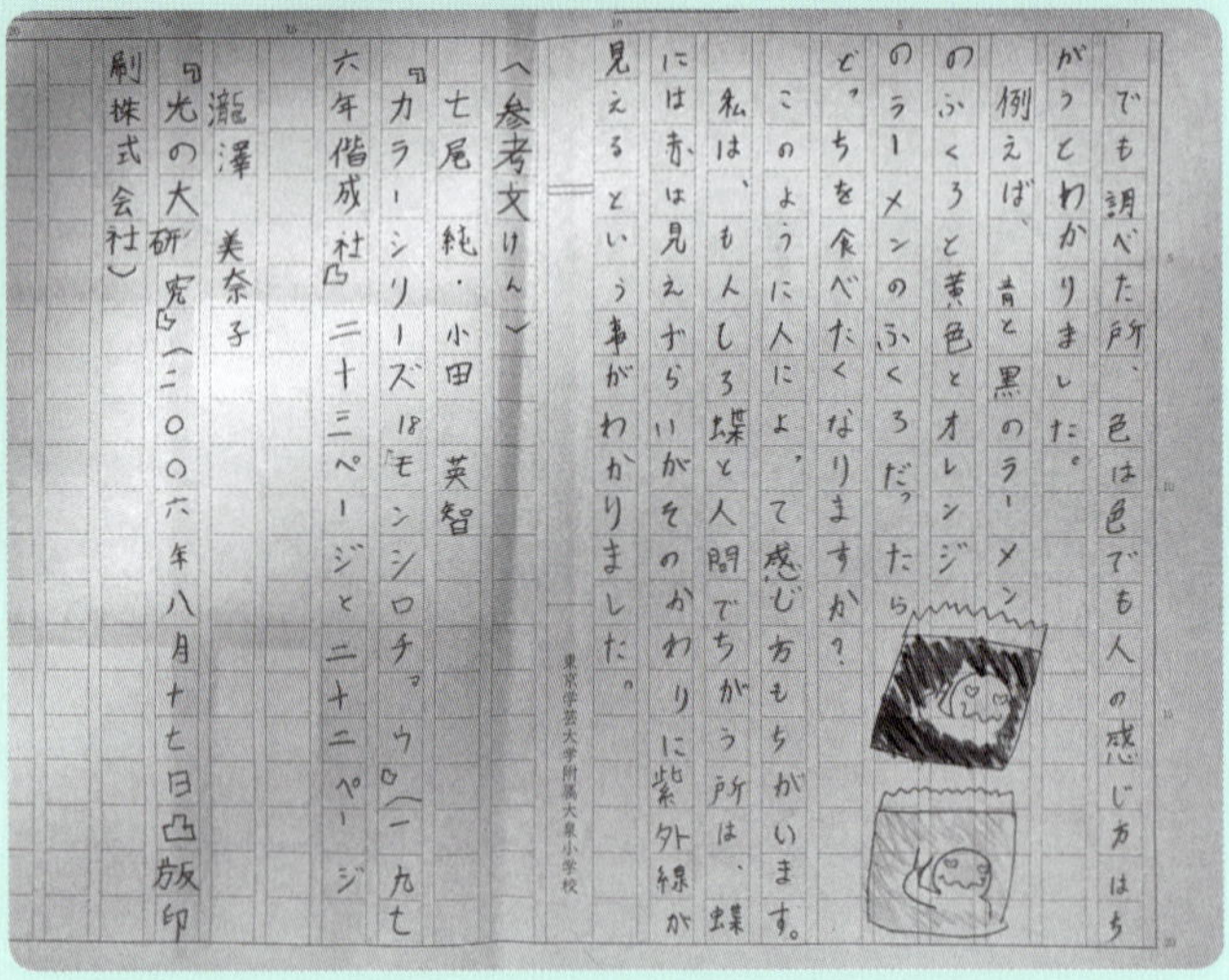

でも調べた所、色は色でも人の感じ方はちがうとわかりました。

例えば、青と黒のラーメンのふくろと黄色とオレンジのラーメンのふくろだったらどっちを食べたくなりますか？

このように人によって感じ方もちがいます。

私は、もんしろ蝶と人間でちがう所は、蝶には赤は見えずらいがそのかわりに紫外線が見えるという事がわかりました。

〈参考文けん〉

七尾純・小田英智『カラーシリーズ18『モンシロチョウ』(一九七六年偕成社)二十三ページと二十二ページ

瀧澤美奈子『光の大研究』(二〇〇六年八月十七日凸版印刷株式会社)

東京学芸大学附属大泉小学校

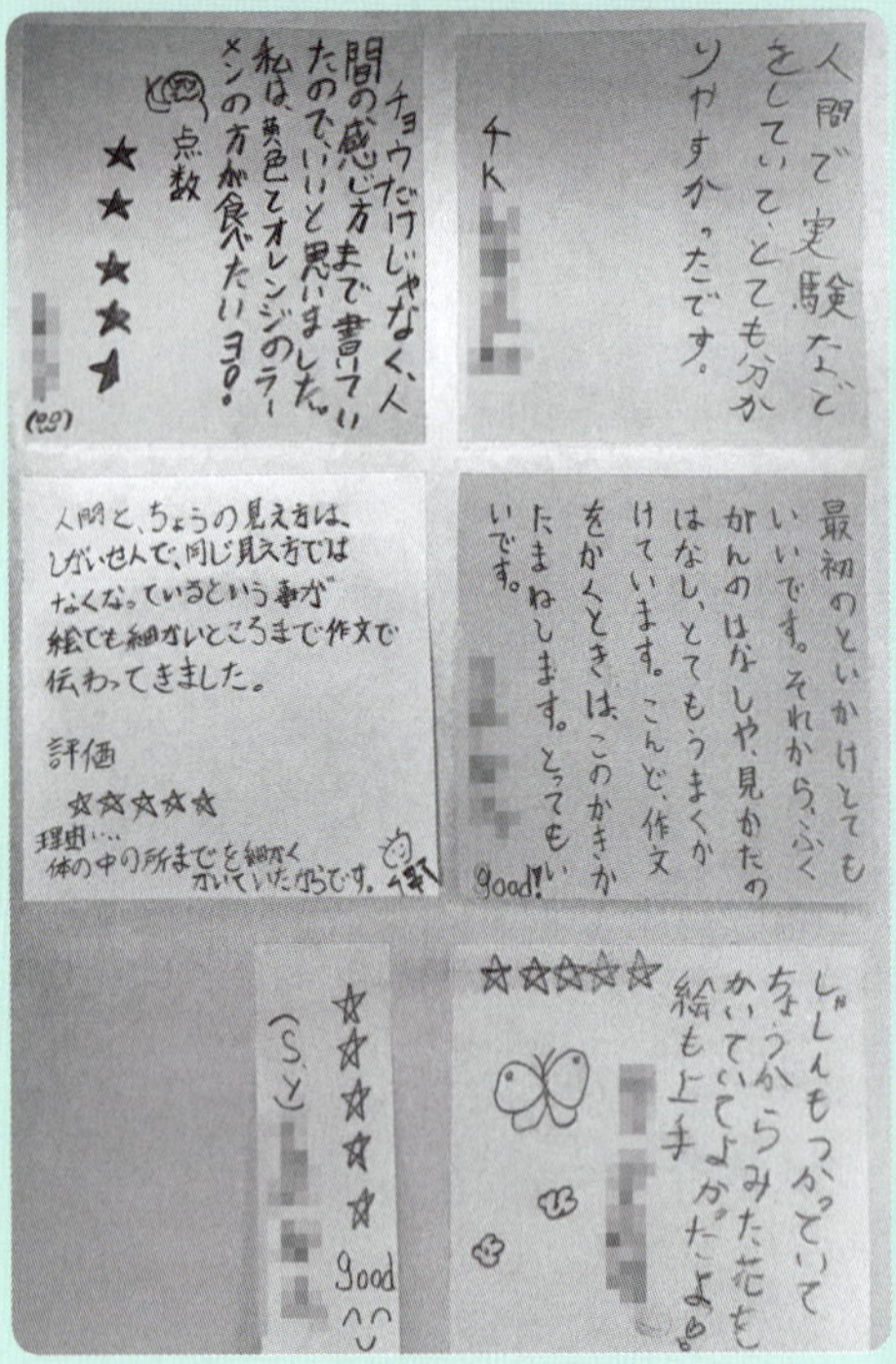

チョウだけじゃなく、人間の感じ方まで書いていたのでいいと思いました。私は、黄色とオレンジのラーメンの方が食べたいヨ！

点数 ★★★★★

[redacted]

人間で実験などをしていて、とても分かりやすかったです。

チK [redacted]

人間と、ちょうの見え方は、しがいせんで、同じ見え方ではなくなっているという事が絵でも細かいところまで作文で伝わってきました。

評価 ☆☆☆☆☆

理由…体の中の所までを細かくかいていたからです。

最初のといかけとてもいいです。それから、ふくがんのはなしや、見かたのはなし、とてもうまくかけています。こんど、作文をかくときは、このかきかたをまねします。とってもいいです。

good!

[redacted]

☆☆☆☆☆

(S.Y) [redacted]

good ^^

☆☆☆☆☆

しじんもつかっていてちょうからみた花もかいていてよかったよ♡

絵も上手

[redacted]

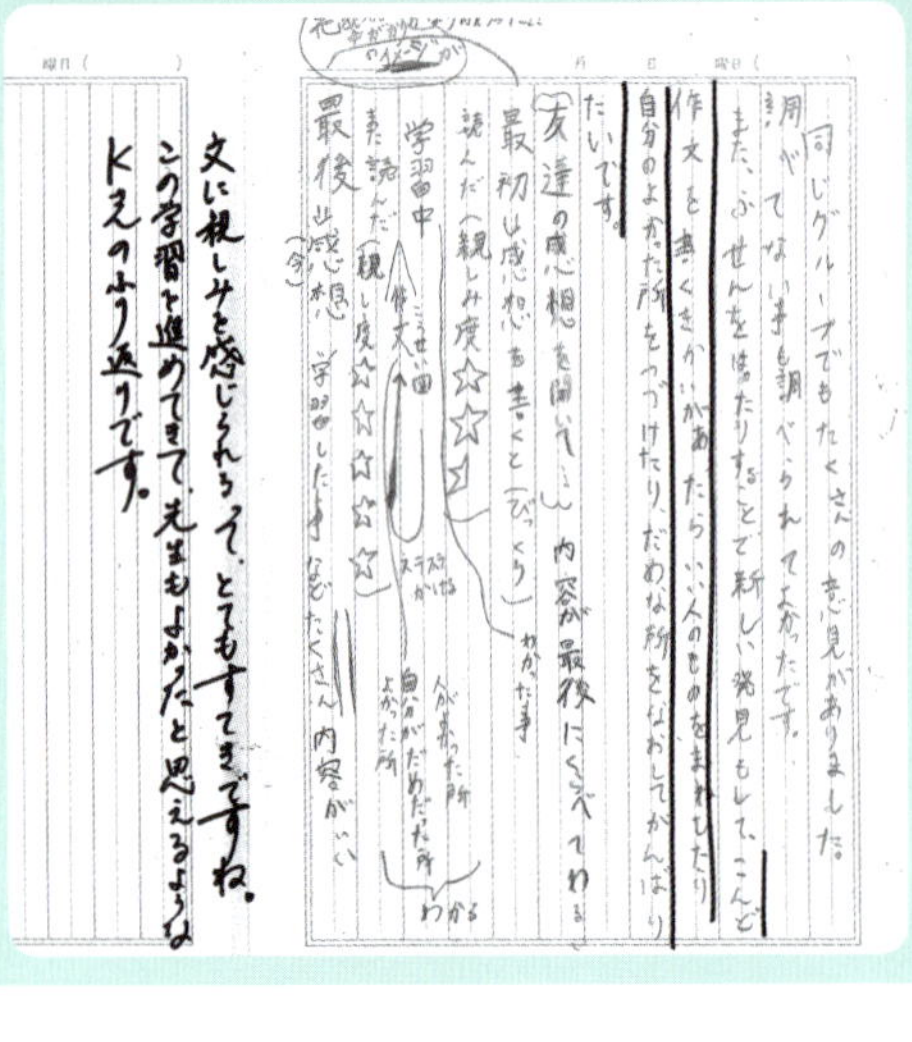

同じグループでもたくさんの意見がありました。

周りでない子も調べられてよかったです。

また、ふせんをはったりすることで新しい発見もして、こんど作文を書くきかいがあったらいい人のものをまねしたり自分のよかった所をつづけたり、だめな所をなおしてがんばりたいです。

友達の感想を聞いて　内容が最後にくらべてわかる

最初は感想を書くと（びっくり）

読んだ（親しみ度☆☆☆

学習中

また読んだ（親しみ度☆☆☆☆☆

最後 感想 学習したことなどたくさん内容がいい

文に親しみを感じられて、とてもすてきですね。この学習を進めてきて、先生もよかったと思えるようなKさんのふり返りです。

Mさんの作文と文章構成図、感想交流の付箋、振り返りのノート

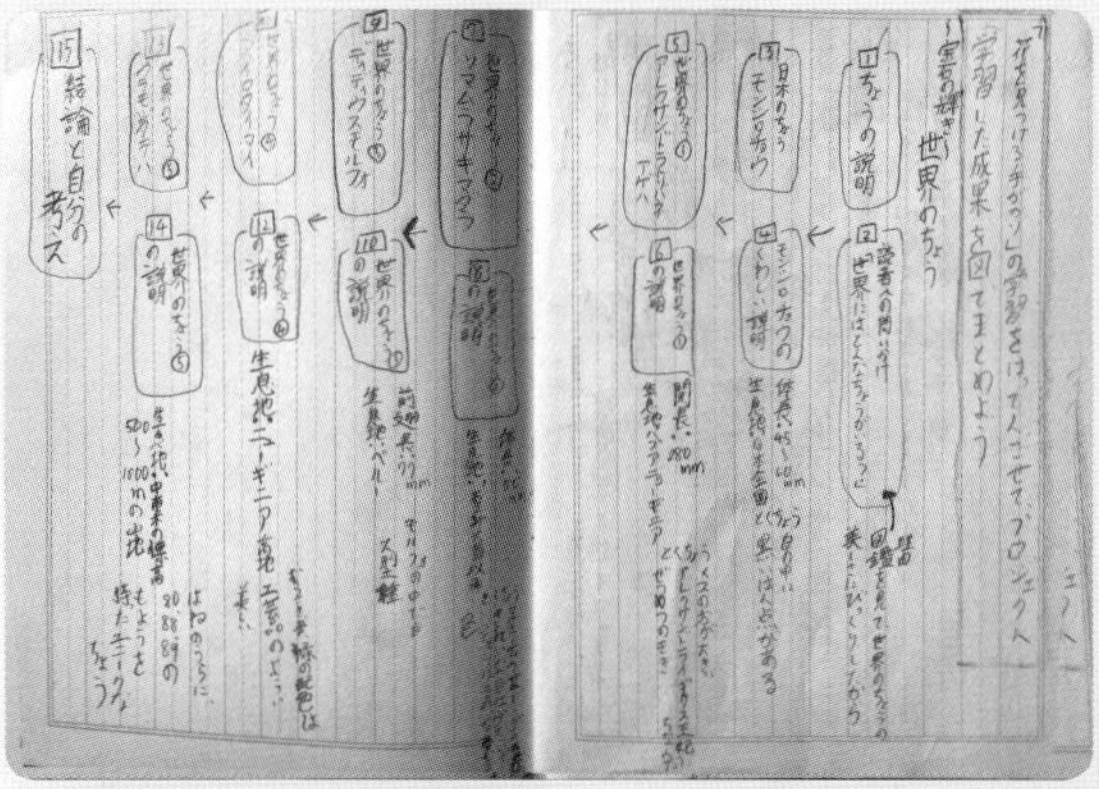

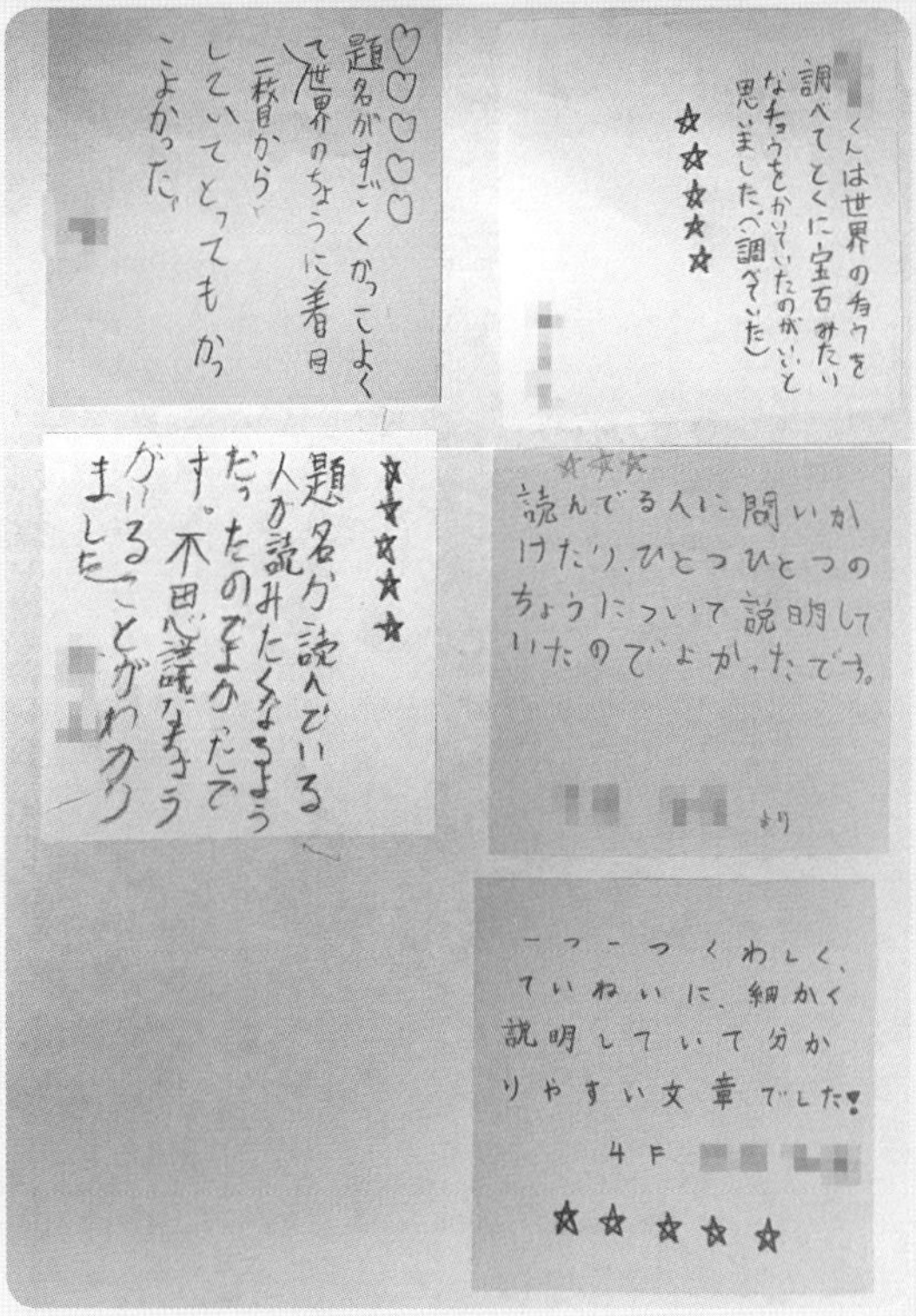

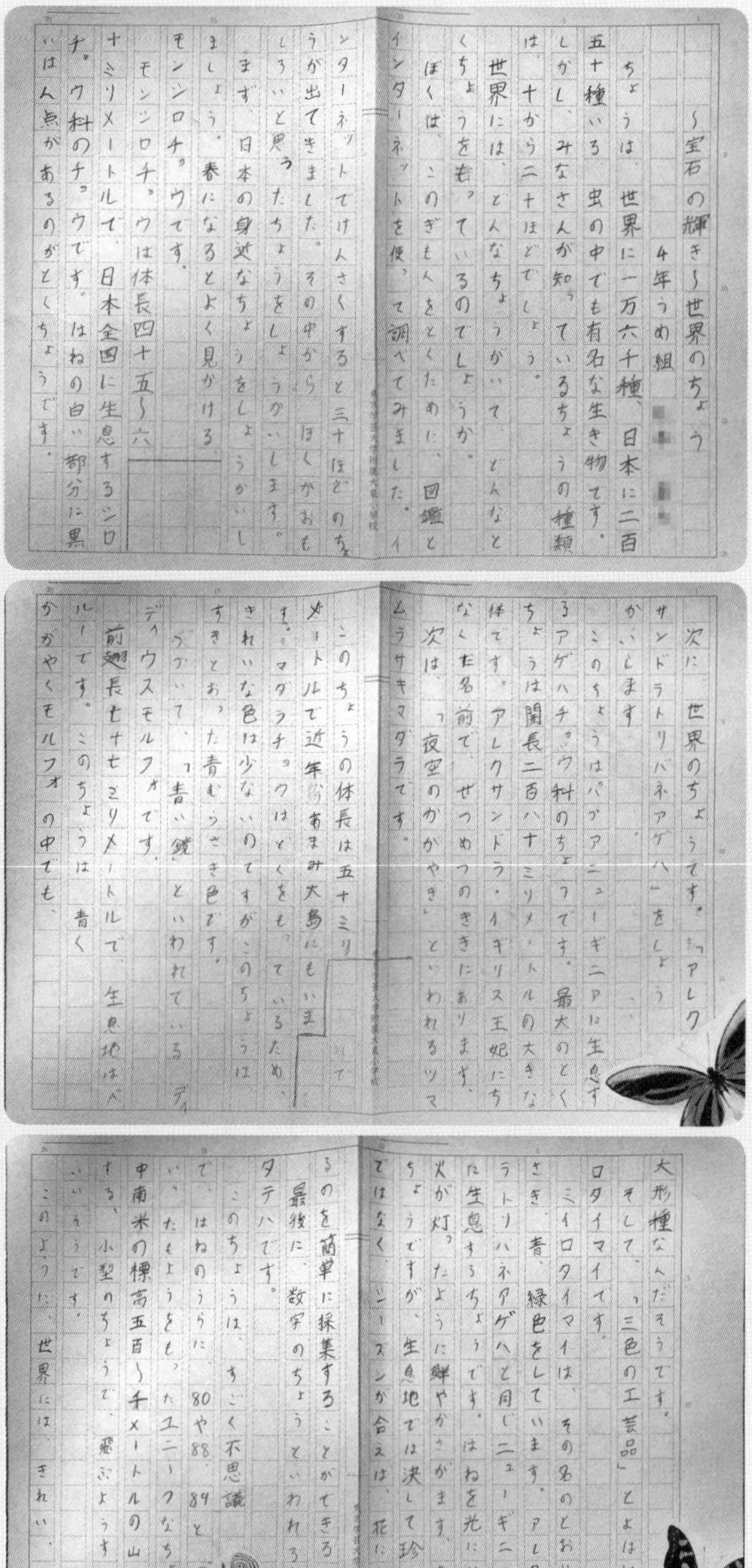

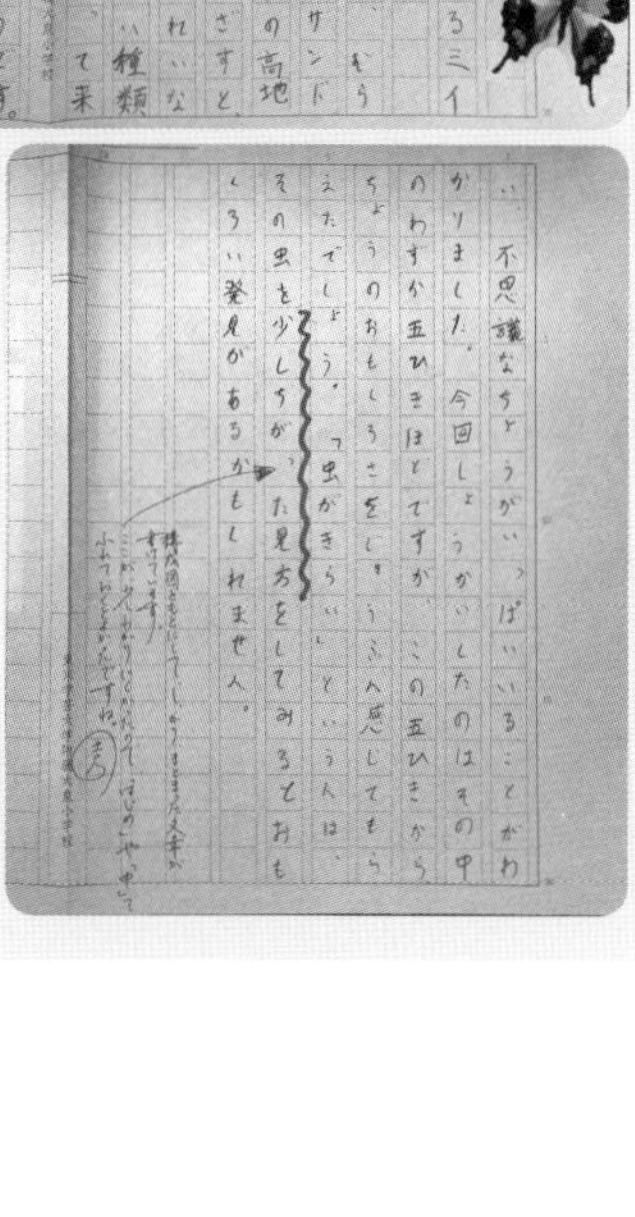

★単元を振り返って

今回の単元では、説明的文章の学習を生かして「書くこと」の学習を設定した。生活作文とは文体を異にするため、教科書本文の書きぶりを参考にしながら作文することを認めた。型を示したり、話型を設定したりすることは、子どもの自由な発想を阻害するという見方もできる。しかし、経験したことのないところから新たな発想は生まれにくい。経験するからこそ、こんな方法はどうだろう、あんなやり方はどうだろうと、学習の広がりや深まりが生まれる。「深い学び」を促すために、型を示したり話型を提示したりすることも有効であると考える。

読むこと×考える

中村　和弘

「C　読むこと」に関しては、指導事項が次のように構成されています。

○構造と内容の把握
○精査・解釈
○考えの形成
○共有

他領域と比べ、「C　読むこと」では、話題の設定や題材の設定に該当する指導事項は明示されていません。それだけに、子どもたちが学習の目的を理解し、見通しをもって、読み方の工夫を考えることができるよう、学習過程の工夫を考えていくことが大切です。

「構造と内容の把握」「精査・解釈」については、それぞれ、主に説明的な文章を読むことに関する内容と、主に文学的な文章を読むことに関する内容とに分けて示されています。

また、90ページの表からもわかる通り、文章の内容を読み取るだけでなく、具体的に想像したり、論の進め方を考えたりするなど、頭をより働かせることが求められています。

文章のどの叙述にどう着目させ、どのように想像させたり考えさせたりすればよいのか。そうした指導のねらいを明確にするとともに、そのための手立ても具体的に工夫していくことで、下にあるような「深い学び」が実現していきます。

その上で、それらの工夫を、子どもの側から見つめ直してみることが大切です。

たとえば、文章を読ませているとき、子どもたちは、読みながら頭をフルに回転させて考えているでしょうか。

あるいは、用意したワークシートが、あまり考えなくてもできてしまうようなものになっていないでしょうか。

「深い学び」×「読むこと」の学習指導の工夫

・習得・活用・探究の見通しの中で、教科等の特質に応じて育まれる見方・考え方を働かせて思考・判断・表現し、学習内容の深い理解や資質・能力の育成、学習への動機付け等につなげる「深い学び」が実現できているか。

◎教科の特性に根ざした、深い思考や認識の更新をめざす言語活動を工夫する
○言葉の意味や解釈、使い方などをめぐって、新たな「発見」をしたり、従来の考えが「更新」されていくこと
○「言葉による見方や考え方」を働かせながら、言語活動に取り組むこと

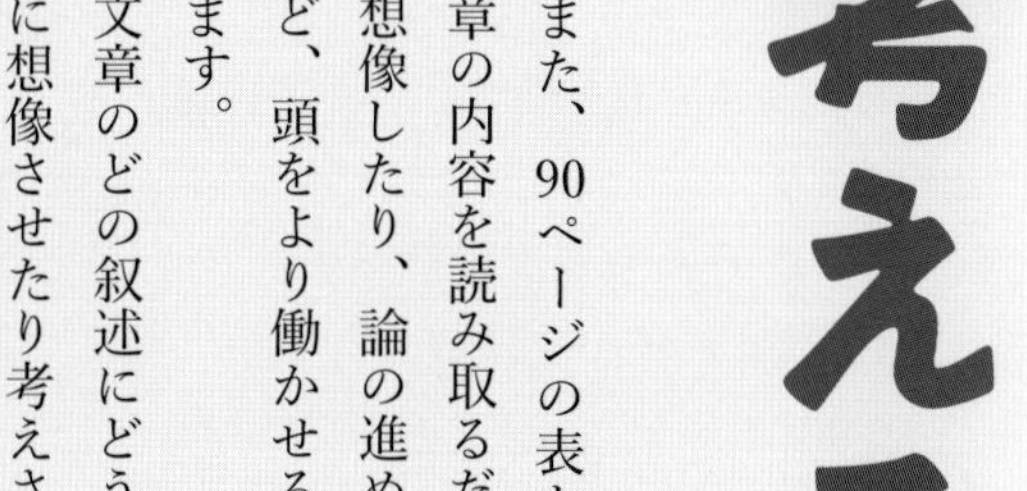

[思考力・判断力・表現力等]の育成として、読むことを指導する「精査・解釈」(文学的な文章)

〇低学年
場面の様子に着目して、登場人物の行動を具体的に想像すること。
〇中学年
登場人物の気持ちの変化や性格、情景について、場面の移り変わりと結び付けて具体的に想像すること。
〇高学年
人物像や物語などの全体像を具体的に想像したり、表現の効果を考えたりすること。

「具体的に想像する」ことがポイントとなります。叙述をどのように捉え、どのように読んで考えれば、具体的に想像することができるでしょうか？

また、課題一つとっても、「子どもたちが学びたくなるようになっているか」「友達とさまざまに関わりながら取り組めるだろうか」「肝心な国語科として育てたい資質・能力が高まるだろうか」など、さまざまに検討することができると思います。

もう一つ大切にしたいのは、教室で読むことの意味です。読むことは、一人でもできる学びです。では、なぜ教室で何時間もかけて読むのか。なぜ友達と一緒に読み合うのか。

指導事項には、「文章を読んで感じたことや分かったことを共有し、一人一人の感じ方などに違いがあることに気付くこと」「文章を読んでまとめた意見や感想を共有し、自分の考えを広げること」とあります。読んで、考える。考えたことを共有する。友達の考えを聞いて、また読み返す。新たな考えが生まれる。それをまた共有する・・・。読むとは、内容を読み取っておしまいではなく、考え続ける営みであるとも言えるでしょう。考えることを中心に据えた学習過程を工夫することで、子どもたちはさまざまに、そして深く、文章を読んでいくことができるようになると思います。

「深い学び」の視点から、読むことの授業改善を考える

1. 本時のねらいを明確にする
   例）登場人物の気持ちを想像する
   →どの言葉や表現に着目して、たとえば、どのように想像できればよいのか
2. 扱う言葉や表現を焦点化する
   例）〇場面を読んで考える
   →どの言葉や表現を重点的に扱うか
3. 手立てを具体的に考える
   例）読めるように支援する
   →子どもが実際に読んで考えられるようにするには、どうしたらよいか

[思考力・判断力・表現力等]

C　読むこと

	（小）第1学年及び第2学年	（小）第3学年及び第4学年	（小）第5学年及び第6学年
	（1）　読むことに関する次の事項を身に付けることができるよう指導する。		
構造と内容の把握	ア　時間的な順序や事柄の順序などを考えながら、内容の大体を捉えること。 イ　場面の様子や登場人物の行動など、内容の大体を捉えること。	ア　段落相互の関係に着目しながら、考えとそれを支える理由や事例との関係などについて、叙述を基に捉えること。 イ　登場人物の行動や気持ちなどについて、叙述を基に捉えること。	ア　事実と感想、意見などとの関係を叙述を基に押さえ、文章全体の構成を捉えて要旨を把握すること。 イ　登場人物の相互関係や心情などについて、描写を基に捉えること。
精査・解釈	ウ　文章の中の重要な語や文を考えて選び出すこと。 エ　場面の様子に着目して、登場人物の行動を具体的に想像すること。	ウ　目的を意識して、中心となる語や文を見付けて要約すること。 エ　登場人物の気持ちの変化や性格、情景について、場面の移り変わりと結び付けて具体的に想像すること。	ウ　目的に応じて、文章と図表などを結び付けるなどして必要な情報を見付けたり、論の進め方について考えたりすること。 エ　人物像や物語などの全体像を具体的に想像したり、表現の効果を考えたりすること。
考えの形成	オ　文章の内容と自分の体験とを結び付けて、感想をもつこと。	オ　文章を読んで理解したことに基づいて、感想や考えをもつこと。	オ　文章を読んで理解したことに基づいて、自分の考えをまとめること。
共有	カ　文章を読んで感じたことや分かったことを共有すること。	カ　文章で読んで感じたことや考えたことを共有し、一人一人の感じ方などに違いがあることに気付くこと。	カ　文章を読んでまとめた意見や感想を共有し、自分の考えを広げること。
言語活動例	（2）（1）に示す事項については、例えば、次のような言語活動を通して指導するものとする。		
	ア　事物の仕組みを説明した文章などを読み、分かったことや考えたことを述べる活動。 イ　読み聞かせを聞いたり物語などを読んだりして、内容や感想などを伝え合ったり、演じたりする活動。 ウ　学校図書館などを利用し、図鑑や科学的なことについて書いた本などを読み、分かったことなどを説明する活動。	ア　記録や報告などの文章を読み、文章の一部を引用して、分かったことや考えたことを説明したり、意見を述べたりする活動。 イ　詩や物語などを読み、内容を説明したり、考えたことなどを伝え合ったりする活動。 ウ　学校図書館などを利用し、事典や図鑑などから情報を得て、分かったことなどをまとめて説明する活動。	ア　説明や解説などの文章を比較するなどして読み、分かったことや考えたことを、話し合ったり文章にまとめたりする活動。 イ　詩や物語、伝記などを読み、内容を説明したり、自分の生き方などについて考えたことを伝え合ったりする活動。 ウ　学校図書館などを利用し、複数の本や新聞などを活用して、調べたり考えたりしたことを報告する活動。

小学校学習指導要領（平成29年告示）解説「国語編」より

ここが見どころ! 授業NAVI

２年生　読むこと×考える
「スーホの白い馬」を読もう　p92～103

今村先生の読むことの実践は「共有」がテーマ。考えた結果わかったことを共有するだけではなく、わからないことも「どこがどうわからないか」と共有し合い、「じゃあ、こうすればいいんだ」と学級で考えていく。このように、「考える」という過程を必ず挟むことが共有の大前提。考えた結果わかっても、わからなくても、そこで「うんと考えてみる」というそのプロセスが、共有には大切であることを改めて感じさせる実践となっている。

子どもの考えを生み出すための課題、動作化、言葉への焦点化など、教師の手立てにも注目したい。効果的な共有が行われるために、子どもたちが考えを広げたり、深めたり、ちがいに気づいたりと、充分に考えることができるように、さまざまな工夫がされている。

５年生　読むこと×考える
「雪わたり」を読もう　p104～117

西川先生の「雪わたり」の授業実践では、まずノートづくりに注目したい。これまでのノート指導の実践を踏まえ、子どもたちがそれぞれ工夫しながら、学習問題に近づくためのノートづくりに取り組んでいる。自分たちで学習課題を選び、その解決に向けた方法を模索する。そして、友達と考えを共有し、さらに学びを深めていく。高学年の国語科指導、さらには学級経営にもつながる工夫の数々を写真から読み取ることができる。

西川先生には、考えることを大切にした読むことの資質・能力を育む年間カリキュラム（年間指導計画：国語学室経営案）も提示いただいた。視覚化することで、学びのつながりがわかりやすくなる。年間を見通し、卒業までも視野に入れたカリキュラム・マネジメントの方法も、大いに参考になる。

2年生

読むこと×考える「スーホの白い馬」を読もう

人物同士の関係性の中で心情を理解し、考えの共有を促進する授業のつくり方を紹介する。

東京学芸大学附属
大泉小学校2年きく組
担任：今村　行

本年度は2年生の児童と「共有」を大切にしていきたいと考えている。児童が「共有」を大切にするなかで、友達の意見を聞いて迷ったり、悩んだりしてもう一度教科書を読み返し、「構造と内容の把握」「精査・解釈」自分の「考えの形成」に戻っていくような、いい負荷、うんと考える機会のある授業を目指し、「えいっ」（教育出版2年上）や「すみれとあり」（教育出版2年上）の授業をつくってきた。「スーホの白い馬」では、ここまでの積み重ねを児童が発揮するような姿を目指して計画した。

学習指導計画(全9時間)
第5時、第6時、第8時を詳しく紹介

①初読、初発の感想、問いをノートに書き込む。
②感想や問いを発表し合い、共有することで、これから考えていきたいことをもつ。
☆（学級活動）馬頭琴の曲を聴いてみよう
③「大きなおおかみ vs 白馬　傷ができていないのはなぜ？」を考える。
④スーホと白馬の関係を考える。
⑤「とのさまは、白馬をほしがったのに、なぜころしたのか」→まず「なぜほしかったのか」を考える。
⑥「とのさまは、白馬をほしがったのに、なぜころしたのか」→第5時を受け、「こんなにほしがったのに、なぜころしたのか」を考える。
⑦「スーホはなぜ、ゆめからさめるとがっきをつくりはじめたのか」について、自分の考えをノートに書く。
⑧第7時にノートに書いた意見を発表し合い、意見を共有する。
⑨「このお話、明るい？暗い？」について意見を共有する。

●**目標**：場面の様子を想像しながら物語を読む。クラスみんなで疑問をもち、共に読み合い、深く考え、意見を共有する。
●**教材名**：「スーホの白い馬」（光村図書「こくご」平成27年度版2年下　大塚勇三作）

教材資料 p129〜130

[主な指導事項]
思考・判断・表現
C 読むこと
ウ・エ・オ・カ

第2時

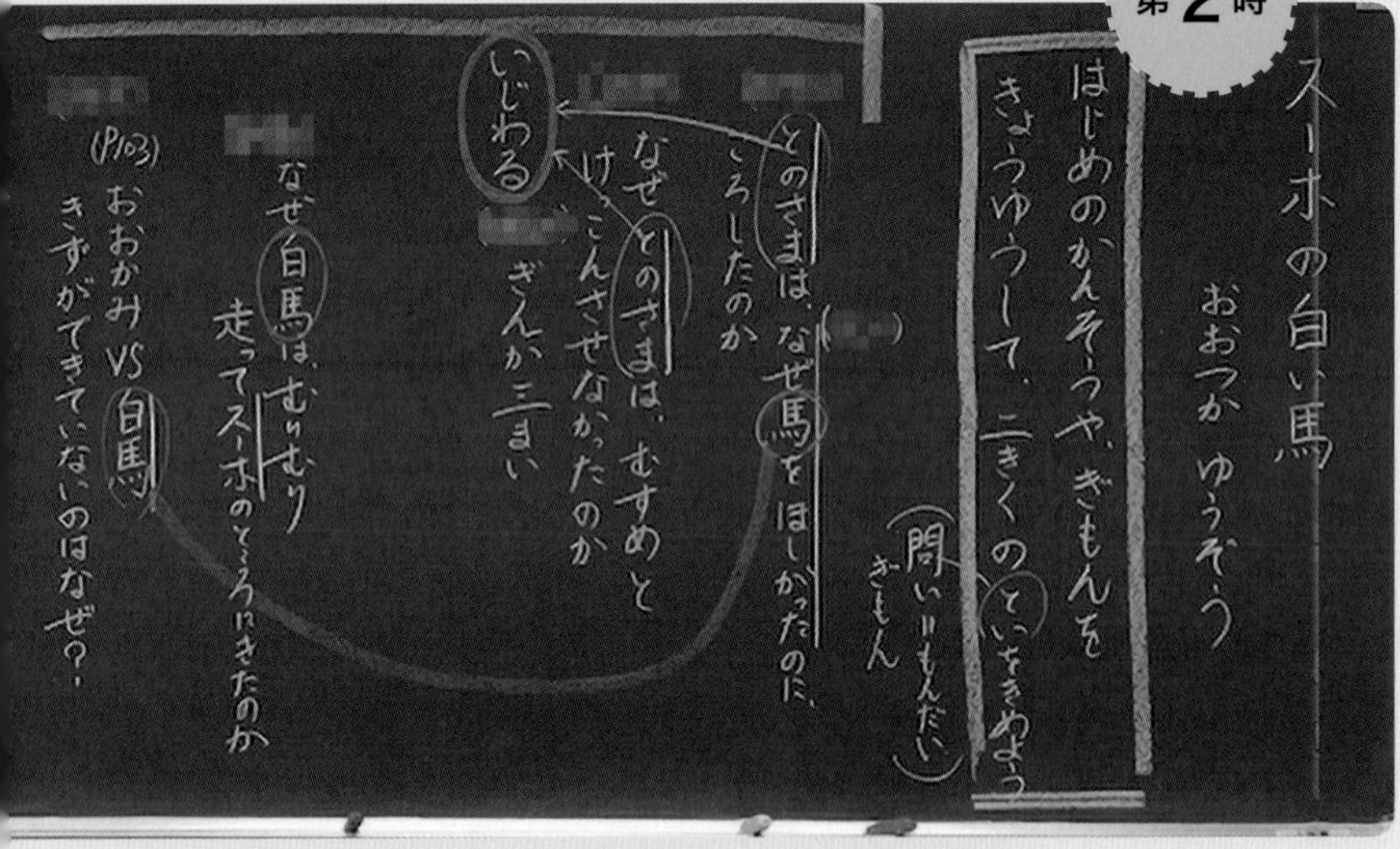

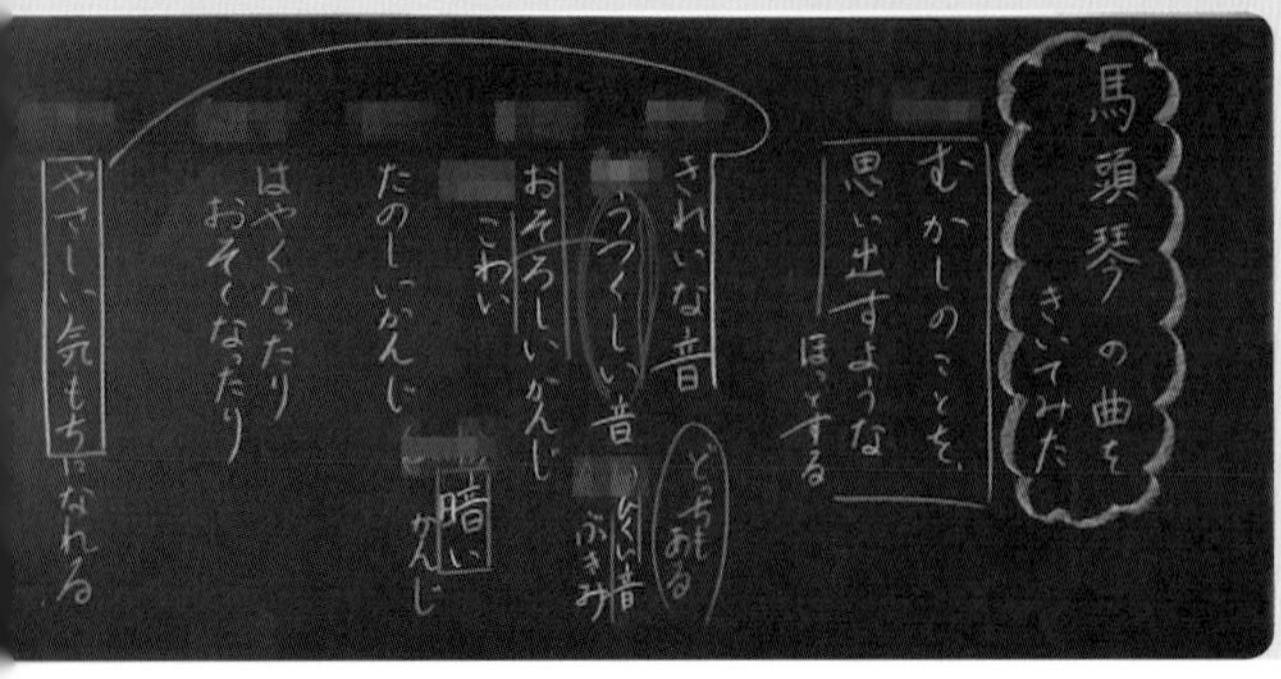

学活の時間（第2時と第3時の間）を使って馬頭琴の曲を聴いてみた。初めて耳にする音色なのに、なんだか懐かしい。物悲しい印象、優しい気持ちになれる等、自分の言葉で感じたことを表現し合い、友達と共有した。

ポイント!
準備された心（Prepared Mind）で子どもに向き合うため、教材研究を徹底的に行う。

第1時

「スーホの白い馬」を初めて読んだ感想、問いをノートに書く。

共有を生む教師の役割
①教材研究を通して準備された心（Prepared Mind）をもつ。
②準備された心（Prepared Mind）で、子どもの意見を見取る。
③子どもが考えを共有したくなるような問いを設定する。
④考えの共有を促進する手立てを打つ。

第2時

スーホ、白馬、とのさま、登場人物に着目している感想、疑問が多く出た。前単元の「すみれとあり」で登場人物の関係を扱っていたため、スーホと白馬の関係を考えたい、という意見が多かった。

また、物語全体への感想として、悲しい、嬉しい、感動するお話というズレのある意見が出た。

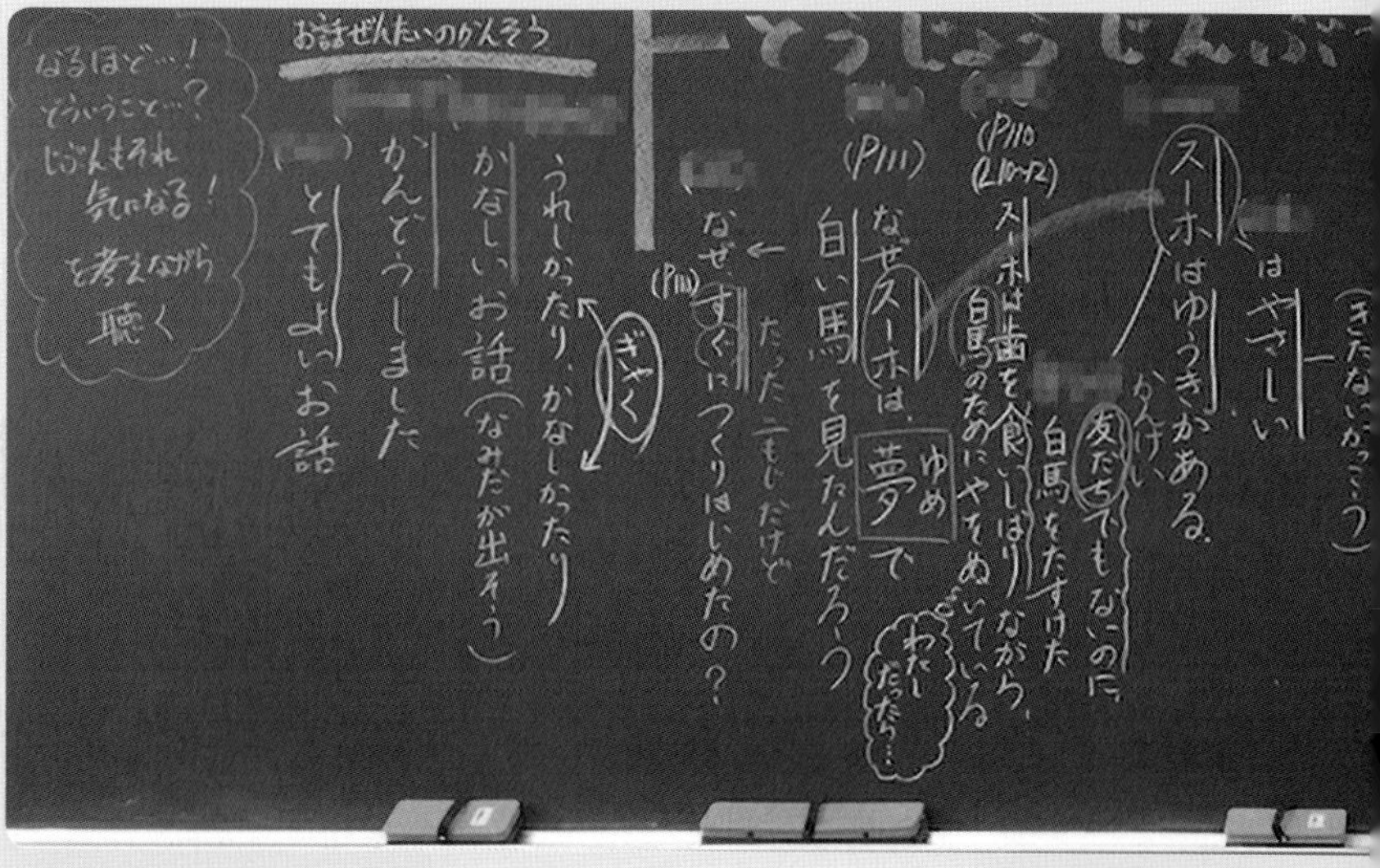

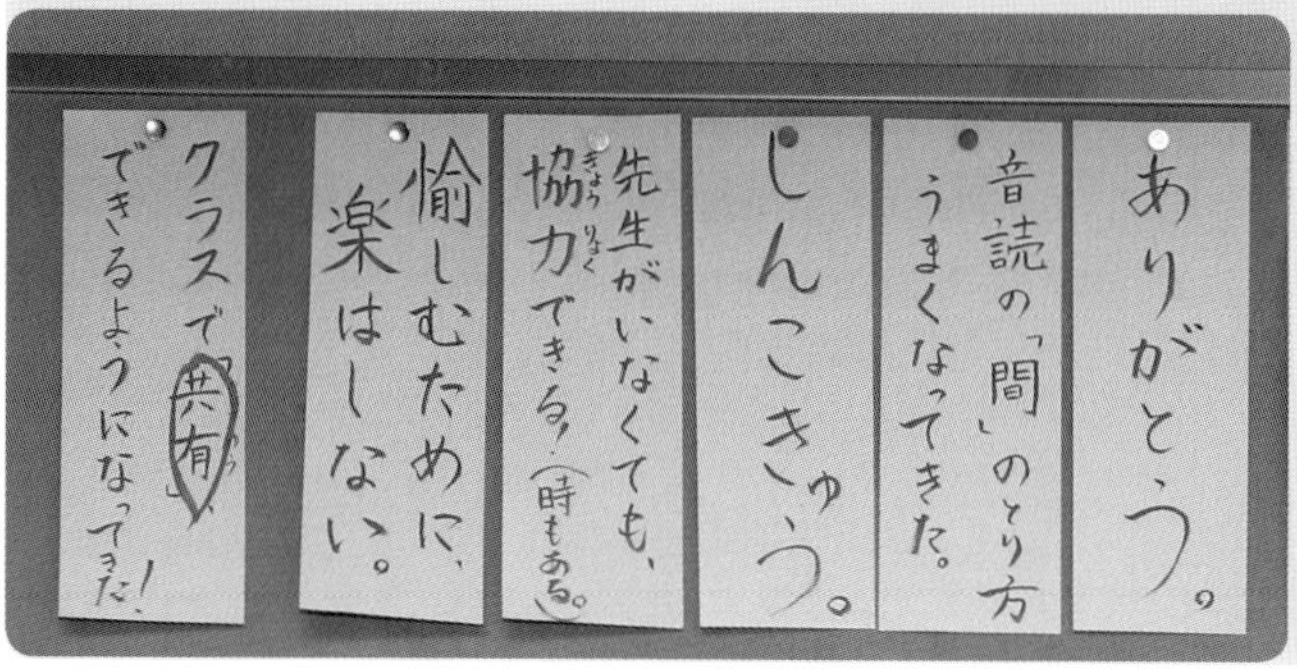

2年きく組（2K）のテーマは「共有」。1学期を通して大分浸透してきた。

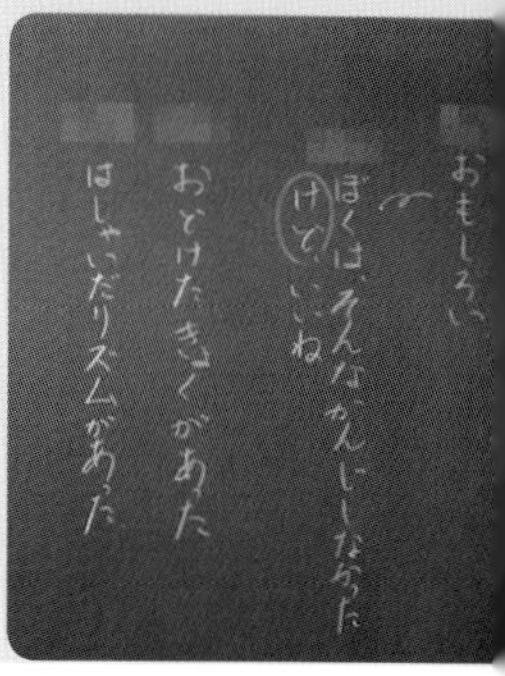

第3時

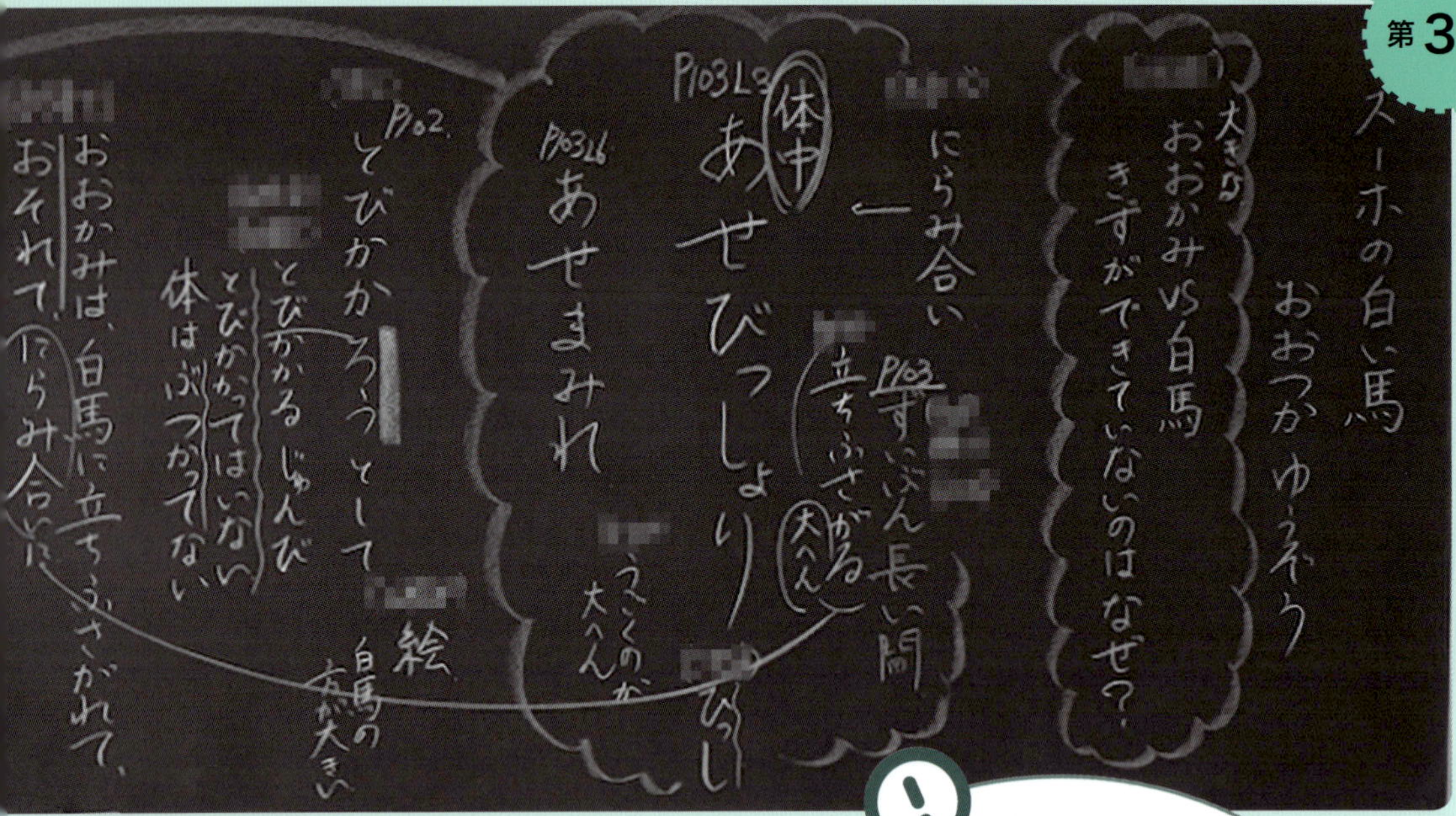

「ずっと戦っていたんじゃなくて、
白馬とおおかみがにらみ合い…」
「あ、同じ同じ同じ！」

ポイント！

考えの共有を促進する板書をつくる。
こだわったポイント
①文字の大きさ。着目させたい「あせびっしょり」「あせまみれ」を大きく。
②時系列に書かない。関連していたり、似ていたりする意見をまとめていく。
③名前（注：掲載に当たって加工処理）を書く。感想や終わりの意見を書くときに、発言した子どもの名前を出す。

第4時

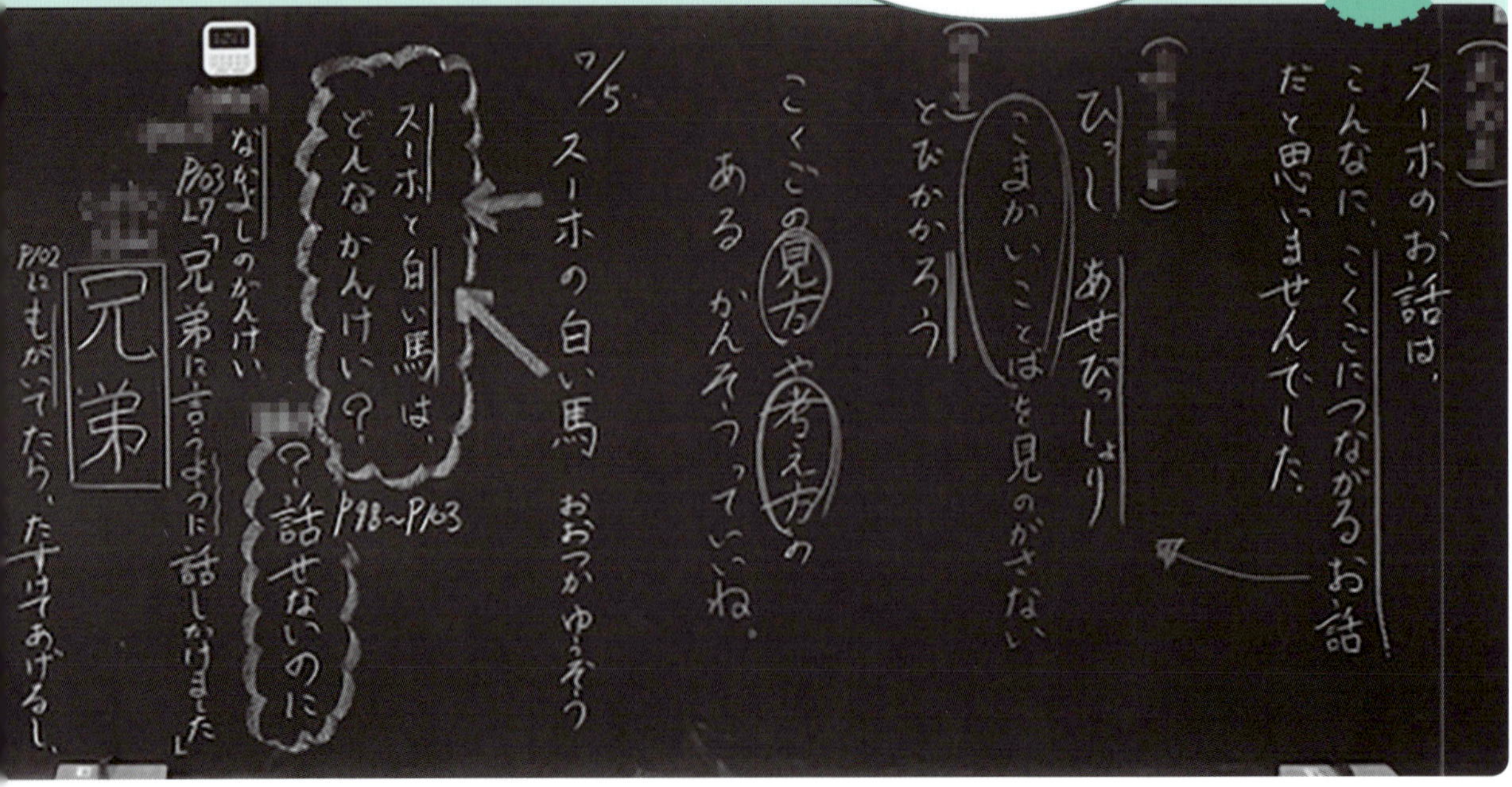

学習意欲を高める掲示物

第３時

「大きなおおかみ vs 白馬　傷ができていないのはなぜ？」について意見を共有した。傷がついていないが、「汗びっしょり」、「汗まみれ」、「必死」だということに子どもたちが気づき、スーホのために、という関係に触れる意見が出てきた。

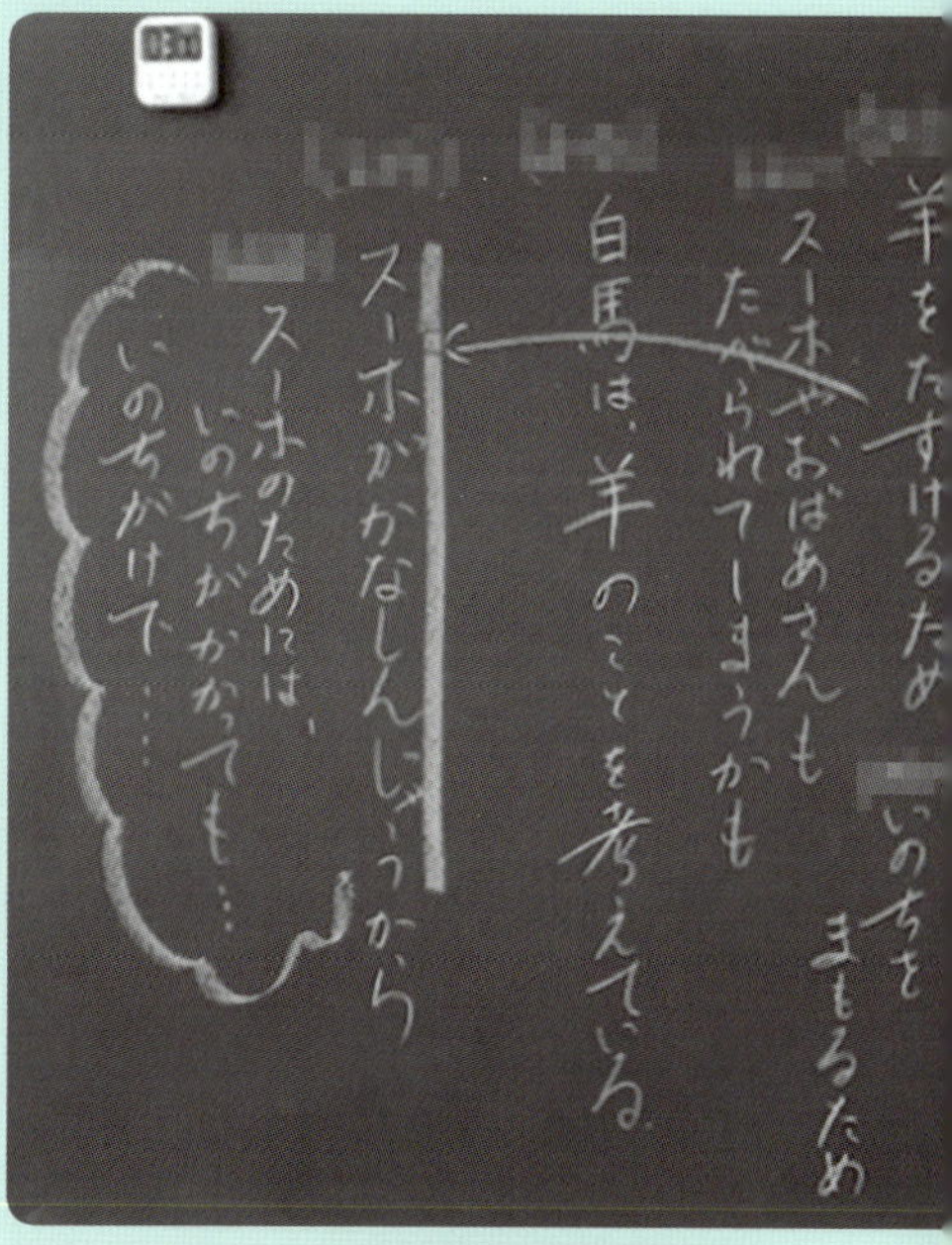

「なんか、あせびっしょりだから」

「体中あせびっしょり」

第４時

叙述や挿絵に注目して、友達、兄弟、家族などの意見が出てきた。

細かい言葉、表現を見逃さないように、よい「こだわり」をもって読む子どもが増えている。

「スーホと白馬は話せないのになんで？」という言葉が出てくることで、「心を込めて世話をしたから」など、本文にもう一度立ち返って考える子どもの姿が見られた。

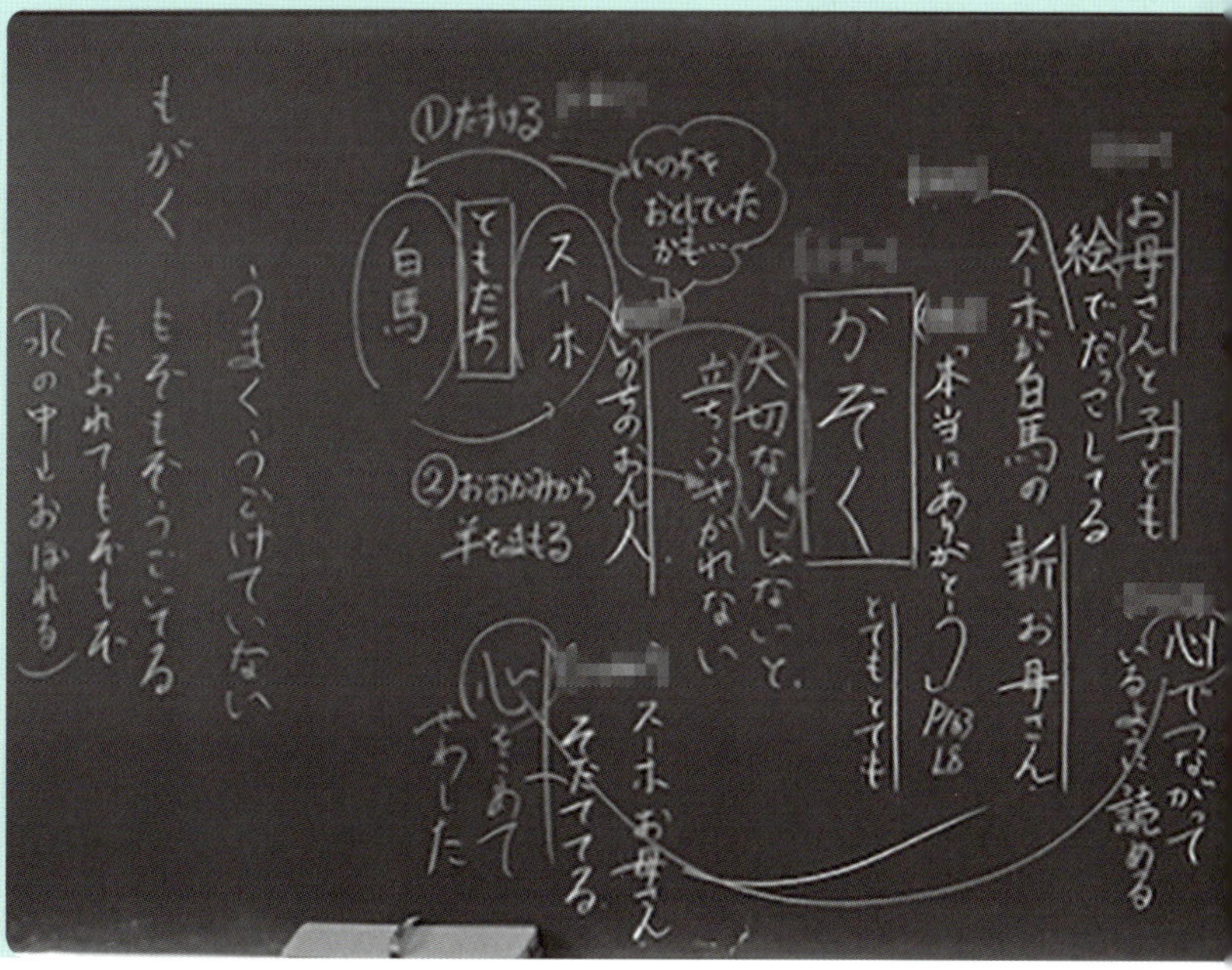

導入

① 問いを提示し、自分の考えをもつ時間をとる。

第5時

Aくんの問い「とのさまは、白馬をほしがったのに、なぜころしたのか」を考えるにあたり、まず「とのさまは、白馬をなぜほしがったのか」という問いを提示。教科書を読み、考えをもつ時間をとった。

展開

② 考えを発表、クラスで共有していく。

「白馬が競馬で一等だったから」という意見からスタート。『雪のように』ということは、めちゃくちゃ白くて美しいってことだよ」

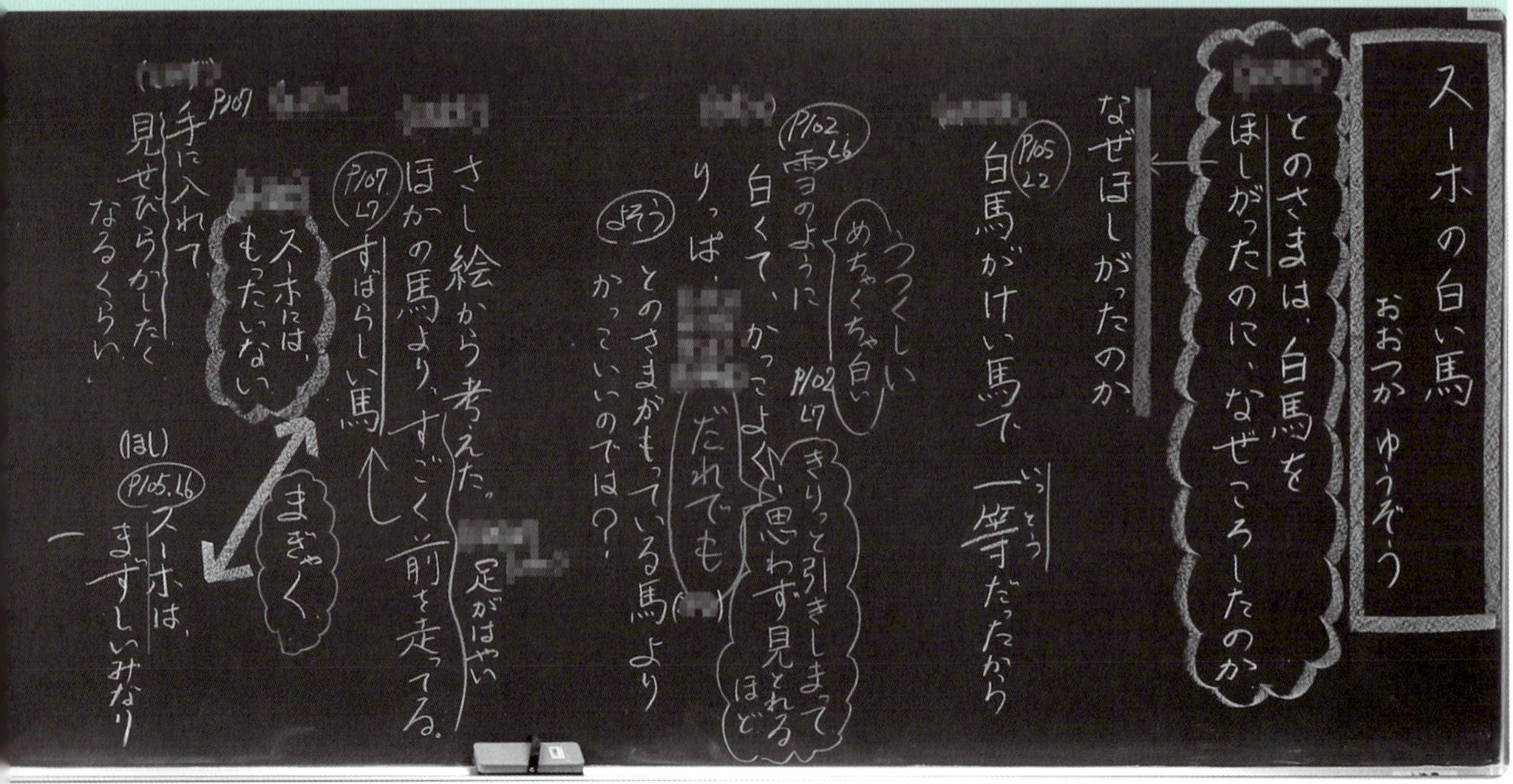

終末

③ 新たな問いに各自が考えをもつ。

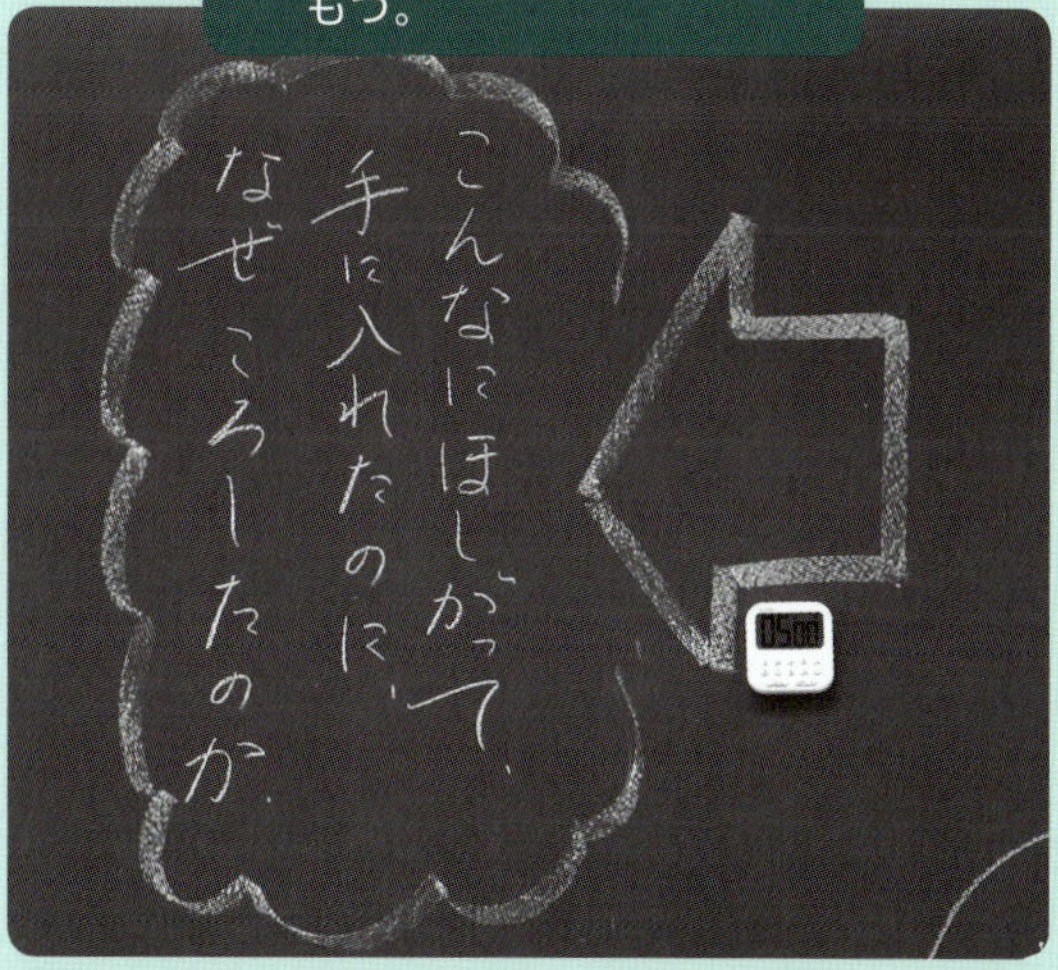

子どもが考えを共有したくなるような問い（仲間と考えがずれる問い、仲間と根拠がずれる問い）を設定する。

「『きりっと引きしまって、だれもが思わず見とれるほどでした』だから、とのさまも見とれちゃったってこと」

教科書の記述や挿絵から、考えた意見を共有していく子どもたち。

新たな問いに対して、まずは自分の考えをノートに書く。

第5時

「とのさまは白馬をなぜほしがったのか」について意見を共有した。「雪のように」「きりっと引きしまって、だれもが思わず見とれるほどでした」という記述に注目し、白馬の魅力に迫った。

学習のプロセスとして、自分たちで出した魅力のある問いに対してまず考えを形成し、みんなで共有する中で、文章の行動描写に自然と目が向くよう工夫した。把握して、精査・解釈して、ようやく考えの形成、共有、という順番ではなく、まず考えを形成して、共有する中で、把握、精査・解釈を深くしていくという形をとる。これは、前単元である「えいっ」と「すみれとあり」で手応えを得ている。

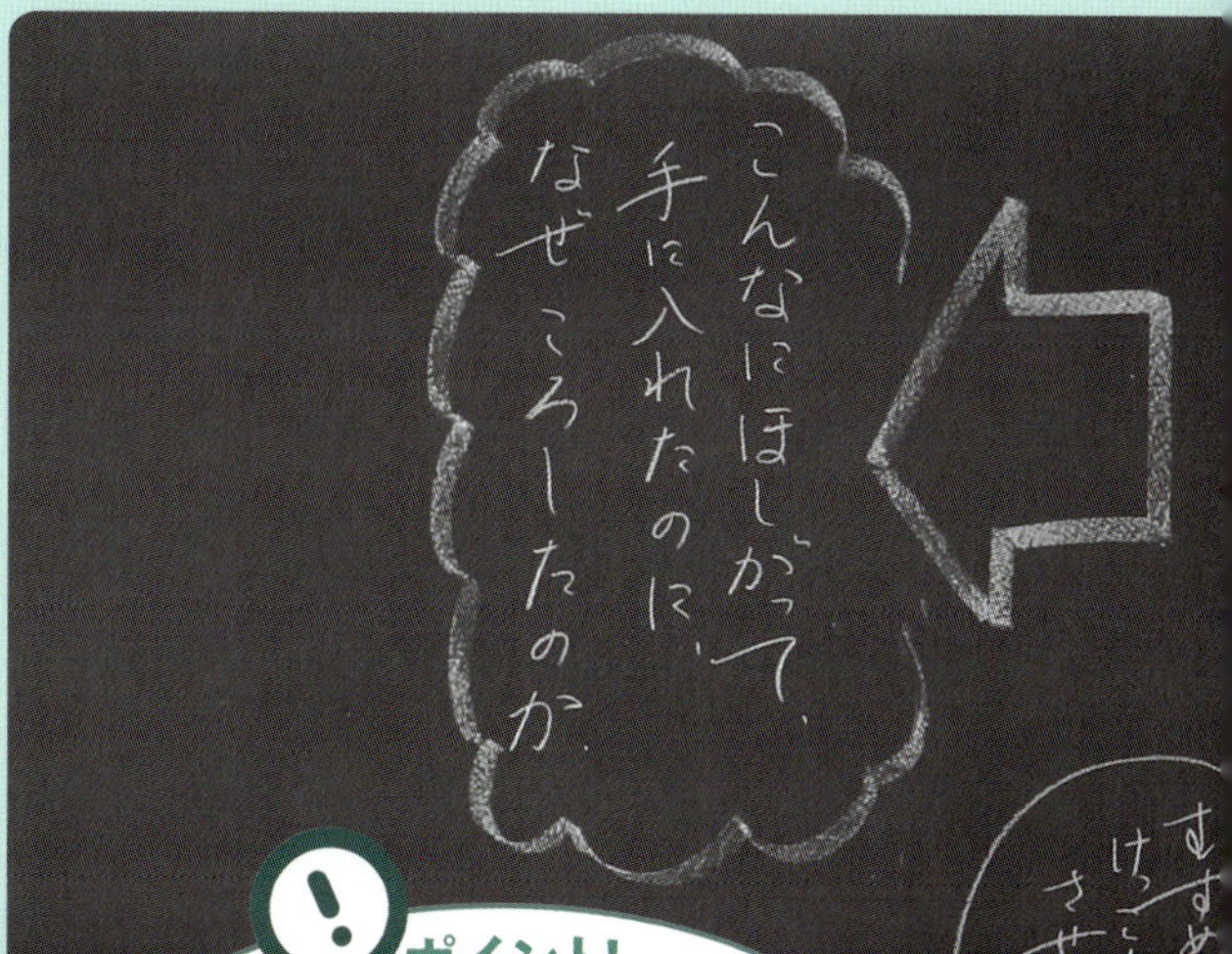

ポイント!

考えの共有が、形になる板書。それを「地図」のようにして、子どもは考えの共有を図っていく。

第6時

導入

① 問いに対する自分の考えをノートで確認する。

前時の板書をモニターに掲示し、問いを確認。自分の意見をノートで確認し、共有に入る。

展開

② 考えを発表、クラスで共有していく。

「はね上がる」ってどういうこと？「はねる」とどうちがうの？

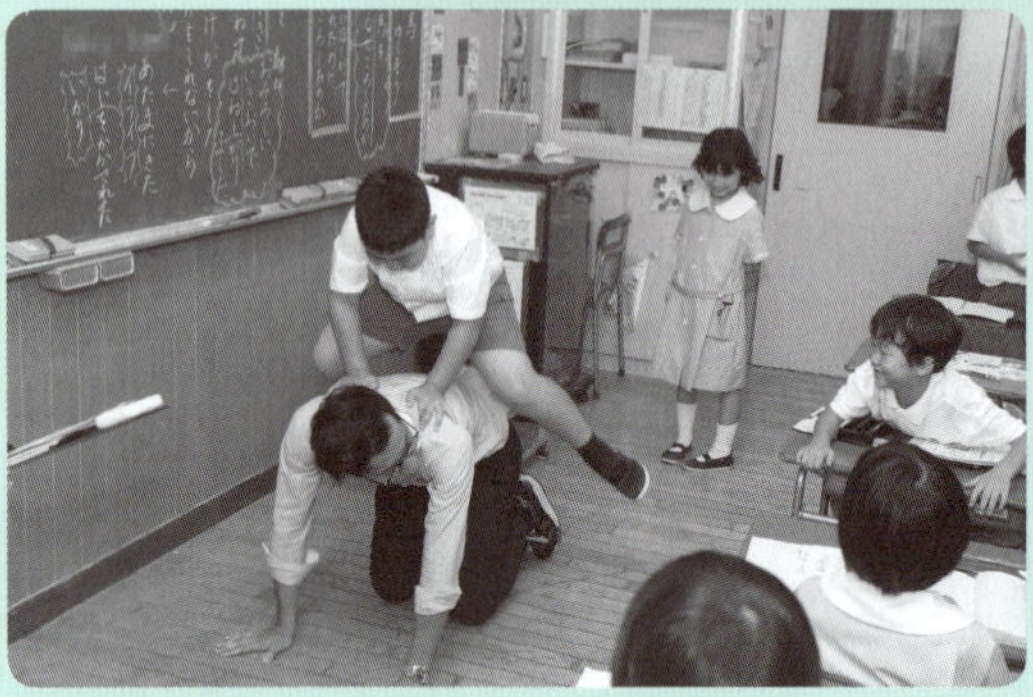

「ころげおちる」様子を実演。

「競馬のあと、さかもりのときに、白馬がとびはねてとのさまがけがをしてしまったかもしれないから」「おそろしいいきおいではね上がりました、だから…」

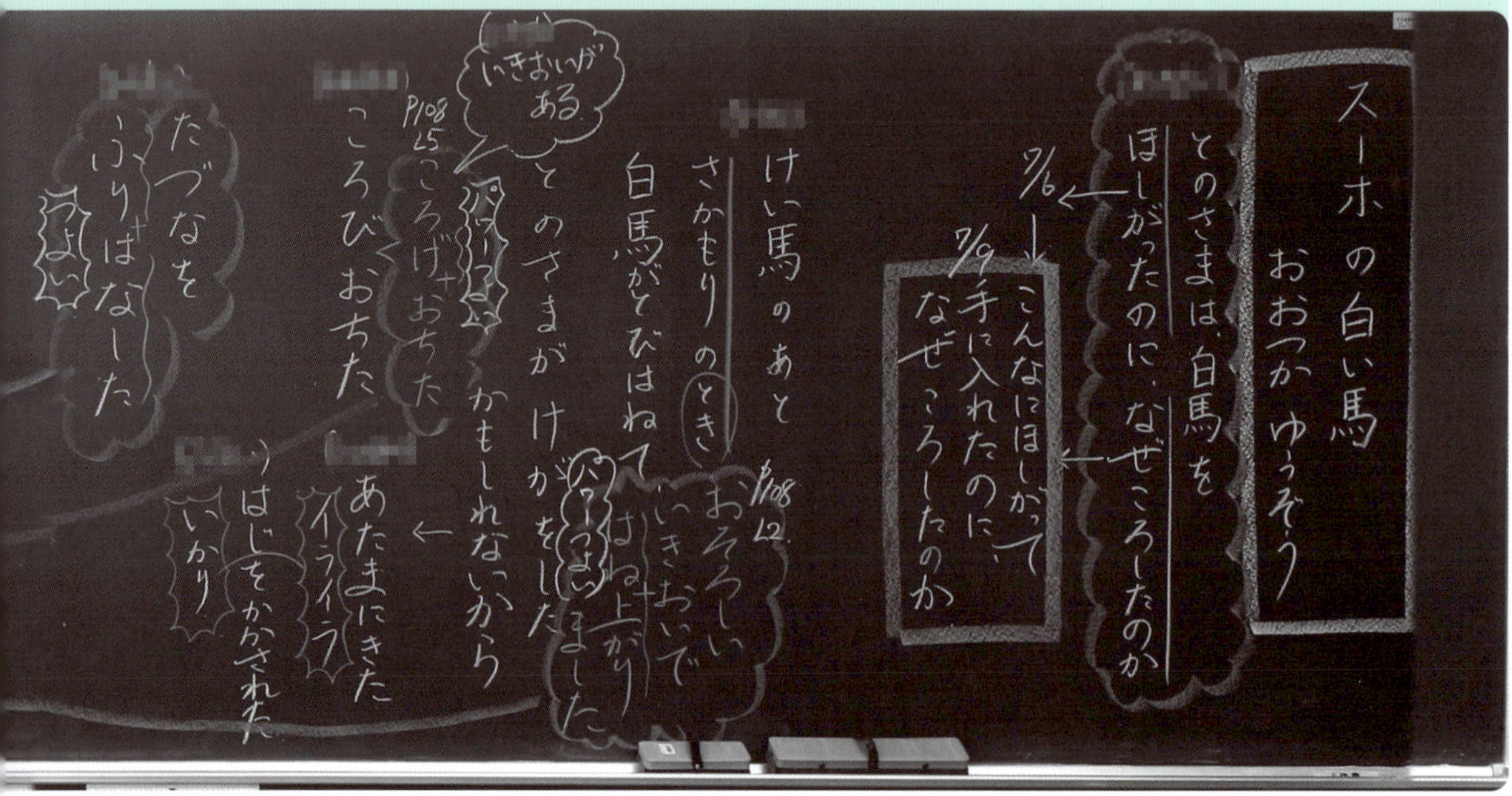

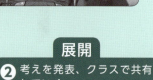

終末

❸ 新たな問いに各自が考えをもつ。

授業後もまだ言いたいことがあって黒板の前に集まる子どもたち。

「ふりはなす」様子を実演。

ポイント!

複合語（はね＋上がる、ころげ＋おちる、ふり＋はなす）に着目。実演も交えて複合語の表現の効果を考える。

意見を書いて本時を終わり、放課後にノートを見取り、次時に意見の共有から始める。児童のノートには必ずコメントを書き、また研究ノートに記録することも欠かさない。

「それほどスーホのところに帰りたかった」「とのさまへの怒りが強かったんじゃない?」

第６時

前時からのつながりで、「ほしがったのに、なぜころしたのか」について意見を共有した。白馬がはね上がったから、たづなをふりはなしたから、とのさまがころげおちてしまったから等、複合語に着目する児童が多く、動作化も取り入れながら表現の効果も考えた。

また、どうして白馬がそれほど強く反抗したのかについて考え、「大好きなスーホのところに帰りたい気持ちがパワーになっている」という意見が出てきて、スーホとの関係を再考する時間になった。

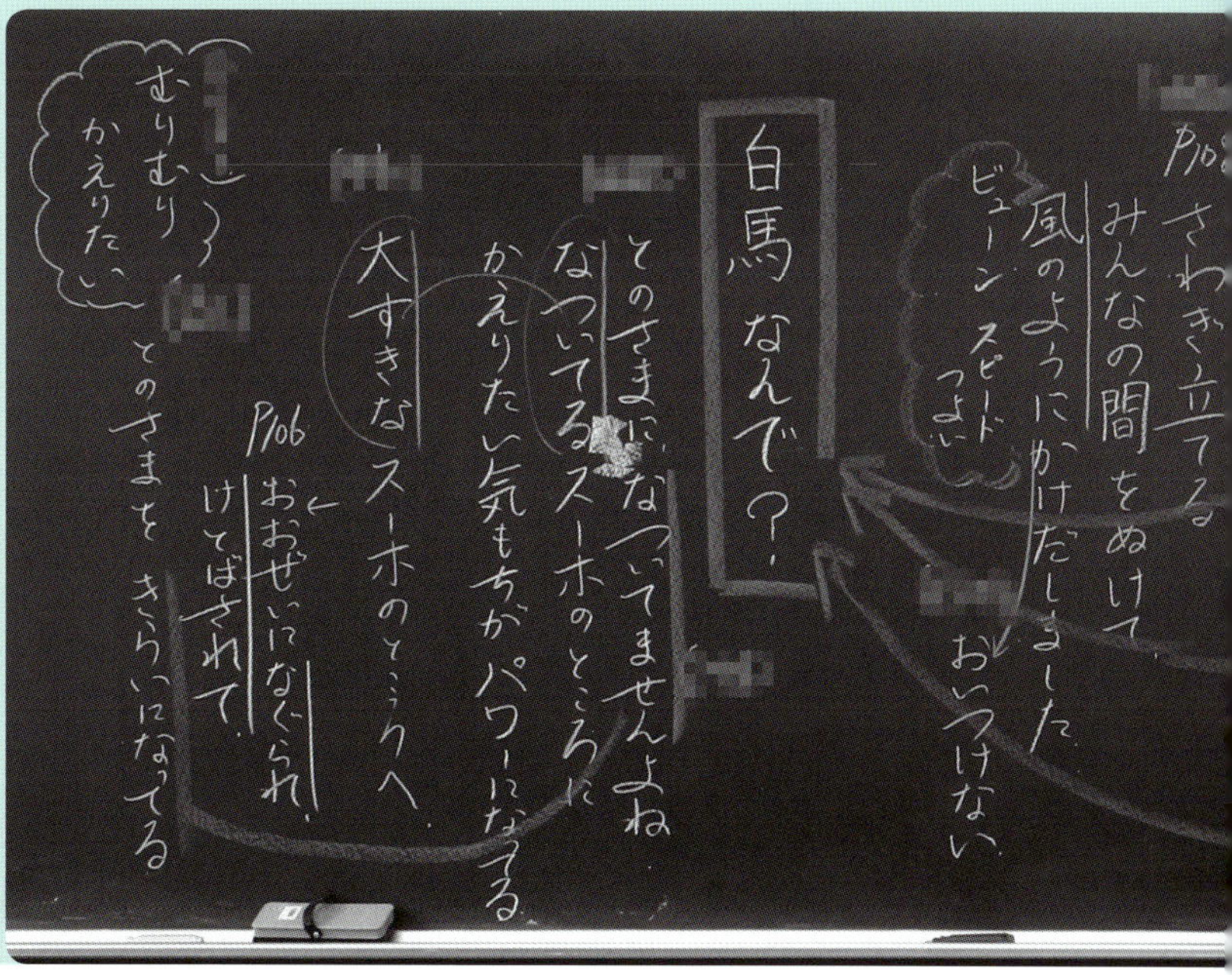

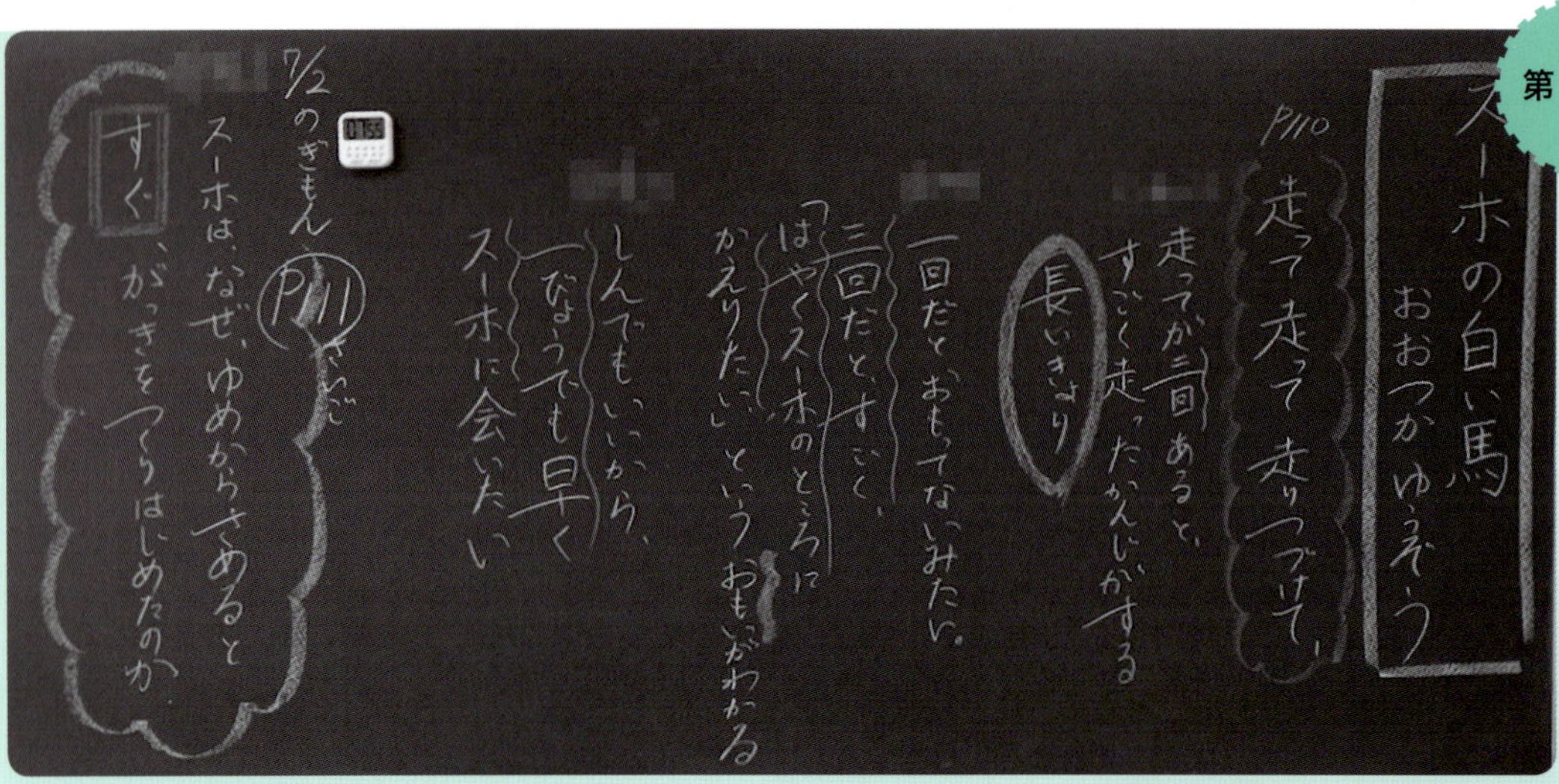

第**7**時

第7時

スーホのもとへ帰ってきたところの叙述、「走って、走って、走りつづけて」のところで、「1回でいいのになんで？」と問いかけ、意見を発表した。次時の問い「スーホは、なぜ、ゆめからさめるとすぐ、がっきをつくりはじめたのか」についてノートに意見を書いた。

ポイント！

複合語や、反復（走って、走って、走りつづけて）や比喩（風のように、滝のように）などの表現技法に気づき、また、なぜそれらの表現が用いられているのかを考える。

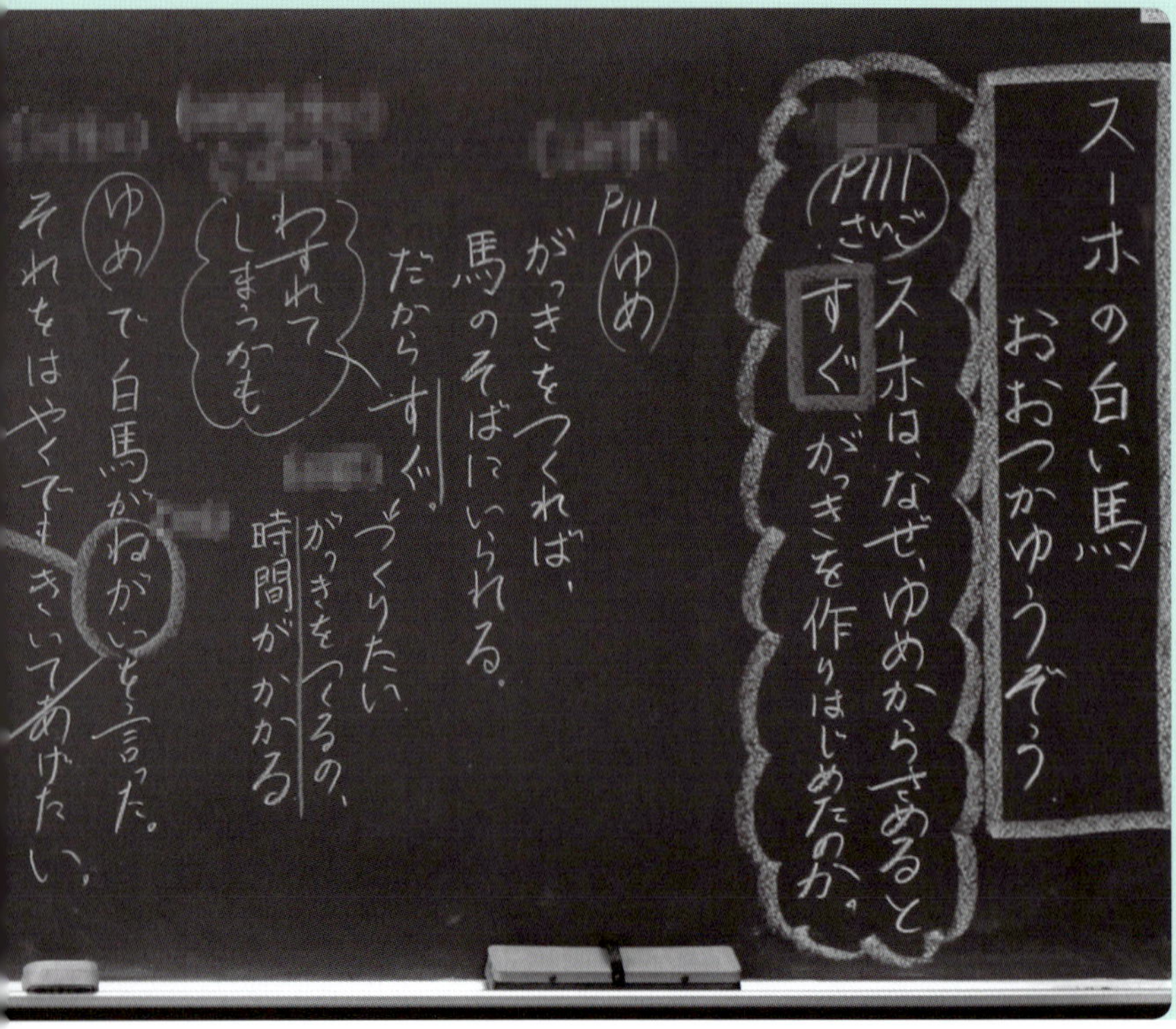

「がっきをつくれば馬のそばにいられるから」「一びょうでも早く…」

第８時

導入

❶ 前時のノートを見直し、共有の準備をする。

スーホと白馬がどれだけ大切に思い合ってきたのかを根拠に、自分の言葉で話す子どもたち。

展開

❷ 考えを発表、クラスで共有していく。

教師が「認める言葉」「ほめる言葉」をかけ続けると、子どもたちは必ず真似し、仲間からの認める言葉がけ、ほめる言葉がけが増えていく。

「このクラスではどんなことを言っても大丈夫」という安心感が子どもたちの発言を促進する。

第８時（前半）

前時に書いたノートをもとに、意見を発表し合い、考えを共有した。スーホと白馬の関係について考えてきたことを根拠にしている児童が多い。白馬の願いを聞いて、すぐ楽器をつくりたかったという意見が多かった。また、そもそも夢を見たのは、ものすごい悲しさと、悔しさがあるからだという意見が出てきた。そこで、授業の後半は「スーホの白い馬」は自分にとってどんなお話だったのかを考える時間とする。

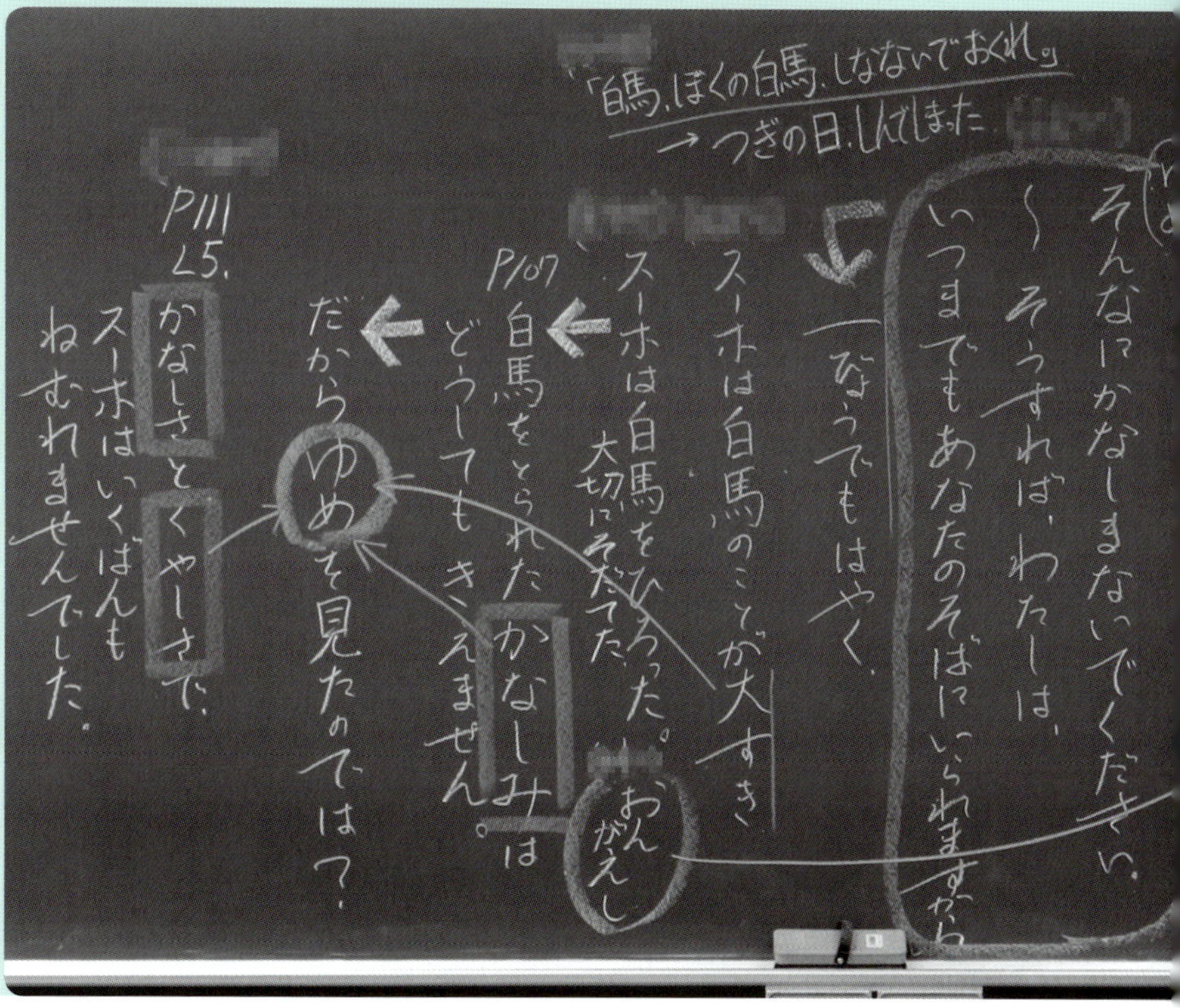

終末

❸ 問いを提示し、自分の考えをもつ時間をとる。

第8時

ノートに向かうときにはタイマーで時間を設定する。

内容面から考えると、ハッピーエンドとは言い切れない。ただ白馬の死後、馬頭琴がつくられ、それをスーホが弾くことで共にいられるという面からハッピーエンドと取ることもでき、子どもの読みがずれるポイントとなる。

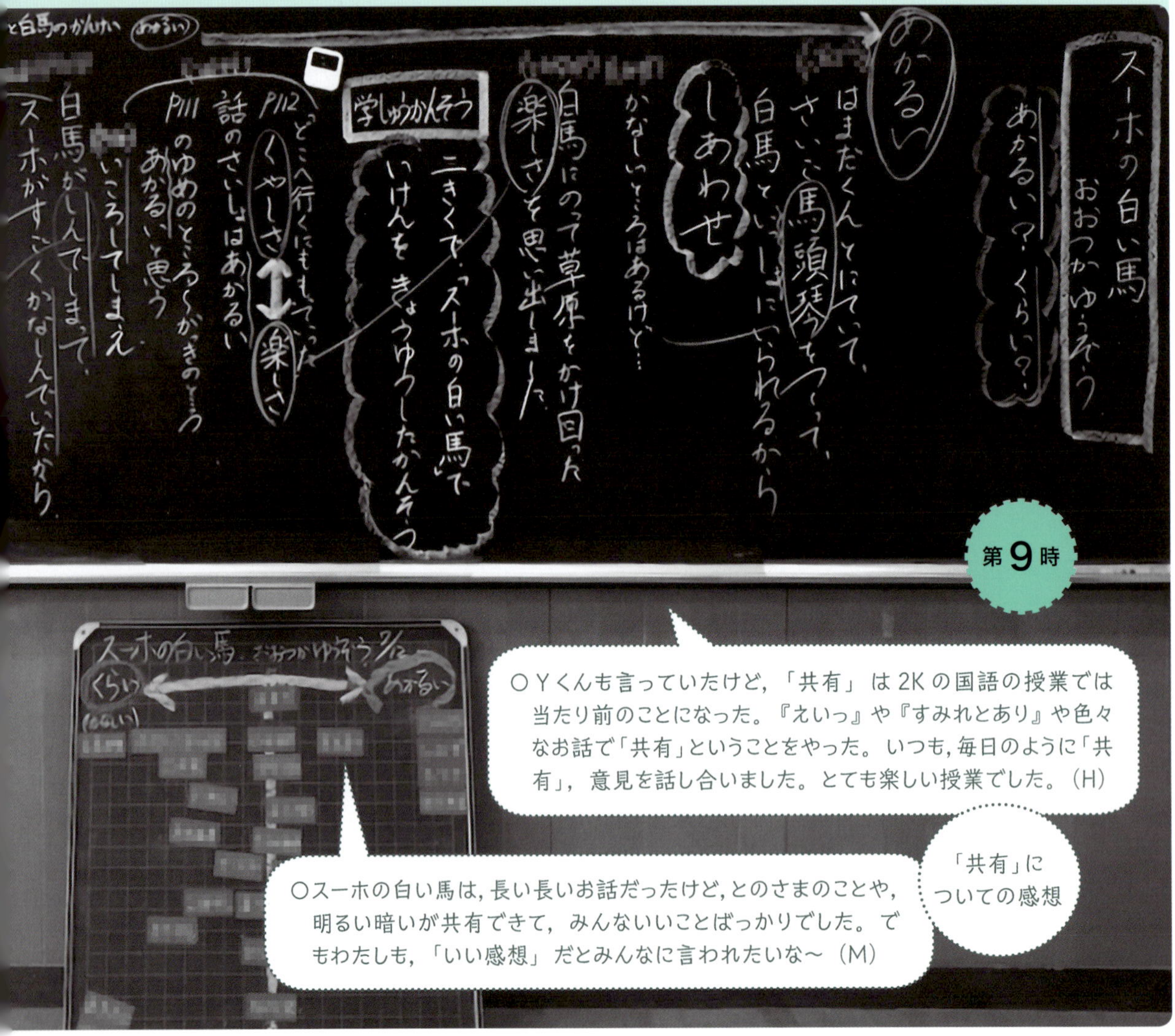

第9時

〇Ｙくんも言っていたけど，「共有」は 2K の国語の授業では当たり前のことになった。『えいっ』や『すみれとあり』や色々なお話で「共有」ということをやった。いつも，毎日のように「共有」，意見を話し合いました。とても楽しい授業でした。（H）

〇スーホの白い馬は，長い長いお話だったけど，とのさまのことや，明るい暗いが共有できて，みんないいことばっかりでした。でもわたしも，「いい感想」だとみんなに言われたいな～（M）

「共有」についての感想

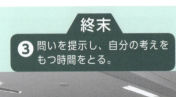

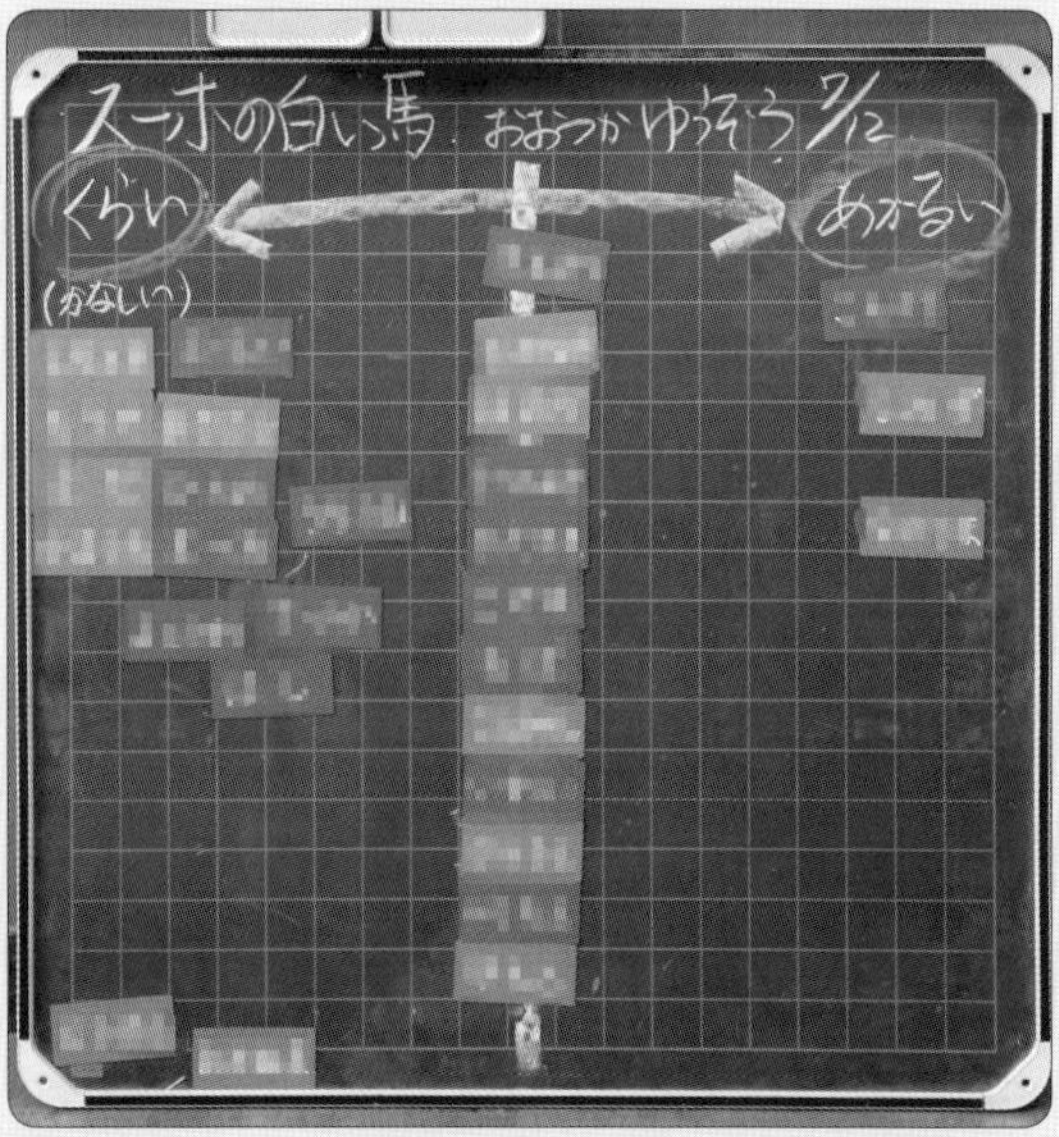

第8時（後半）

「スーホの白い馬」は自分にとって、「明るいお話」だったか、「暗いお話」だったかを考え、ノートに書く時間につなげた（明るい、暗いについては、金子みすゞやまどみちおの詩を通して実践済みのため、初めての活動ではない）。

小黒板に貼った意見では、「暗い」のほうが多い。

第9時

明るいか、暗いか、友達とのずれがわかりやすい課題であるため、友達の意見を聞きたい、自分も伝えたい、という共有への意欲が高まっていた。白馬が死んでしまうことを根拠として、暗いという意見が立て続けに出た。

一方、物語の前半はすごく明るいという意見も出た。その上で「大好きな、家族のような存在である白馬が死んでしまう悲しさが、前半の明るい雰囲気を打ち消すくらい強い」という意見が出た。こうした意見は、互いに意見を聞き合い、意見を共有したからこそ生まれる意見だと考える。また、授業後半は、「確かに暗いけど、馬頭琴をつくっていっしょにいられるから、幸せかもしれない」という意見が出た。その意見に説得されて、暗いに偏っていたネームプレートの分布も、中間、明るい寄りに動いている。

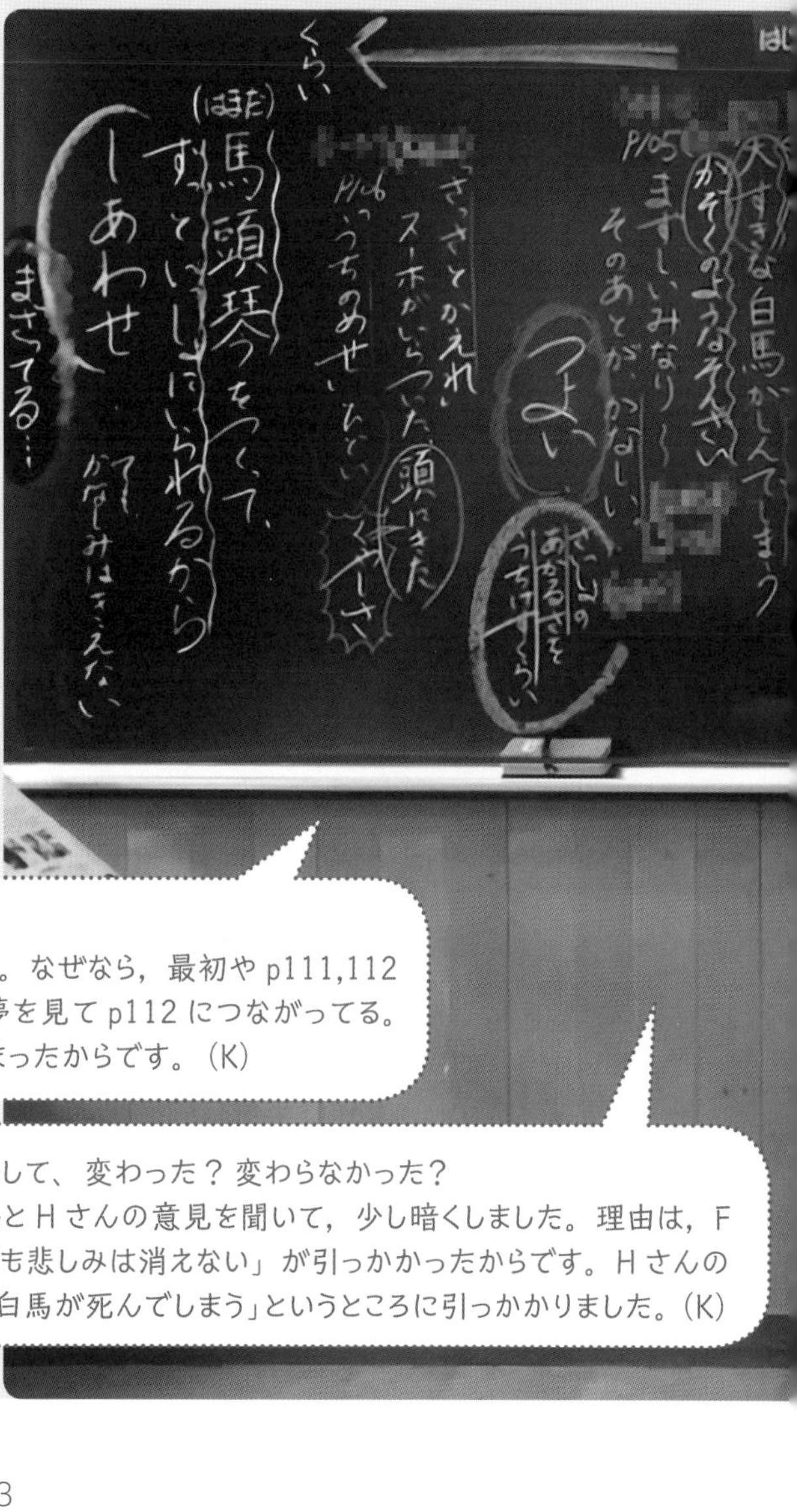

学習感想

①明るい？ 暗い？
僕は微妙な感じだと思いました。なぜなら，最初や p111,112 が明るい。なぜなら p111 は夢を見て p112 につながってる。暗いの理由は白馬が死んでしまったからです。(K)

②共有をとおして、変わった？ 変わらなかった？
僕はＦくんとＨさんの意見を聞いて，少し暗くしました。理由は，Ｆくんの「でも悲しみは消えない」が引っかかったからです。Ｈさんの「大好きな白馬が死んでしまう」というところに引っかかりました。(K)

5年生

読むこと×考える
「雪わたり」を読もう

初読の感想の分析から読みの視点を見い出し、ノートづくりを工夫しながら考えを形成し合う様子を紹介する。

東京学芸大学附属
世田谷小学校５年３組
担任：西川　義浩

新学習指導要領で、文学的文章を読む授業はどう変わるのか、あるいはどう変わらないのかを考えたい。また、宮沢賢治テクスト「雪わたり」の学習材としての価値、カリキュラムの位置づけを再考察したい。

学習指導要領上加味したいと考えるのは、「言葉による見方・考え方」すなわち、対象と言葉、言葉と言葉の関係を、言葉の意味、働き、使い方に着目して捉え直したり問い直したりして、言葉への自覚を高めることである。

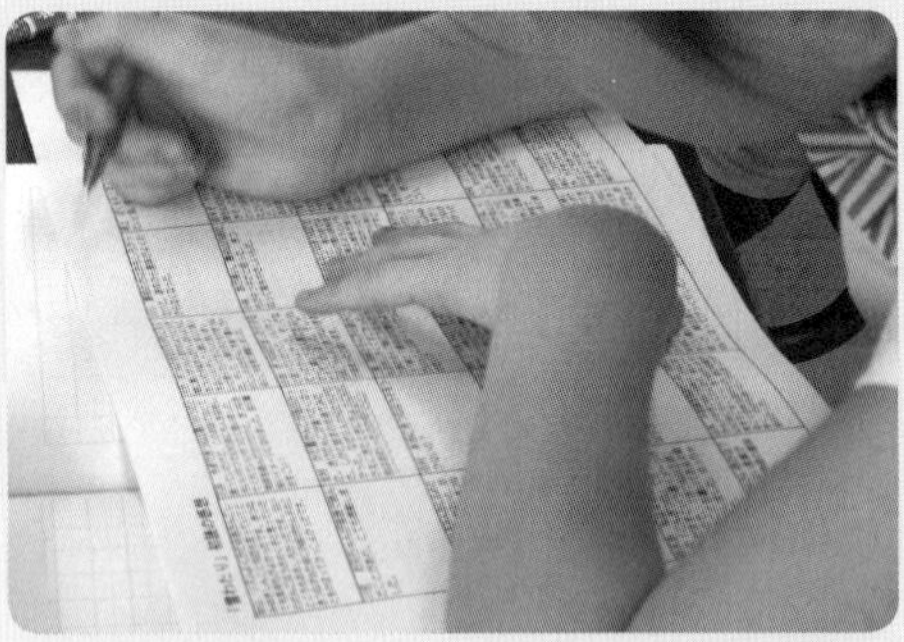

初読の感想をプリントして配布。共有した感想をもとに、学習問題を立てる。

第２時

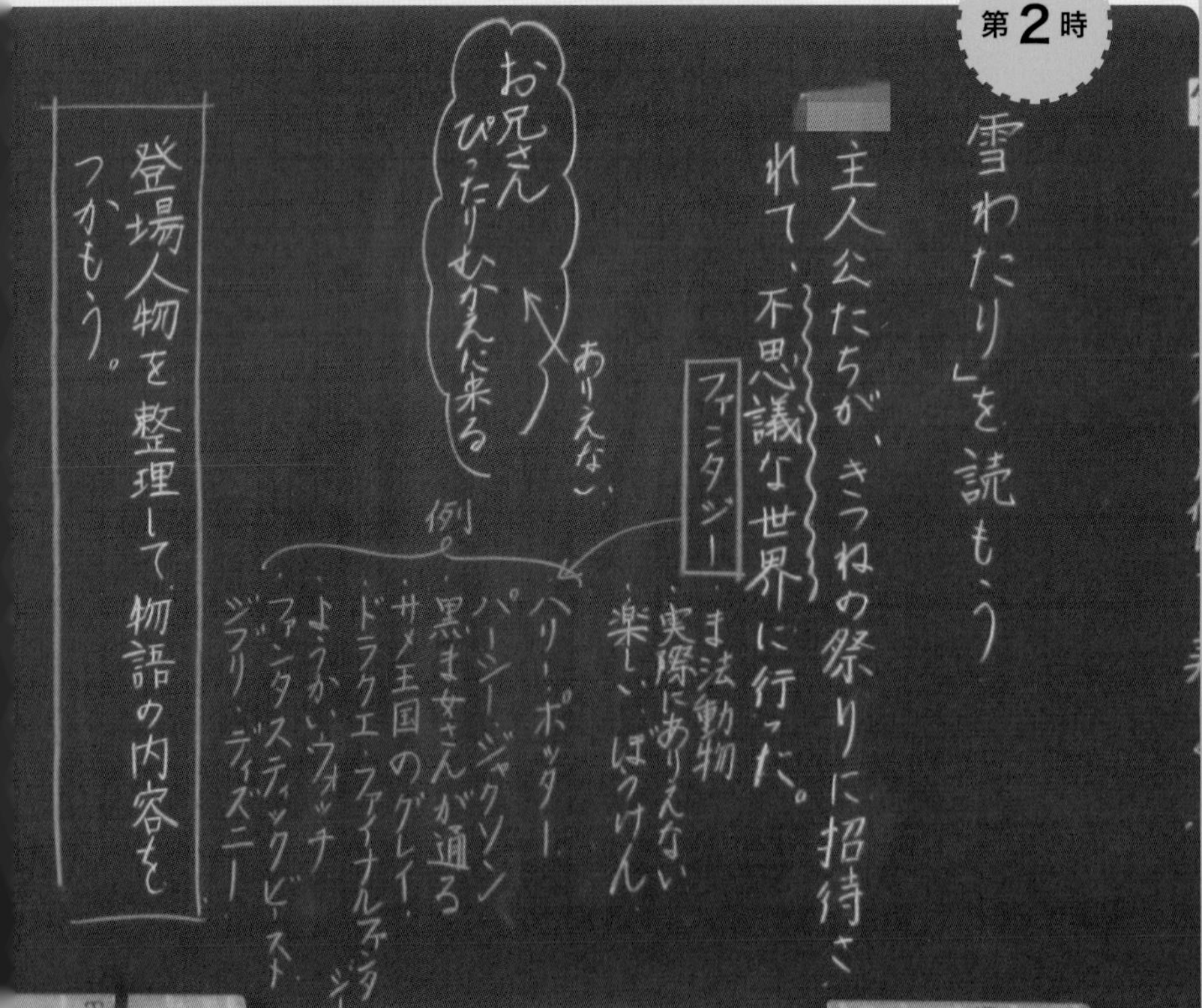

●**目標：**文学的文章に対しての学習問題を立て、内容や表現、ジャンルといった複数の視点からその学習問題を考える。

●**教材名：**「雪わたり」（教育出版「小学国語」平成27年度5年下、宮沢賢治作）

教材資料ｐ131～133

［主な指導事項］
思考・判断・表現
C読むこと
イ・エ・オ・カ

「雪わたり」を初読し、感想を書く。　第１時

◆冬の雪のことをいろいろなものに例えているのが面白い。きつねと会話できるのがすごい。（G）
◆不思議な物語でした、四郎とかん子がきつねと出会い、さらには幻灯会に行くことになり、楽しい一夜をすごす・・・。きつねがしゃべること自体もおかしい。昔の言葉が多く、わからないところもあったが面白かった。（Y）
◆登場人物達がリズムにのっていろんな楽しい歌をきつねと主人公で歌っているのがおもしろかった。また、きつねの幻灯会で開会の辞でお月様はまるで真珠のお皿、お星様は野原のつゆがキラキラ固まったよう、と物にたとえる比喩表現があり、きれいだなと思った。最後の場面では四郎とかん子が、きつねがつくったきびだんごを紺三郎を信じて食べたところがすごいと思った。閉会の辞で言っていたようにきつねでもうそをつかない動物でやさしい動物なんだなと思った。（T）
◆最初の方はおもしろかったけど、途中から意味がよくわからなくなった。（K）
◆リズムよく「かたゆきかんこ　しみゆきしんこ」と何回も言っていてとても気持ちがよかったです。「きつねのだんごはうさのくそ」と言っていたところもおもしろかったです。白いきつねが出た時に四郎がかん子のことをかばってかっこよかったです。（A）
◆キツネは何のために人間を幻灯会にさそったのか？さそった理由がきつねをだますという評判をなくそうとしていたというのがおもしろかったけど、いろいろな人間にあっているはずなのに、なぜ二人を選んだのだろうか。（S）
◆歌がすぐできる。知らないキツネにさそわれてあやしいと思わなかったのか？なぜ11以下か？八つの四つで12？（C）

①「雪わたり」を初読し、感想を書く。
②初読の感想を共有する。
　人物関係図を作成する。
③④学習問題を立てる。
⑤～⑦ノートづくり
⑧「なぜ題名が『雪わたり』なのか」話し合う。
⑨～⑪ファンタジーについて考える。
⑫学習の振り返りをする。

学習指導計画（全12時間）第3時・第4時、第8時を詳しく紹介

文学的文章を読むことに関しての資質・能力を育む年間カリキュラム（年間計画：学級経営案）を116・117ページに示す。

第2時

初読の感想を共有し、児童の発言から不思議な世界「ファンタジー」というジャンルについて話し合った。魔法の物語、実際にはありえない話、ハリーポッター、ドラクエ、ジブリなど、子どもたちのイメージするファンタジーについて話し合ったうえで、登場人物を整理して物語の内容をつかむため、全体で人物関係図を黒板に作成した。

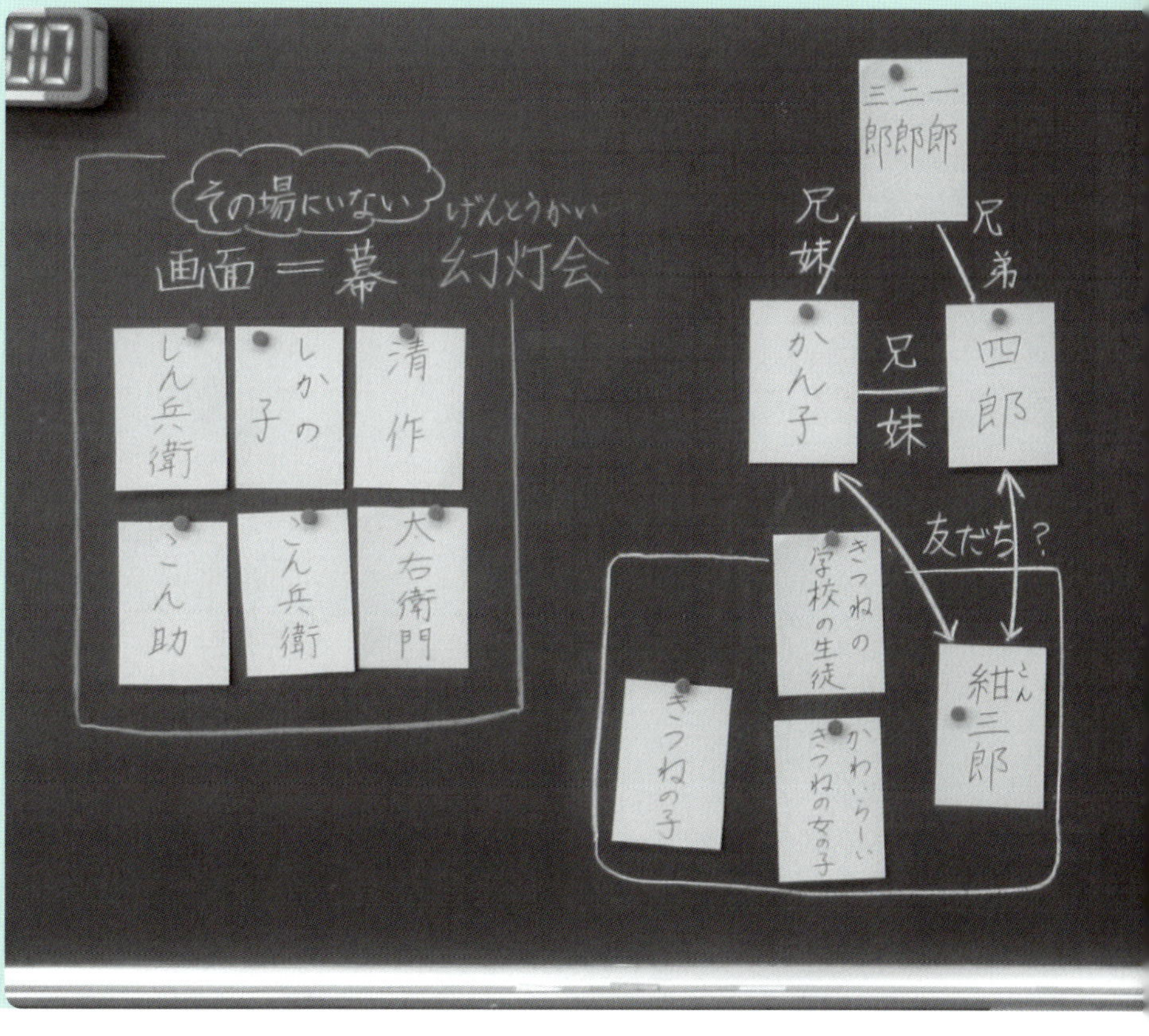

初読の感想一覧を読みながら，気になった部分にアンダーラインを引いたり，書き込みをしたりする。

導入

1 初読の感想・学習感想から学習問題を考える。

第3時

みんなの感想を配ります。

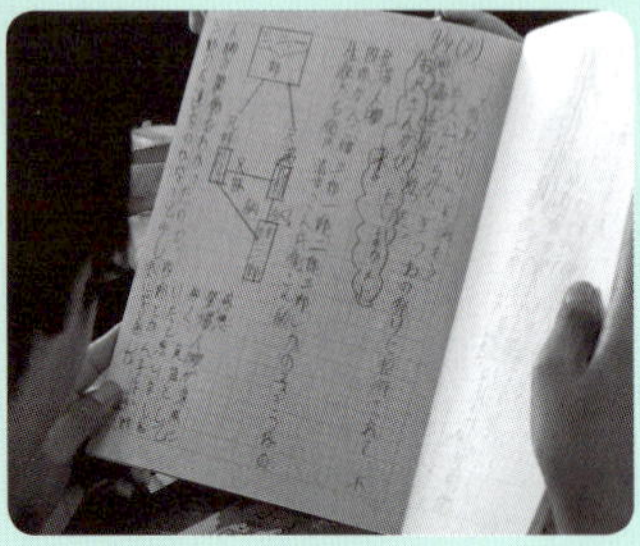

友達の意見を優しい面持ちで聞く。受容的な関係が見て取れる。

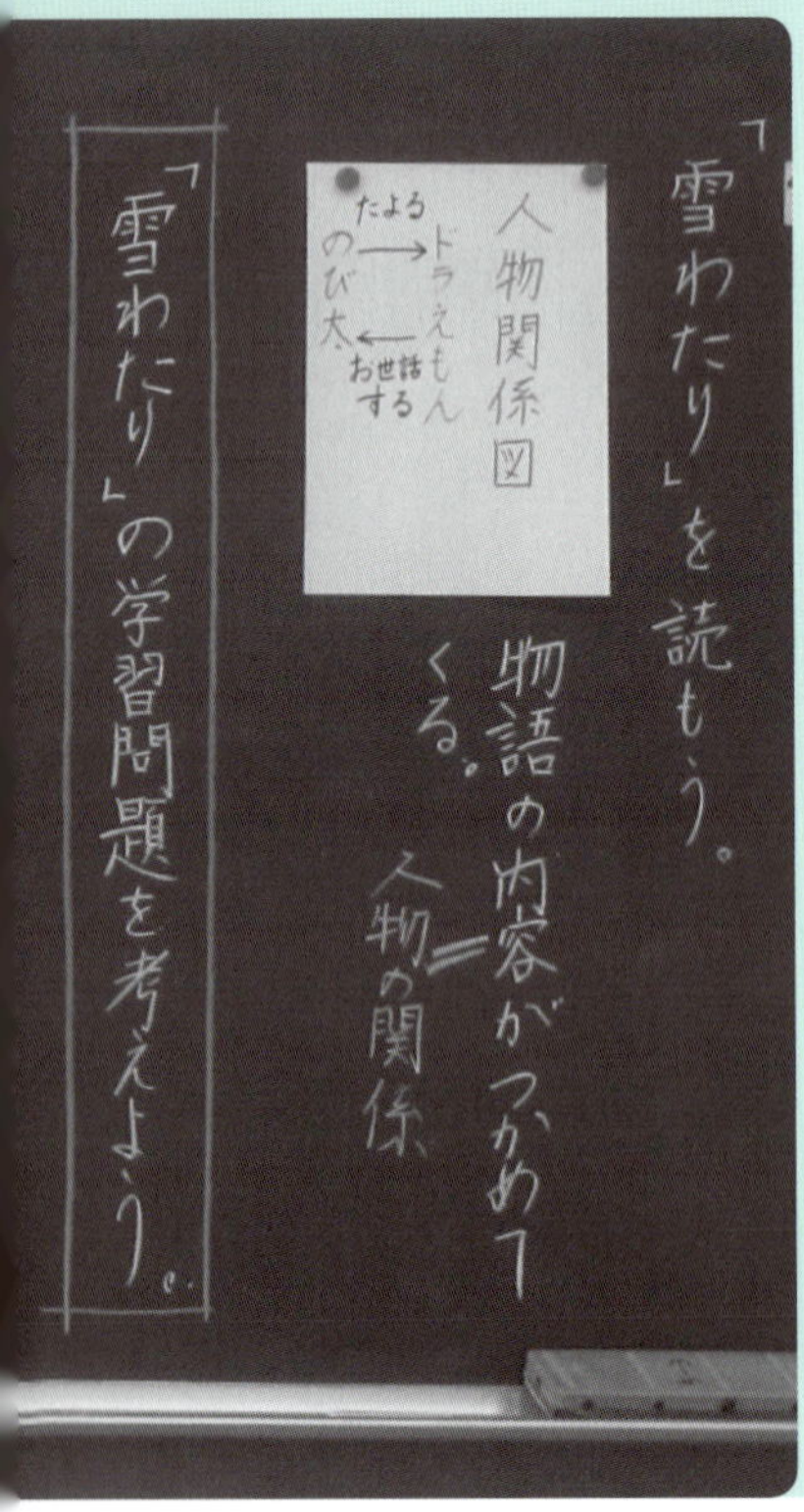

展開

2 グループごとに学習問題を考える。

1学期の学びを思い起こし、グループで話し合って学習問題を考え、短冊に書き出す。短冊は、児童が整理しやすい数量として3（枚）×8（班）24枚を意図的に設定。

第3時

1学期に学習した「いつか、大切なところ」（教育出版５年上）で学習問題を立てたときのことを思い出し、「雪わたり」の学習問題を考えた。初読の感想と前時（第2時）の最後に書いた学習感想をA４の用紙の表裏に打ち込み、プリントアウトして配布。まずは各自が感想を読み、感想の分析から読みの視点を見いだす。グループでの話し合いを経て、学習問題を各グループで絞り込む。全員で貼り出された学習問題を分類・整理して本時を終えた。

ポイント!
学習者主体の単元となるように、初読の感想・学習感想から読みの視点を見いだす。

なかなか３枚に絞り切れないグループも。

終末

③ 全体で学習問題を分類する。

貼り出された課題を確認し、次の授業で決定することを確認。

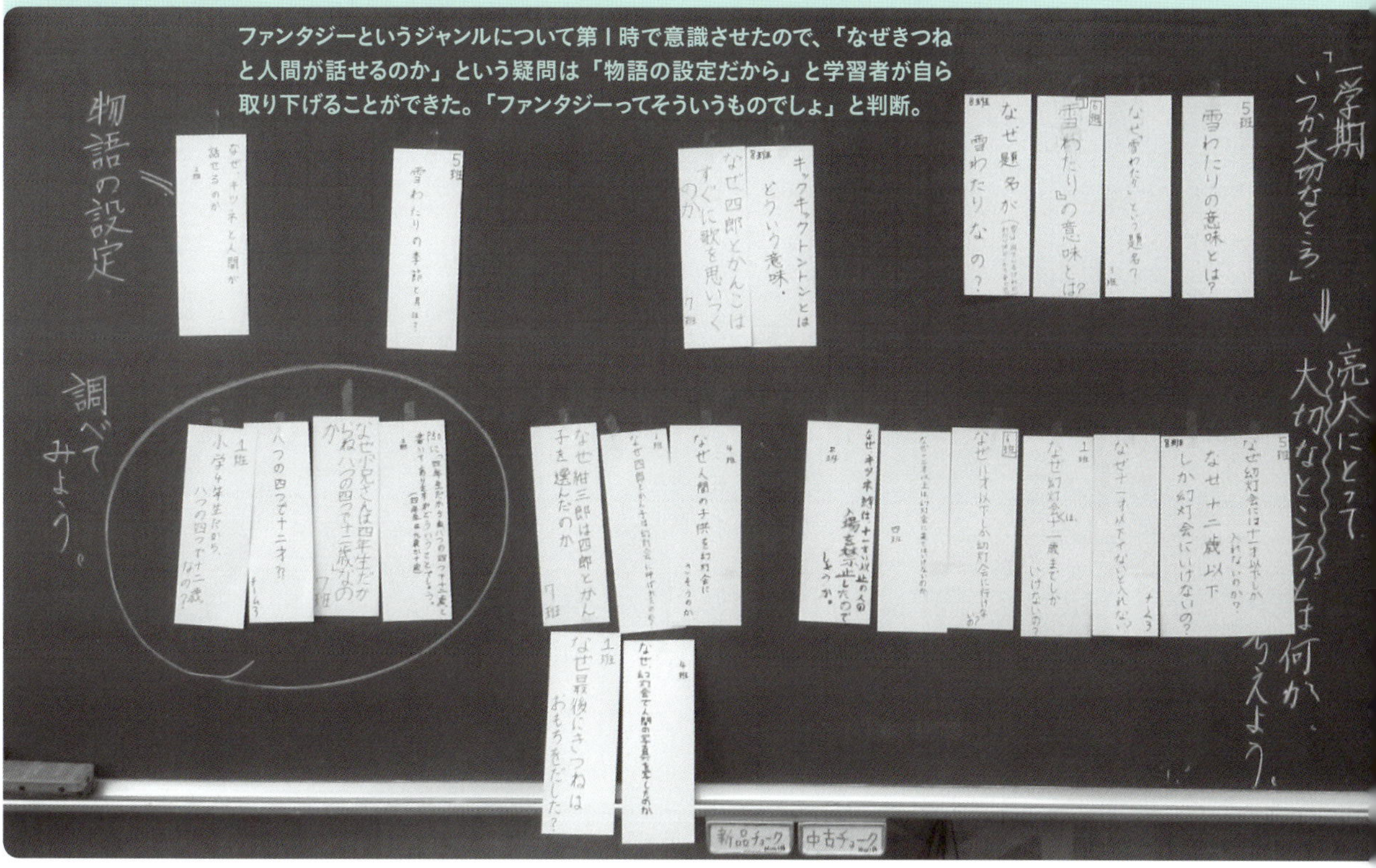

ファンタジーというジャンルについて第１時で意識させたので、「なぜきつねと人間が話せるのか」という疑問は「物語の設定だから」と学習者が自ら取り下げることができた。「ファンタジーってそういうものでしょ」と判断。

導入

① 短冊をまとめて、その内容を確かめる。

どんなノートをつくりたいか、という投げかけに、思い思いの書き方で応える。

展開

② 学級全体の学習問題を立てる。

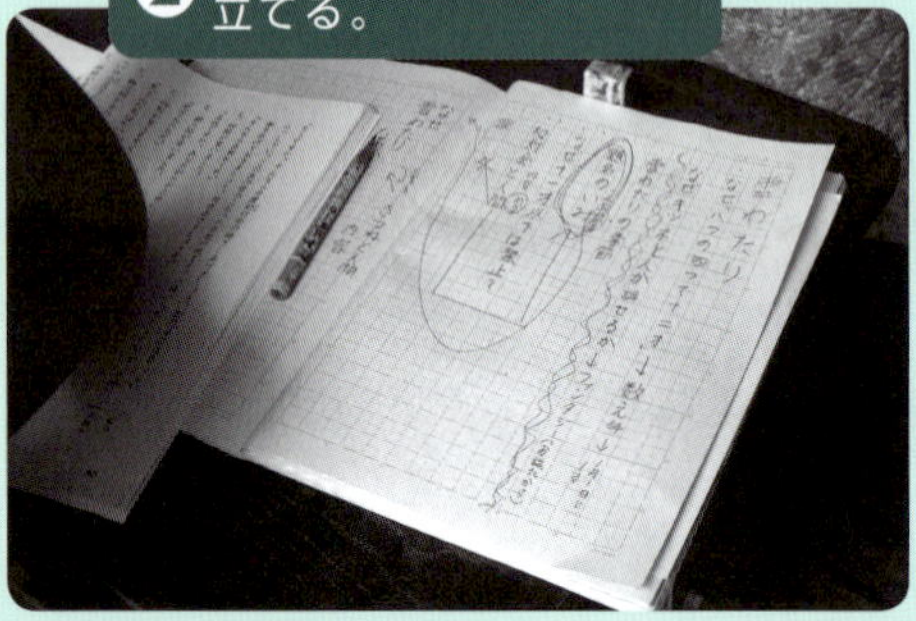

ノートを子どもの思考の場にしていく。

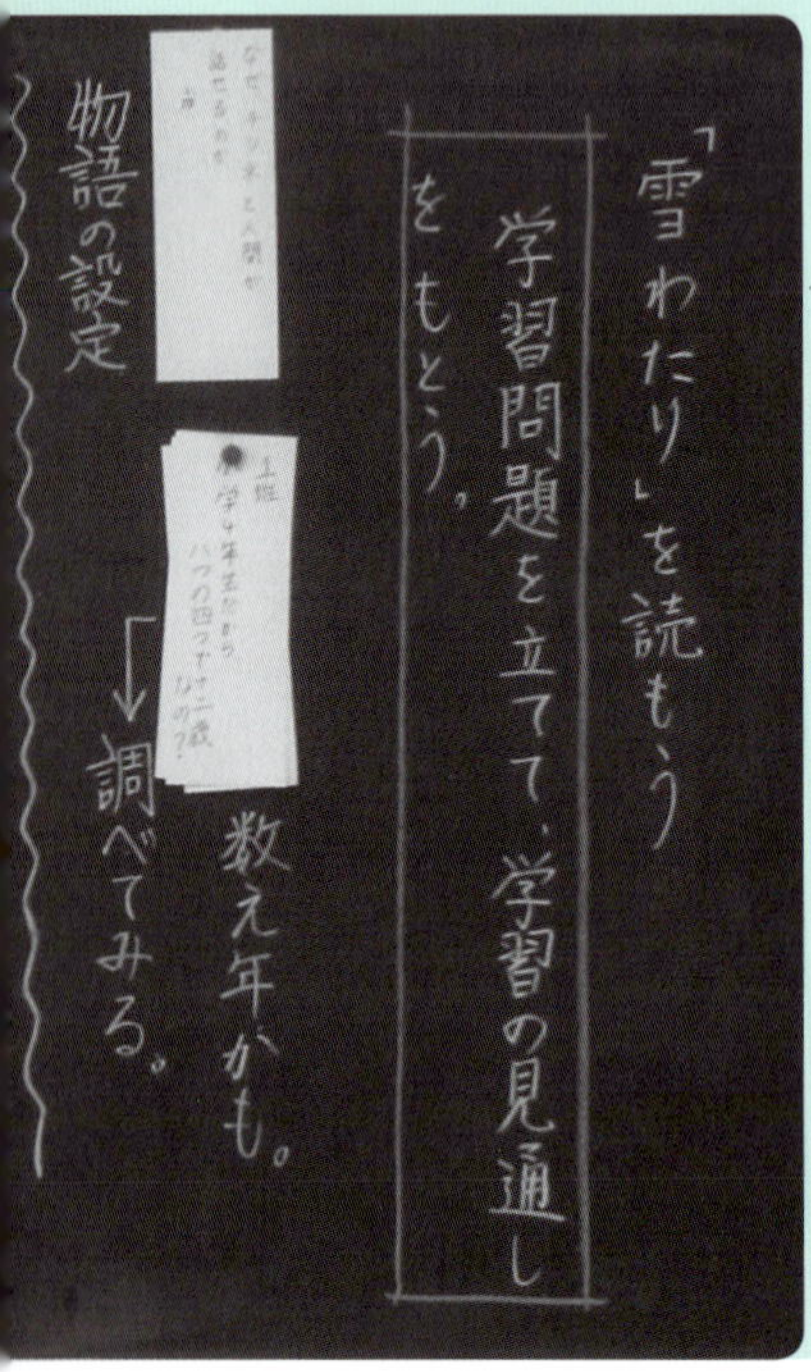

第4時

リズムのおもしろさ、歌や表現のおもしろさが話題に。

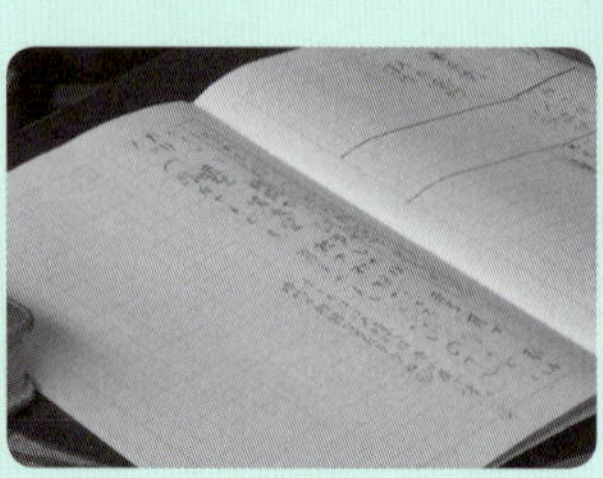

「ほら、ここにあるこの表現が」「いや、ここを見てよ」近くの友達と盛んに意見を交換する。

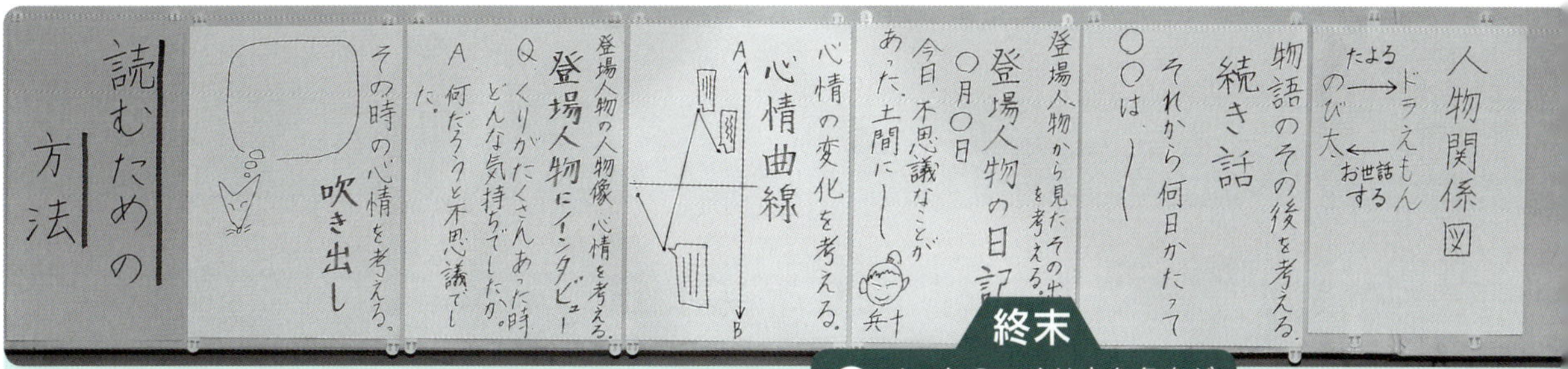

終末

❸ノートのつくり方を各自が決定する。

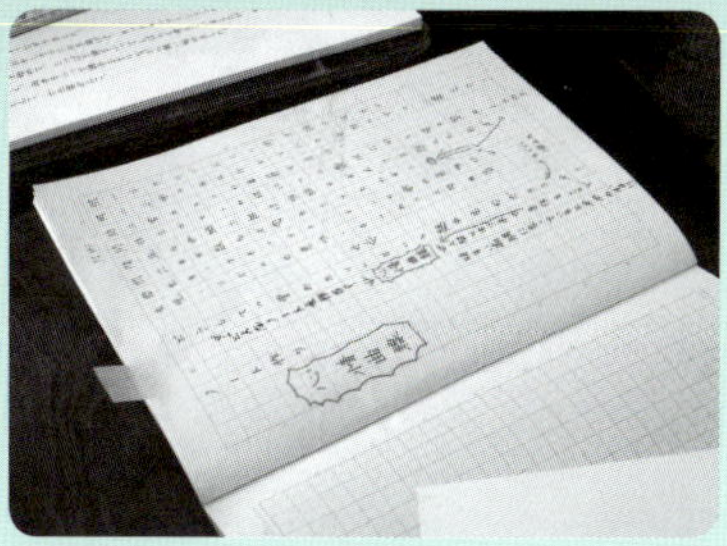

心情曲線で登場人物の心情の変化をとらえることから，学習問題について考えようとしている。

第４時

グループで考えた学習問題を全体で整理。「どうして『雪わたり』という題名なのだろう」を学級の学習問題とすることにした。題名の意味を考えるためには、物語の内容を考えることと表現の特徴について考えることが必要だという問いの構造を子どもと共有することが大切。そのとき、逆に学習問題である題名の意味がわかると、内容と表現についても深まるという意見が子どもから出た。いきなり題名の意味について考えるのではなく、何を読んでいけば学習問題に迫ることができるのかという見通しを持たせ、そのうえでどんなノートをつくったらいいかを検討。心情曲線を描く、気持ちの変化表をつくる、Q&Aで整理するなど、各自の考えた方法でノートをつくることを確認して本時を終える。

ポイント!
ノートのつくり方は学習者が選択。

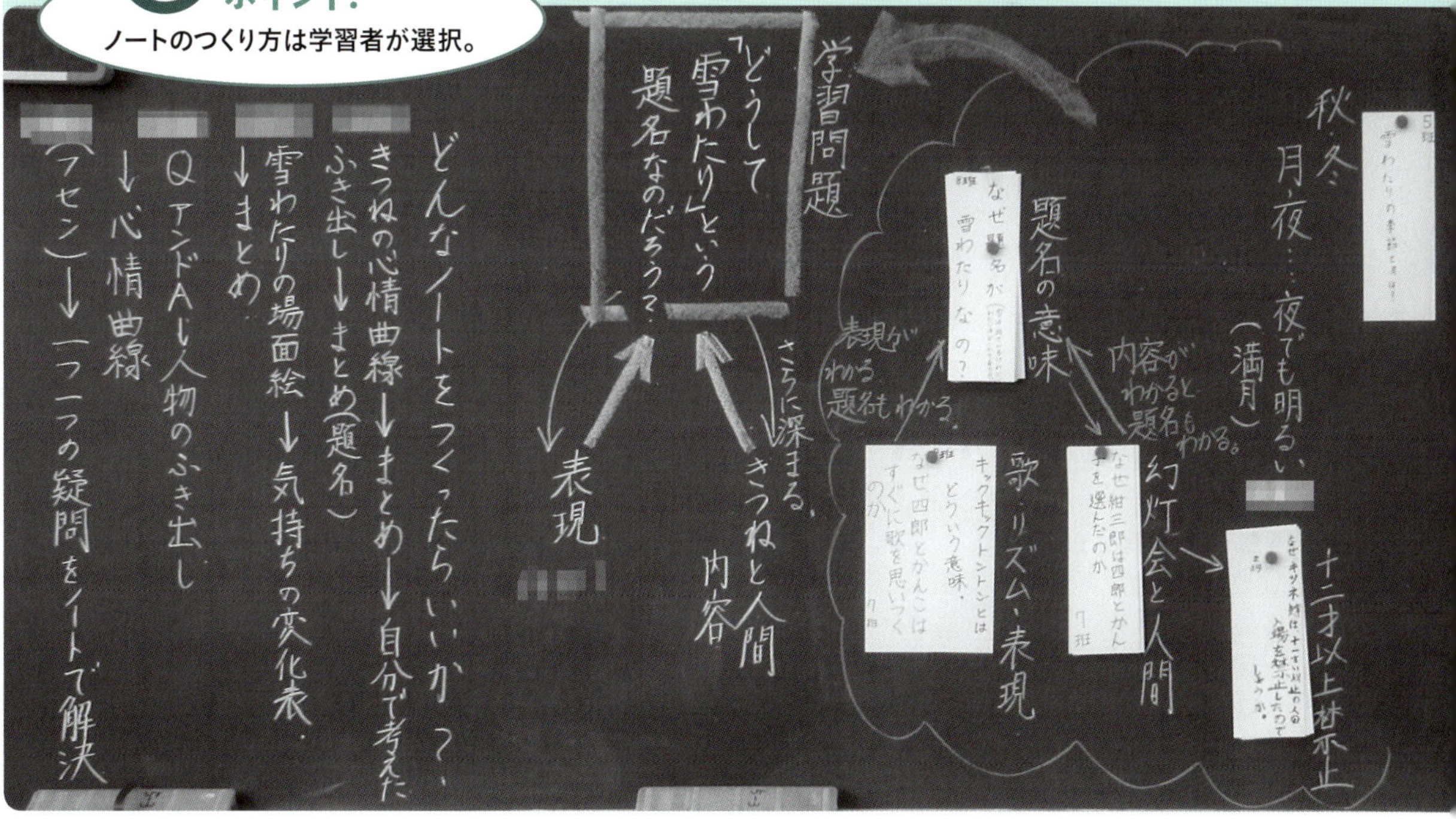

第**5**-**7**時

では、ノートづくりをはじめましょう。見通しをもてているので、余計な導入はせずにすぐに活動に入る。

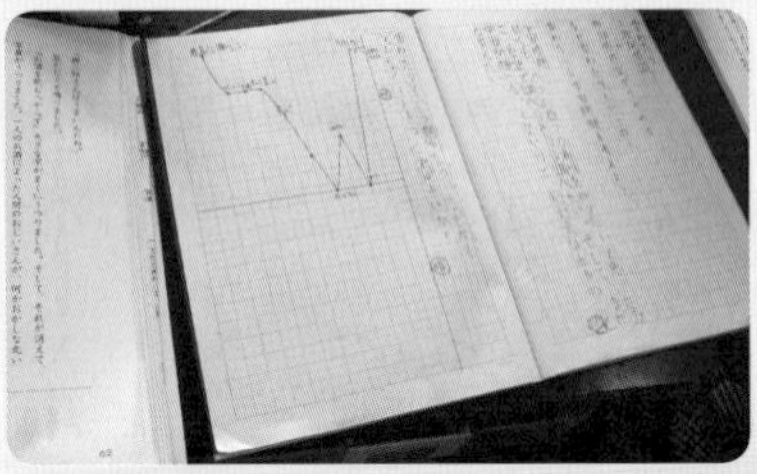

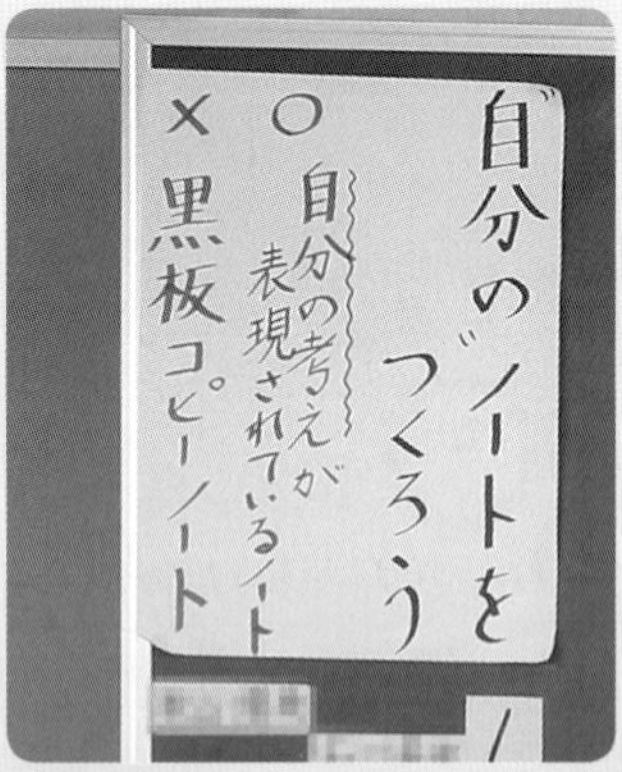

黒板に掲げられたノートづくりの約束。

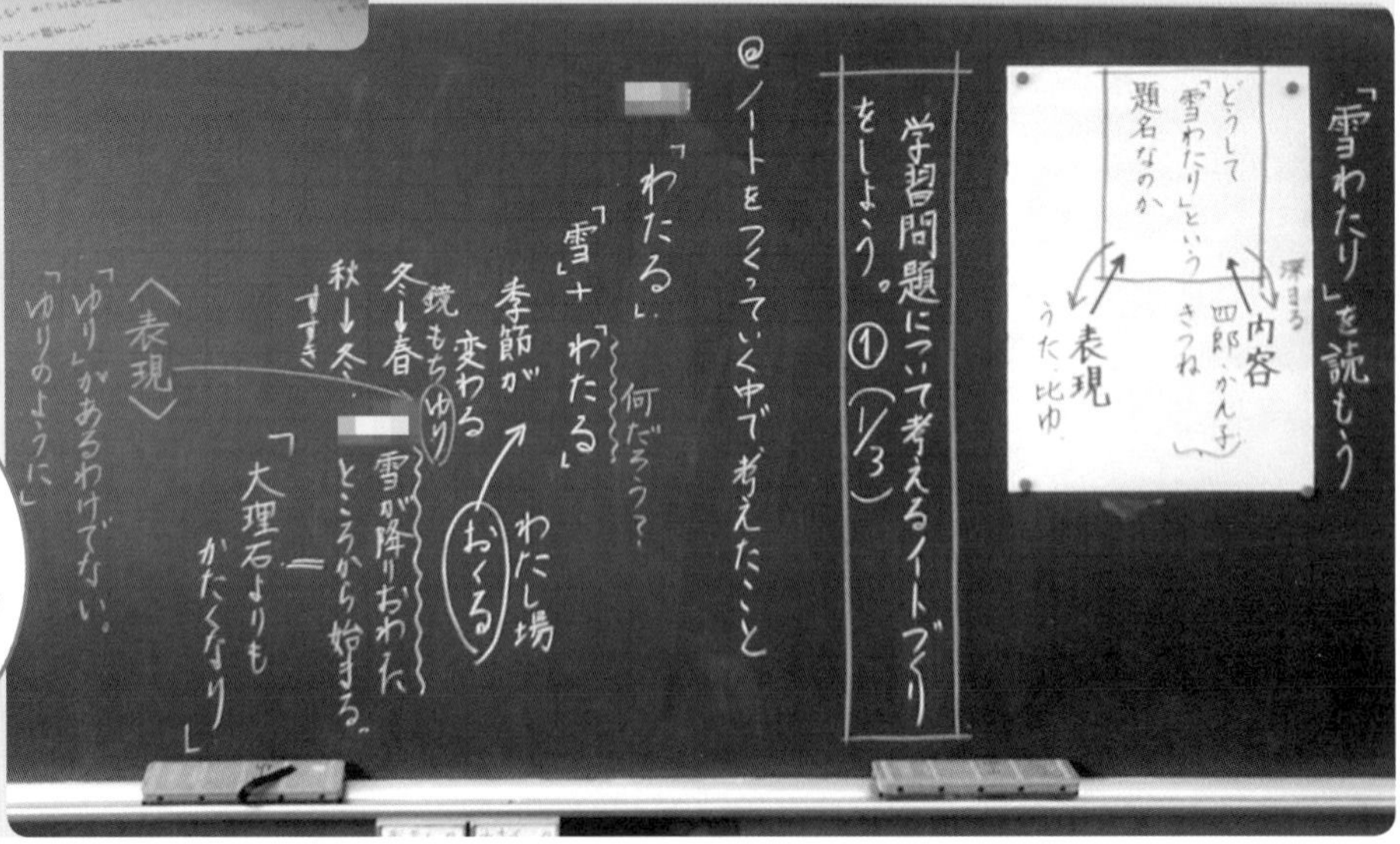

毎時間最後に、視点ごとにわかったことを共有する時間をもつ。

ポイント!
子どもたちの考えを集約し「見える化」。共有することで，互いの考えに目を向けられるようにする。

機間指導では、付箋にアドバイスを書いてそっと手渡す（集中している子に対しての配慮）。

ノートづくりに行き詰まると、友達と相談したり、友達のノートを見て考え直したり。自由な空間で前向きに学ぶ姿が随所に。

第5～7時

学習問題について考えるノートづくりを行った。授業の前半は、各自のやり方でノートづくりに没頭する時間とする。授業の後半で、視点に基づいて今日見えてきたことを確かめ合う時間を設定する。ノートづくりを通して見えてきたこと、友達の意見に触発されて感じたことを確認し、さらに深く考える。

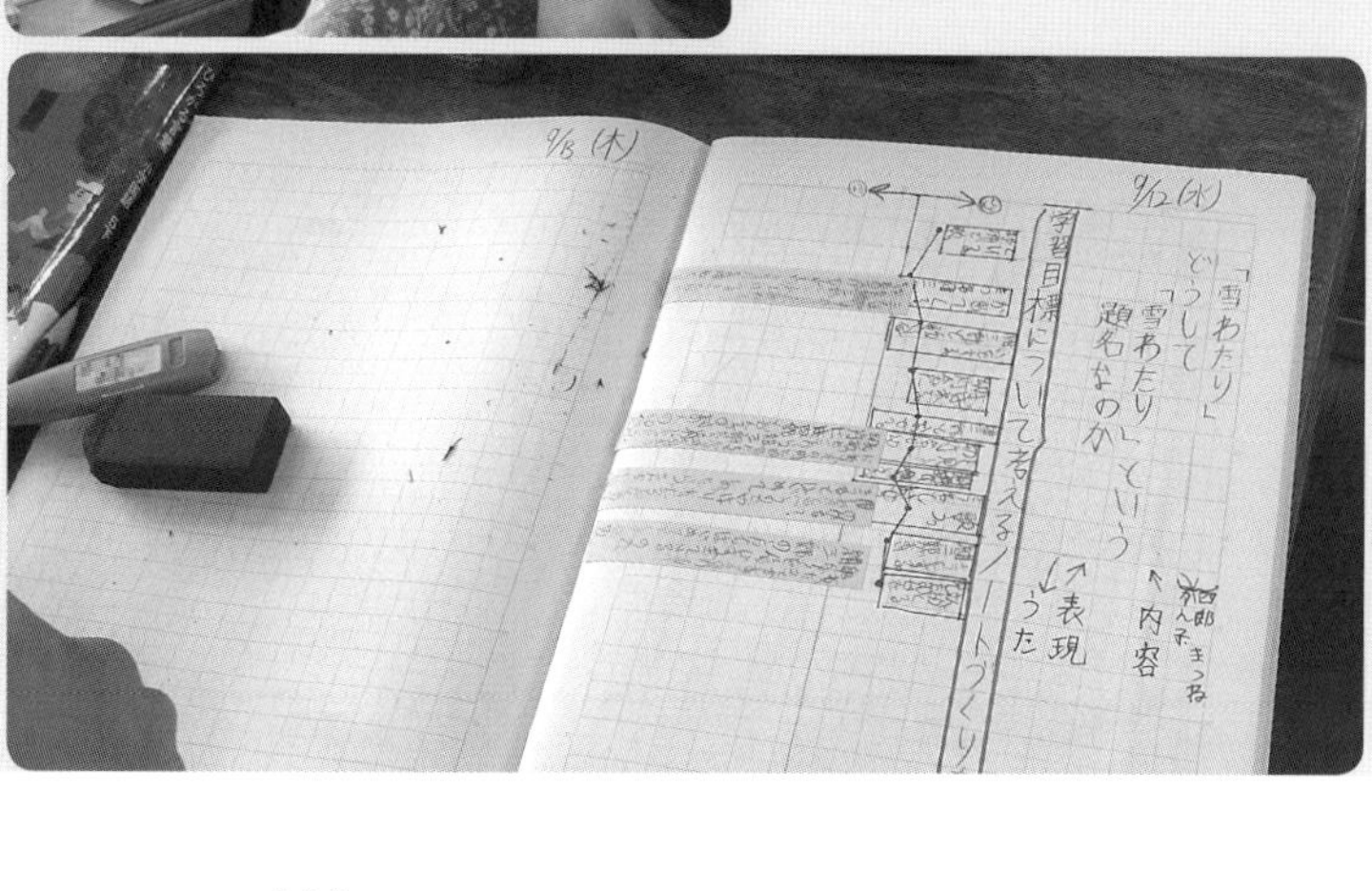

導入

❶ 前時までの振り返りをする。

第8時

どうして「雪わたり」という題名なのか、ノートづくりを通して考えたことを話し合おう。

「季節を超えていくことも関係していると思う」「雪がかたくなった特別な一日だけの出来事だからだと思う」

「わたり」「わたる」の意味を辞書で確認。

展開

❷ 学習問題について考えたことを話し合う。

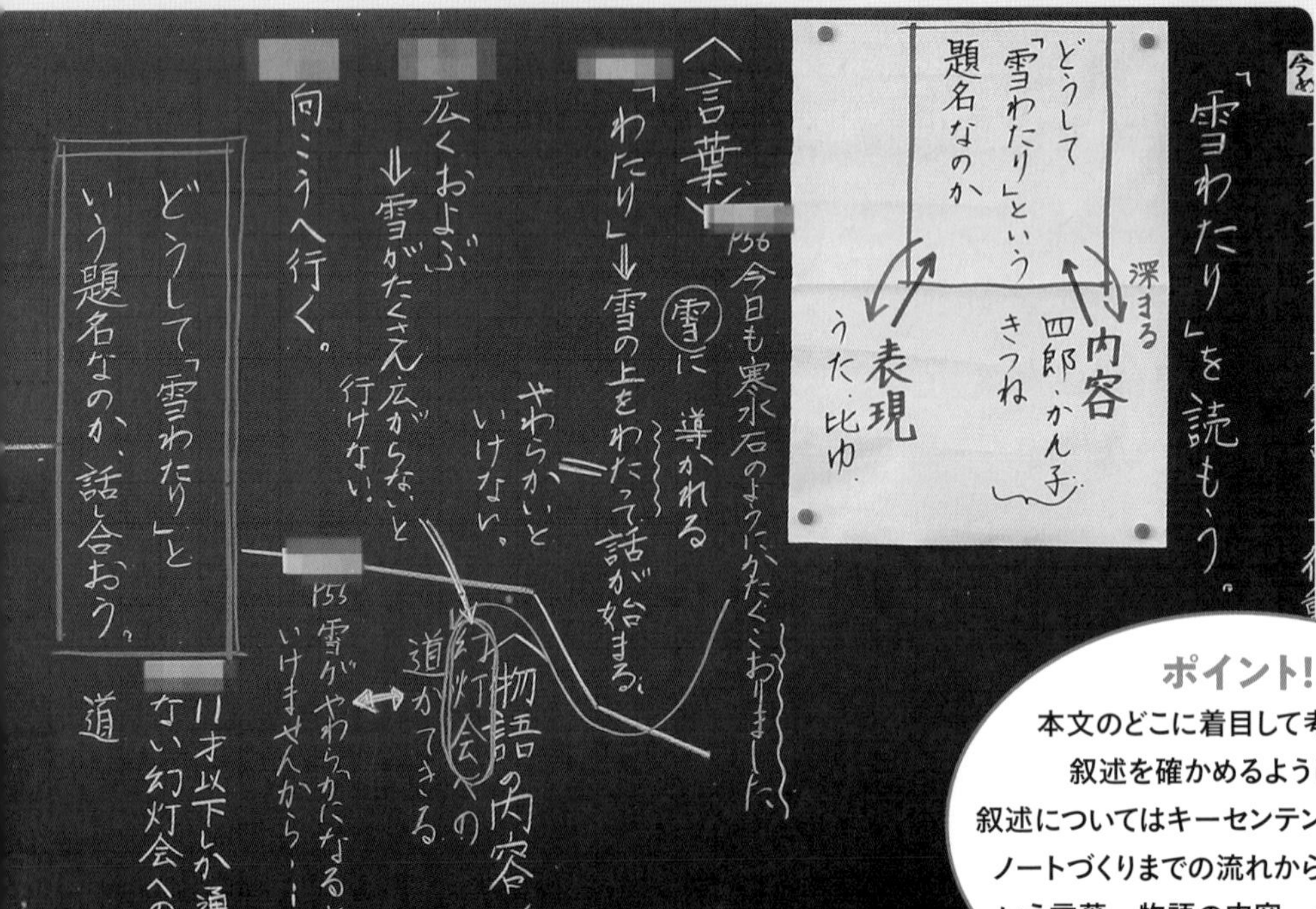

ポイント!

本文のどこに着目して考えたのか叙述を確かめるように促す。

叙述についてはキーセンテンスを板書する。

ノートづくりまでの流れから「わたり」という言葉、物語の内容、うた・表現の3視点で分けて板書。

「きつねと人間の交流は子どもだけ」「子どもにしか通れない特別な道を通ってきつねの世界に行ったから、この題名なんじゃないかな？」

「なんだかトトロに似ている！」

終末

❸ 話し合いを通して考えたことをノートにまとめる。

友達の意見を通して自分が考えたことを書くように促す。

この時間の学習感想は次のページに掲載。

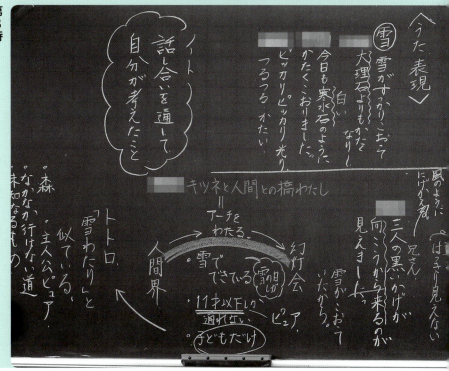

第８時

「雪わたり」という題名の意味について、物語の内容や表現の特色と関連させながら考えた。板書で意見を整理し、話し合いではそれぞれの視点を往還することを肯定的に価値づける。「なんだかトトロに似ている！」という子どもは、前時の学習感想から意図的に指名。トトロの気づきは当初ねらっていた目標をより超える展開（より深まりそうな学び）になりそうだったので、授業のデザインに修正をかけた。

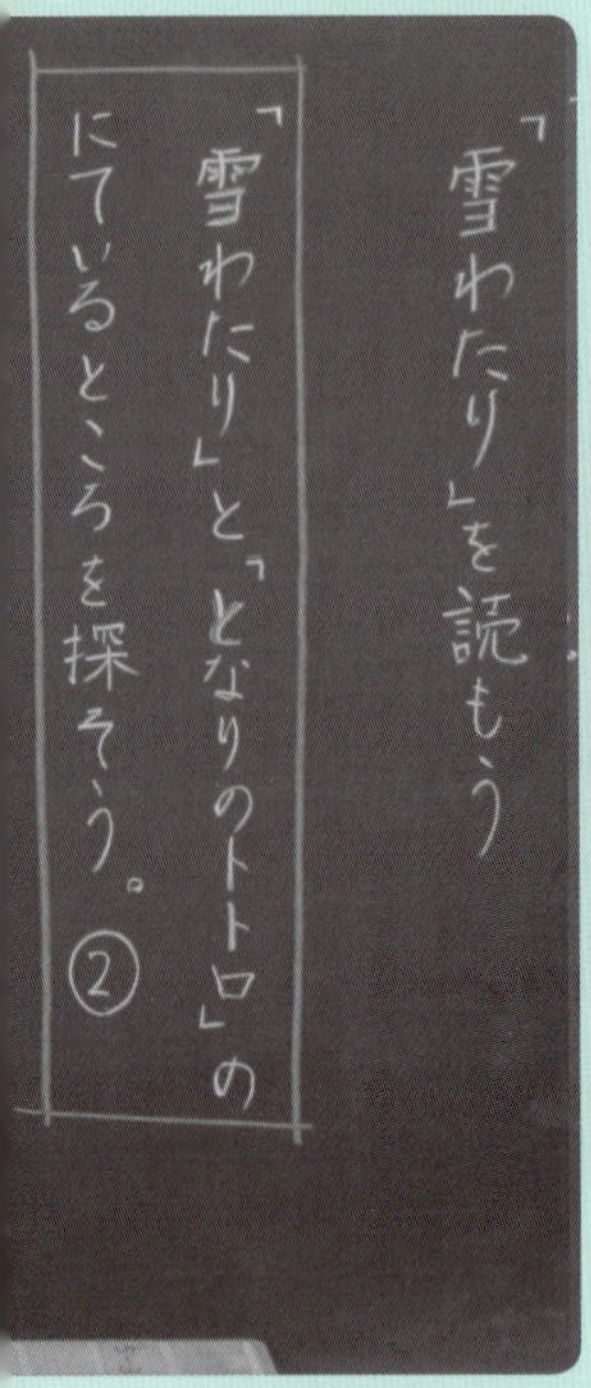
「雪わたり」を読もう
「雪わたり」と「となりのトトロ」のにているところを探そう。②

第9-10時

2時間を使って「となりのトトロ」の映画を鑑賞し、似ているところを探した。

「異界の存在と出会うのは夜」「昔は仲がよい関係」「歌で呼ぶ」「人間界と異界を結ぶ入り口」「大人は入れない世界」という気づきを共有した。トトロと比較したからこそファンタジーの視点が広がった。

第8時の感想

◆人間界と幻灯会の世界は，12才以上は入ることができない理由は、ぼくは「夢がある」という意見がすごく心に残りました。子どもだけの世界はトトロとも似ていると思いました。(T)

◆トトロはすごく似ていていい例だと思った。キツネと人間をむすぶ橋(アーチ)はトトロでいうひみつのトンネルだし，トトロは紺三郎だから。(K)

◆今回ぼくも辞書でひいてみると，T君が言っていた「いきとどく」とあとは「すごす」という意味もあったので，雪の中をすごすという意味でもあると思った。わたるということをいろいろ考えたけれど意味的に、いきとどくがあってると思う。(F)

◆私は「雪わたり」は幻灯会やきつね，紺三郎と四郎とかん子をつながれて，雪でできた道だと思いました。めいがトトロの世界に行くところと，四郎とかん子が幻灯会に行くところが，私も共感できました。(E)

◆みんなが言っていた雪はかたくなければ幻灯会へはいけないということを聞き，いろいろなページから根拠が出てきていていいなと思いました。(O)

◆題名の意味はなんとなく分かっていたけどTちゃんの雪がキツネと人間の世界をつなぐアーチ状の橋になっていたことは気づかなかったし，みんなの考えが集まれば集まるほど内容がわかっておもしろかった。(T)

◆今日の最後のところで幻灯会の世界と人間界の橋渡しがあるという話になり，なぜ11才以下しか通れないのかという話になったので，私は兄さん達はP57に「大人のきつねに会ったら急いで目をつぶるんだよ」と書いてあるので兄さん達のような12才以上はもうきつねを信じなくなりP48に書いてあるとおり無実の罪をきせているので11才以下の子供ならきつねはうそをつかないと信じてくれると思い11才以下だけを呼んだのだと思った。(T)

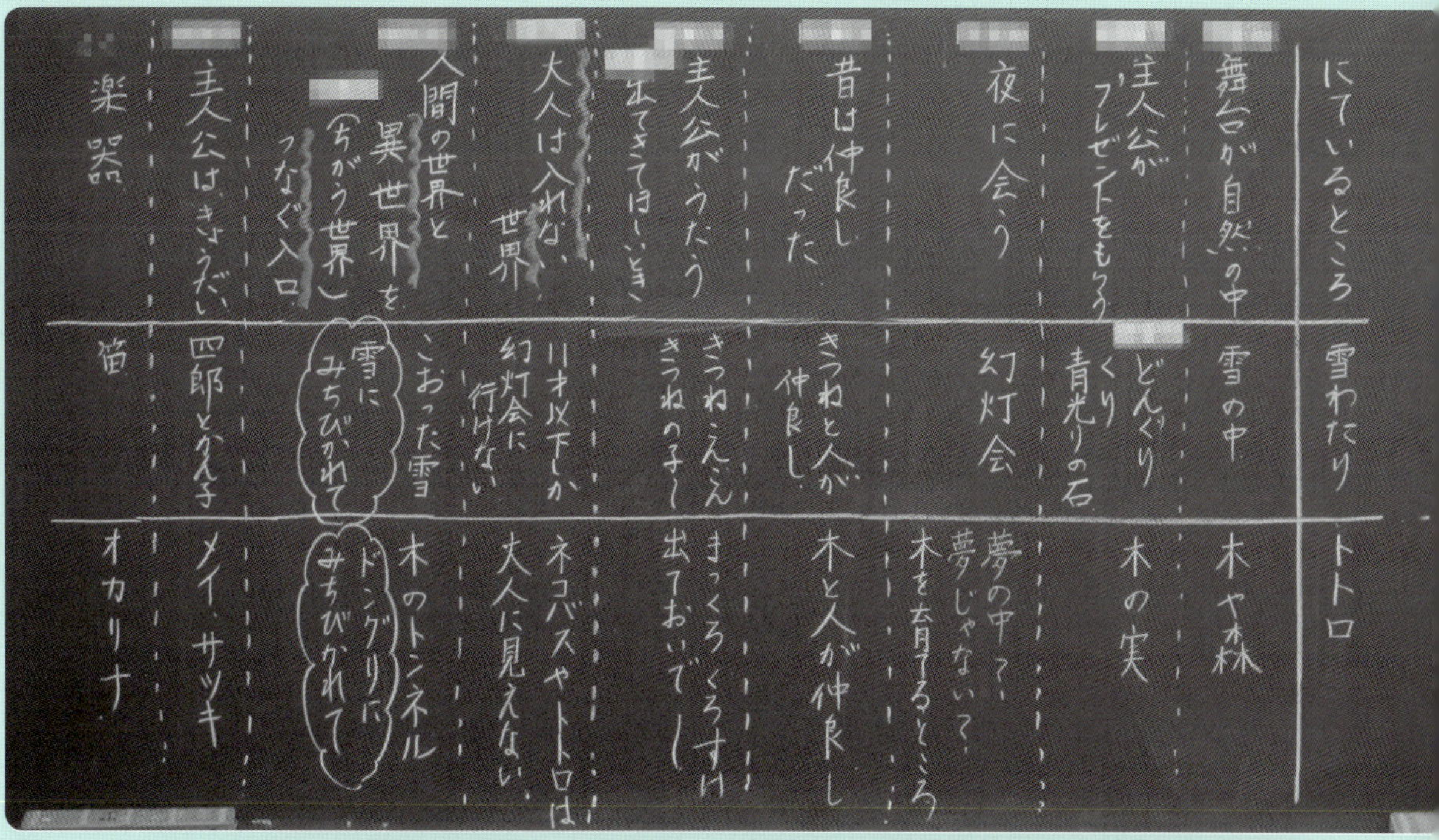

第11時

ファンタジーというジャンルについて考え、他のファンタジー作品に触れる。

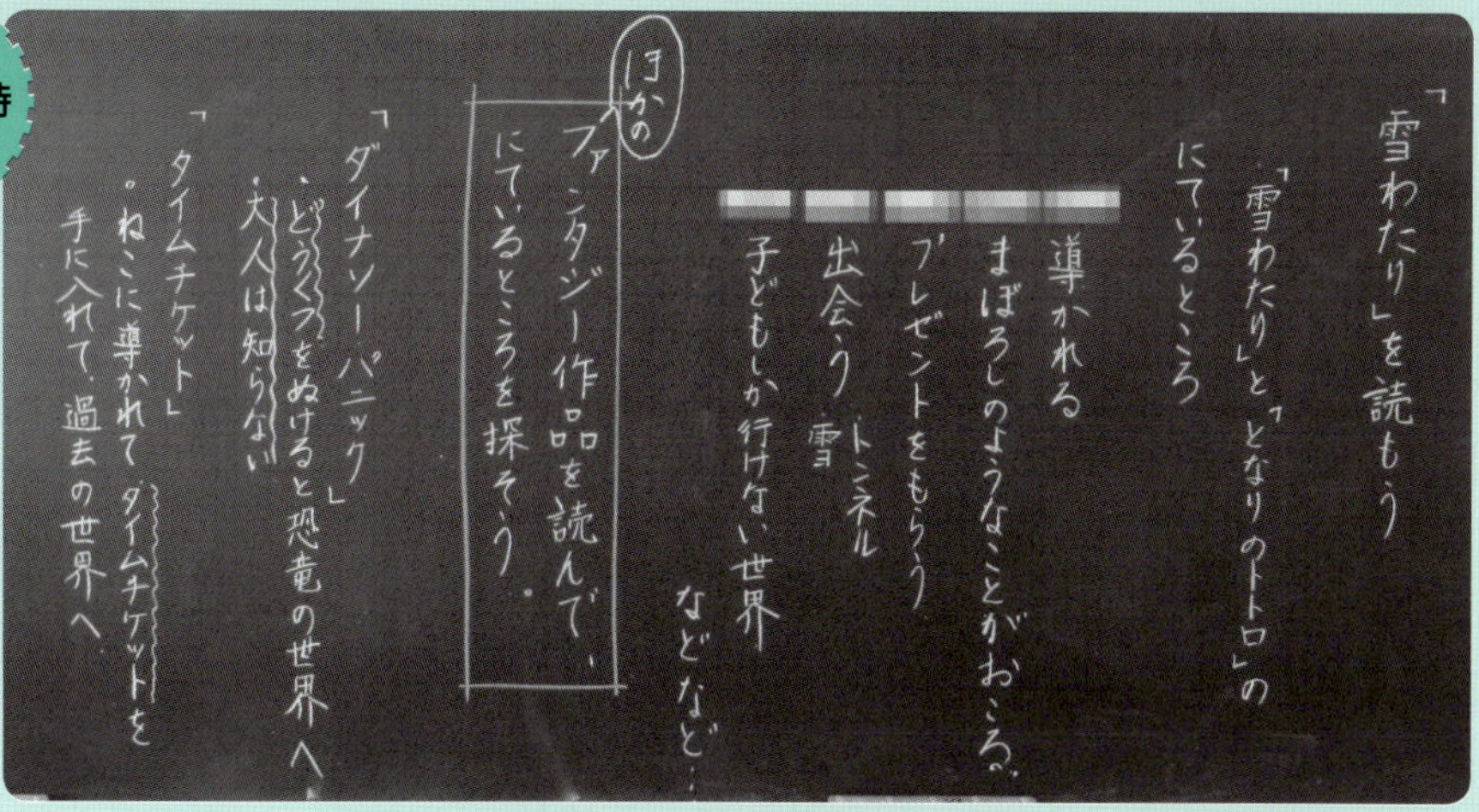

第12時

「雪わたり」というテクストを読むことを通して、表現の特質やファンタジーというジャンル特有の構成要素という視点で、言葉への自覚を高めることができた。

学習を振り返って、できるようになったこと、どうしてそれはできるようになったのか、学びをメタに振り返り、価値づけて単元を終えた。

複数のテクストとの共通項から「異世界への入り口・出口」という視点を確認した。

作成日　2018／10／23　第 3 版　担任　西川　義浩

2学期	3学期
●つくりあげる２学期● ・運動会・林間学校の経験をもとに，それぞれがそれぞれの役割と全体とを意識ながら，じっくり授業や活動に取り組む。 ・これまでの積み上げから次に何を望むか，自分たちの高まりを自覚しながら目標を見定め，挑戦する愉しさを味わう。	●みつめる３学期● ・最高学年としてふさわしい自分について考え，自分にできることや，したいことを意識し行動する。
■学ぶことに興味・関心をもち，自分から進んで調べたり，わかったことを広げたりする。 ■与えられた活動ではなく，仲間と協力して自分たちで活動を創り出し，その過程で気付いたことを大切にしていく。その中で個・集団の成長を自覚していく。	■これまでの歩みを思い起こし，自分や仲間の成長をまとめ，感謝の気持ちを抱き，その気持ちを表現する。 ■学級の願いを実現する活動をつくりあげる。 ■最高学年に進級することへの期待をもつ。
⑤子どもたちにとって必然性のある国語単元学習の具現化。 子どもたちの興味・関心など，子どもの思いから学習が始まり，ゴールに向かって，あるいは流動的に学習活動が連鎖していく。個々の追究を支えるペア・小グループの活動を設定し，友達とともに学習を進める。学びの愉しさへ。 ⑥学級活動の充実　学級・学年として大事にしていきたいことを常に意識しながら，活動を創り出していく。自分の役割を責任をもって行い，それを自他共に価値づけることで挑戦する愉しさへとつなげていく。	⑦これまでの学びの総決算として，クラステーマの活動を行う。大事にしてきたことを話し合いながら，１年間をまとめる活動へと展開していく。 ⑧「日記」など児童の学習歴の振り返りから，自分の成長に気付き自信をもたせる。次の学年への期待感を高めるとともに，一緒に成長してきた仲間，共に活動をつくってきた６年生への思いを考える。

8	9	10	11	12	1	2	3

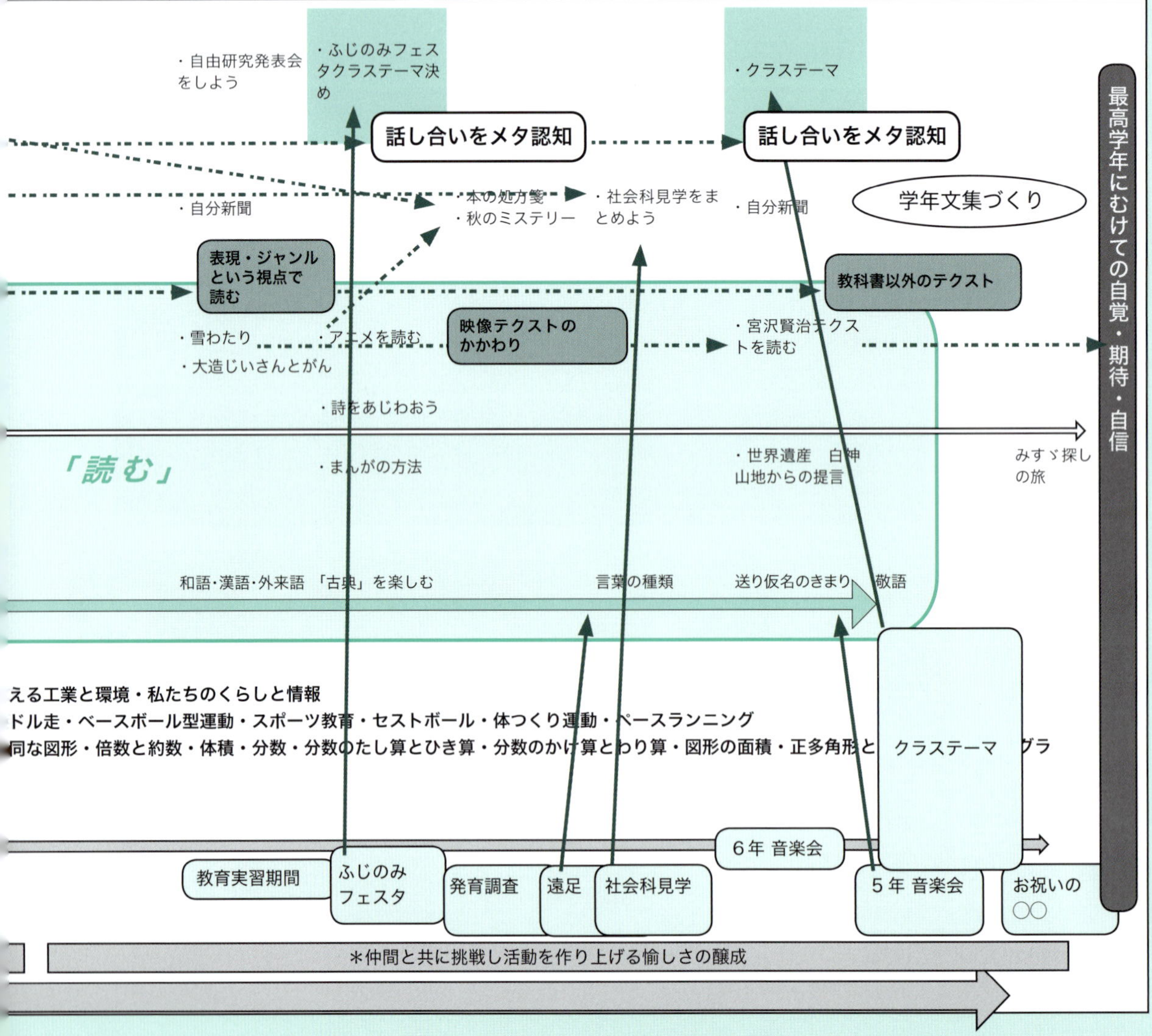

平成 30 年度　5 年 3 組　学級経営案（国語学室経営案）

【学校教育目標】 思いゆたかに 考え深く ともに生きる子 【研究主題】　※本校の研究主題	学級づくりの重点	1 学期 ●出会いの 1 学期● ・クラスの仲間と，授業や活動で語り合い，きき合うことを通して，新しい関係性をつくるとともに，高学年であることの意識をもつ。 ・これまでの経験を思い出し，自分たちが作り出してきた活動の価値を振り返ると共に運動会や遠足の経験から自分たちで活動を作り出だす愉しさを味わう。
【学年部目標のテーマ】 よく働きよく学ぶ ～仲間をつくるための個の充実を通して～	期待する様相	■友達の意見に耳を傾けたり，新たな価値に目を向けたりすることで，高学年である自分たちの新しい学級文化を創り出そうとする。 ■活動を創り出していく中で，自分たちが目指す愉しさは何か考えている。
【担任が願う子どもの姿】 ・自分の意見を発信しつつも，友達の考えも認め，他者への思いやりをもって，協同する子ども。 ・与えられた楽しさではなく，自分たちで作る愉しさを大事にする子ども。挑戦したあとの清々しさを追い求めようとする子ども。 ・自分ごととして対象とかかわり，行動できる子ども。 ・対友達，対大人，対社会。周囲への感謝の気持ちを忘れない子ども。	具体的な手だて	①さまざまな活動で実行委員を立ち上げ，子どもたちの考えをより活動に反映できるようにする。自分たちで活動をつくっている実感をもてるようにする。 ②これまでの学びの履歴を尊重しつつ，新しい価値に出会わせていく。 ③子どもたちの考えを集約し「見える化」。共有することで，互いの考えに目を向けられるようにする。 ④自学ノート・日記を通して，子どもたちの声を集めたり，学級内に紹介したりして，児童の相互理解につなげていく。

【学級の子どもの実態】

学級カリキュラムの展開

	4	5	6	7
話す・聞く	・自分を語るこの一冊 ・自分のクラスの係や当番を考えよう		・林間学校２日目の活動を決めよう	話し合いをメタ認知
書く	・日記 ・自分ＣＭ ・しょうかいポスターをつくろう			言葉と事実～林間学校新聞を作ろう
読む	・「見る」ってなんだ？ ・あめ玉 ノート学習（オリジナルノートをつくろう）	・いつか、大切なところ	学習問題の設定 新聞投書を読もう	
伝統的な言語文化	漢字 ドラえもん短歌～短歌・俳句をつくろう～　行事ごとに継続して作成していく。			
他教科	【社会】私たちのくらしを支える食料生産・特色ある日本・私たちの 【体育】マット運動・運動会への取り組み・跳び箱運動・水泳・短距 【算数】小数と整数・単位量あたりの大きさ・小数のかけ算・小数の 【理科】（専科）			
主な行事	クラスがえ	お相手活動 運動会	6 年 林間学校	5 年 林間学校
	＊仲間と共に挑戦し活動を作り上げる愉しさへの気づき			
	自学ノート・日記			

言葉で考える」

東京学芸大学
准教授
中村 和弘《なかむら かずひろ》
愛知県生まれ。川崎市内の公立小学校教諭、東京学芸大学附属世田谷小学校教諭を経て、現職。専門は国語教育学。中央教育審議会「国語ワーキンググループ」委員、同「言語能力の向上に関する特別チーム」委員、学習指導要領等の改善に係る検討に必要な専門的作業等協力者（小学校国語）として、学習指導要領の改訂に携わる。

東京学芸大学附属小金井小学校
教諭
大塚 健太郎《おおつか けんたろう》
兵庫県生まれ。横浜市内の公立小学校教諭、東京学芸大学附属小金井小学校、世田谷小学校教諭を経て、現職。国語授業づくり研究会代表。学習指導要領等の改善に係る検討に必要な専門的作業等協力者（小学校国語）。

いまどきの子どもたちが
考える授業をつくるには?

第3章【鼎談】「国語で考える

教師が現代の子どもに「国語で、言葉で」考えさせるには
どのように構え、どのように授業を組んでいけばいいのか…。
子どもに考えさせるために、教師はどう成長すべきか。

いま、教師がしなければいけないこと
国語だからこそできること、って何でしょう。

公立小学校のお立場から 東京都昭島市立拝島第二小学校
校長の前田 元先生にお入りいただき、中村先生、大塚先生と
「国語で考える 言葉で考える」をテーマに
語り合っていただきました。

東京都昭島市立拝島第二小学校
校長
前田 元《まえだ げん》
東京都生まれ。東京都内の公立小学校教諭、東京都教育庁指導部 義務教育特別支援教育指導課（現　義務教育指導課）指導主事、都内公立小学校 副校長、文京区教育委員会 統括指導主事を経て、現職。

国語で「考える」って?

中村　いま、子どもたちは国語の授業で考えることができているだろうか。また、どうしたら考える授業ができるようになるだろうか。国語の授業で「考える」ことについて、どうお考えですか。

前田　僕は国語で考えることは大事だと思っています。ただ、国語を研究されている先生方と、そうではない先生方に「考える」という言葉を投げかけたら、全くちがう形で「考える」を受け止めるはずです。

「国語科で考えてほしいことは何か」「この授業のこの場面で考えてほしいことはどんなことか」そのあたりを、きちっと示していくことが必要になるのではないかと思います。

　子どもたちが「自分の考えを表出しない」ことの捉えを考えた場合、「言わない」のか、「言えない」のか、「言わせない」のか、いろいろな見方があります。

　同じように「考える」を捉えたときも「考えさせていない」のか、それとも子どもが「考えていない」のか、そもそも求める形で「考えてほしい」ということを伝えられていないのか、伝えたとしても課題が難解過ぎて「考えられない」ものを投げているのか、いろいろな切り口が可能です。そのどの部分をねらって「考えていくことが大事だ」というように話し合っていかないといけないのかな、と思います。

中村　いろいろな切り口がある中で、まず第一に手をつけられるところは、どこでしょうか。若い先生が授業改善を目指すときに「まずここからやったらどうだろう」というところですね。たとえば、教育実習生の指導をしていて、どこから取り組むとよいとお考えですか。

大塚　教育実習生には、模倣はできても中身が伴わない学生もいます。活動の意味や内容を考えていないんですね。

　たとえば、音読一つとっても、場面の区切りを理解するための音読もあるし、子どもたちの語彙レベルをつかむために丸読みさせる場合もある。音読にはいろいろな意味があるのだけれど、とにかく「最初に音読をします」という感じになっている。その活動の価値があり、意味があって、それが連続して授業になっているというのが見えていないのだろうと思います。

中村　その活動がどんな力をつけるのか。まずは「何のために」を明らかにして、そして「何を考えさせるか」を検討する。そこが曖昧なままだと、考えさせることは難しいですね。

大塚　たとえば意見交換をしているときも、考えるポイントが教師側、教育実習生側にないと、どれをつかんでいいのかがわからない。ともかく活発に意見が出ればいい、話し合っている様子が見られたら満足。「沈黙していても考えている」ということがわからない。

中村　いまの話は、前田先生どうですか?

前田　安心して考えるという行為が可能な環境がそこになくてはいけない。「さ

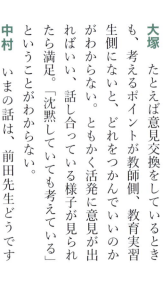

あ考えなさい」と言われて、子どもたちがスッと入り込めるのであれば、だれも苦労はしません。

この集団の中で考えることに、楽しさや喜び、心地よさを感じられるような関係性がそこになければ、積極的に考えようとすることは難しい。学級が学習する場として、どういう経験を積んできているのか。

たとえば、考えて考えて考えた末に出てきた言葉が「悩んでいる」というときに、共に考え悩んでくれる仲間が隣にいれば、考えることを躊躇しません。ところが「えー、これだけ時間をあげたのに」というような反応をされてしまった場合、その子は次から考えることを拒否するようになるはずです。

子どもたちが前向きに考えることができる状況をつくること。何のためにいま考えているのか、何について考えているのか、考えた結果どういう表現をしてほしいのか、指導者側がしっかり示してあげないといけない。

実は、指導者からすると、子どもたちが真剣に考えてくれている状況は恐怖なんです。

大塚　わかります！

中村　恐怖ですか？　嬉しいように思いますが…。

前田　子どもたちが思考に没頭した結果、教室を静寂が支配するから。

聞こえるのは、たまにめくられる教科書の音。時折カカッと鉛筆の音がして、また思いとどまって、果てはため息のような子どもたちの呼吸の音だけがずっと続くことになる。それが、とくに若い教員にとっては恐怖以外の何物でもないのです。

中村　なるほど。一見、活動していないように見えてしまいますからね。

前田　そこをねらって意図的に仕掛けている教員は、子どもたちの視線がテキストに向いている、あるいは友達の作品に向いている、あるいは集中して一点を見つめている、そんな様子から、「この子たちはいま課題に向きあって必死に考えている」と捉えることができる。でも、その視線の先を一人ひとりの顔を見ただけで捉えるというのは、はじめから努力し続けていかないとできないし、恐怖は克服できません。

どうすれば子どもが考える？

中村　子どもに考えさせるということは、ある意味で学びを子どもに委ねているわけですから、教師のコントロールが効きにくいということですね。教える側の不安を、いま前田先生は「恐怖」と表現されましたが。

大塚　子どもに委ねられるだけの経験を積んでいないといけない。学級担任としても、国語の授業をつくる上でも、子どもの表情一つから状況を把握できる関係をもって、「じゃあ、いま待っていてあげられるよ」というサインを送れるかどうか。

中村　教師の「待ちの姿勢」が大事ですね。そもそも思考は頭の中の働きだから、「考えましょう」と指示を出すだけでは、考えることが難しい子どももいると思います。

当面の単元レベルとか本時レベルだと、どういうことに気をつけると子どもたちが考えるようになるのでしょうか？

前田　子どもたちが「考え得るに足る課題」がそこにあるかどうか。子どもたちが思考しなければいけないとき、それは単一解に向かうものではなくて、自分が想像したり考えたりしたことを相手に向けて説得するとか、自分の主張を相手に正確に伝えるといった課題が据えられたときに、考えざるを得ない状況になっていくと思います。
「このときのごんの気持ちはどうだったか」であれば、テキストの中の気持ちを表現する言葉を紡ぎ合わせたり、その様子、行動を、感情を表わす言葉に置き換えたりすることで、比較的平易にその心情にたどり着く子もいるかもしれない。けれども、なぜそうなのか、それは間違いないことなのかを相手に説得しなくてはいけない場合には、それが本当に正しいものなのかということを子どもたちは根拠をもって吟味しなければいけない。そうした課題である場合、子どもたちは考えざるを得ない状況になると思います。

中村「自分がわかっておしまい」ではなくて、それを誰かに説明しよう、伝えようとすることで、さらに一歩も二歩も深く考えるようになる、ということでしょうか。

前田　たとえば算数科の場合、前の時間に学習したものをちょっと工夫しないと解けない問題場面を提示される。前の学習をそのまま当てはめようとすると戸惑ってしまうような場面を提示されると、いままで培ってきた学習を工夫したら、組み替えたら解けるんじゃないか、と子どもたちは一生懸命考える。そのときの沈黙はなぜか先生方は怖くない。不安を感じないんです。

なぜかというと、どのように組み替えれば解決できるか、先生が予めわかっているから。ですから、それに向けて近づいていくような子どもたちの工夫を逆に楽しそうに眺めることができる。じゃあ、国語の場合になぜできないのか？　そこに今日の話し合いの解決のヒントがあるのかなと思います。

中村　国語の授業では、前時の既習事項をそのまま使って学習が進む時ばかりではありません。少し前の読むことの単元だったり、去年習った単元のことだったり、あるいは生活場面でのことだったりと、いろいろな機会に学んだ知識や技能、体験を総動員して、読み方を工夫したり、書き方の工夫を考えたりすることができます。算数などに比べて「こういうふうに考えて、ここに行くだろう」という工夫が幅広にできますね。その分、その子が「どこにどうつなげて深く考えているのだろう」ということを、教える側も捉えにくくなりますから、心配というか…。

大塚　誤解を恐れずに言うと、算数は答えが決まっているんですよね。組み替え方は変わるけれど、「ゴールはここ」というのがある程度わかっているから、教師も安心していられます。

式で考えるか、図で考えるか、表で考えるかというツールは変わったとしてもゴールが同じだから、子ども自身もわかりやすいし、自分のたどらなかった道を見せられても理解しやすい。

でも、言葉で相手を説得するとか、自分の表現を伝えるとなると、同じ言葉であっても、同じ言葉の意味をもたない人にそれを伝えるというのはとても難しい。だから子どもが右往左往するし、教師も右往左往するのだと思います。

式で考えるとき、図で考えるときには紙面に書けるけれど、言葉「内言」で考えている場合は難しい。自分の心情を考えるときに、あまり書いて考えるということをしないから、表出できない。前田先生のおっしゃったように、視線の先しか見えないから、若い先生方は恐怖に感じるのだろうし、私もキャリアがないときはそうだったと思います。

沈黙を恐れるな

中村　授業が活動として進んでいれば見た目も安心ですが、深く思考していると、もしかしたら授業が停滞しているように見える場合もあるでしょう。しかし、そうした深く考え合う授業というのは、附属小だからできるのでしょうか。公立小のお立場からどうですか。

前田　附属小には沈黙の時間を恐れる先生がいないと思います。そこに価値を見いだせる先生しかいない。その先生方がつくった本を公立の教員たちが一生懸命に読んでいる。沈黙はメディアにのせた場合、表現のしようがないから、沈黙が存在していたことを想像できずに、「その発問があれば反応が来る」と捉えている。自分がマネをしたときに、子どもたちの反応が沈黙で返ってくる。実は指導がうまく進んでいて、子どもたちが真剣に考えてくれている沈黙かもしれないけれど、メディアで学んだ若い教員にはわかり得ないので、あまりの怖さに、1分ぐらいしか待てないのです。

中村　なるほど、なかなか待てなくて「わかった人は手を挙げて」になってしまうこともあるのですね。では、公立学校であっても、先輩からのアドバイスや経験を積むことで、子どもの「考えている沈黙」と「ボーっとしている沈黙」のちがいは見えてくるのでしょうか。

前田　大塚先生は「内言」という言葉を使われたけれど、私達の世代は「価値ある沈黙」という言葉を大学時代に教わることができました。「沈黙を恐れるな」と学生のときから教わって教壇に立っている。だから、子どもたちが沈黙に入って、考えてくれている状態というのは、まず「ある」と思っています。「ある」と思って実習期間中子どもたちをずっと観察して、教壇に立っている。その結果、子どもたちは気づいていったり、言葉を紡いでいったりする姿に、僕たちは価値があると思って、教師の仕事を続けているわけです。

没頭するほど考えさせるにはどうしたらいいのか、ずっと考え続けて授業をつくっています。でも、いまの教壇に立つ先生方というのは、そういうイメージをあまりもたずに教壇に立っているのではないでしょうか。流れるように、立て板に水のように流れていく授業が、まず、お手本として例示されているとしか思えません。

とくにいまの若い先生方は、言語活動が学習指導要領ですごく謳われているときに学生時代を過ごしているわけだから、まず活動を入れるというふうに捉えがちです。すると、活動の連続がないように見える、子どもたちが考えている「間」というのを、どう捉えたらいいのか、間違いなく戸惑うと思います。

私の学校では「子どもたちの沈黙を恐れるな」という指導をし続けて3年目で「やっとわかりました」という教員が出てきました。

中村　そうなのですね。

前田　「本当に怖いです」とその教員は言っていました。子どもたちがどこに行ってしまうのか、自分の想像している範囲をどこまで超えてしまうのか。とくに公開授業では「怖くてチャレンジできません」と言います。でも、「そこで考えることで力がつくんだから、恐れちゃだめだ。失敗でもいいから」と言い続けて、「やっと少しできるようになりました」という教員が出てきました。

確かに、その教員は子どもたちが真剣に考えて発した一言を大事にする授業ができるようになりました。でも、その教員でさえ「いまでも怖くて仕方がない」と言います。「これで間違っていないはずだ、と自分に言い聞かせながら子どもたちを見ているんです」と。

大塚　「考える」より「どう進めるか」になっていますね。「どうしてこうするか」を考えず、自分がどう授業を進めていくかを重視している気がします。大学で模擬授業をやって、うまくできていると思っていたのに、自分の思っていた通りに動かない子どもたちを目の前にして、はじめて「この問いは子どもが食いつく問いじゃない」「考えるレベルに合っていない」と気づいて、ようやく考えるところに辿り着きます。でも、実習の間に、そういう場面に出くわす学生はラッキーだと思います。

先ほどの「間」、待てるかということでも、附属小の人には「沈黙の間を恐怖に感じる先生はいない」とおっしゃったけど、公立ほど時数にあまり制約がないから、子どもたちが「あと30分考えたい！」といったら、つき合えてしまう緩さはありますね。時間を融通したり、他教科とつないだり、しやすいところにいるなと思っています。

公立では「この単元は3時間でやりましょう」だったら、3時間でやらざるを得ないから、子どもがもっと思考したいという状況になったときに、思いがある先生ほど苦しいと思います。そこで「もう1時間良いよ」と言ってつき合ってあげたら、もっと学びが深まることになるだろうと思っても、その投資する時間がないのが現状ですからね。

「隣の学級と同じように進まないと困る」ということも聞くので。カリキュラム・マネジメントの責任を、もっと担任にもたせるといいなと思うけれど、責任に応え得るかどうかも問題ですね。

大切にしたい カリキュラム・マネジメント

中村　新学習指導要領が「子どもの学び」という視点でつくられてきて、国語も「考えの形成」を軸に学習過程がつくられています。そういう実践をする中で、子どもに委ねる部分が多くなったり、こちらのコントロールが効きにくくなったりして、活動が計画通りに進まなくて時間がかかることもあります。だからこそ、カリキュラム・マネジメントが必要なわけですが、「ちょっと1時間増やそうか」とか、「これは予定外だけれどつなげていく」とか、そのあたりの柔軟性について、公立学校はどのように考えていらっしゃるのでしょうか。

前田　だからこそ、より焦点化して課題を設定する必要がある。複数の身につけさせたい力が総合的に伸びているかということをねらうのではなくて、その単元で身につけさせたい力を強烈に絞り込んで「ここだ」という形で。だから「これ」について考える分には、わずかだけれど、2時間くらいの柔軟性はもたせられるから、そこについては存分に考える力を確保したい。それ以外の見取りはできないわけだから、その単元ではそこに焦点化する。そこで育てられなかったものは、年間での見通しで、落とさずにやっていくという視点でのカリキュラム・マネジメントを年間指導計画の中でやっていかないといけない。

「学級ごとに」となったときに、経験のある教員もない教員も、国語が専門である教員も専門でない教員もいるわけだから。かつてあった未履修という危険まで回収しなければいけないことになるので、ねらいを絞り込むことが大事になると思っています。

大塚　公立の方が時数の柔軟性についてはシビアですよね。研ぎ澄ませて、価値あるものに磨きをかけたものを投げかける。公立の先生のシビアな中で磨いた問いというのは学ぶべきところが大きい。公立だから附属だからというのは、互いに多少色眼鏡はあるけれど、本質は変わりません。

見通しと振り返り

中村　国語の授業だけではありませんが、最近では、単元の最初に見通しをもたせたり、授業の最後に振り返りを書かせたりすることが増えています。見通しと振り返りについて、前田先生いかがですか。

前田　学習の見通しをもたせること、自己の学習を振り返ることの大切さというのは、言語活動の陰に隠れてしまっているけれど、平成二十年度版の学習指導要領の中でも大事なポイントとして示されている言葉です。子どもが学習を見通すことはとても大事なことで、考えることにもつながります。

子どもが「考えるのは価値がある」と思えば考える。「先生、勝手なこと言ってる！」と思ったら考えない。「この問題を考えて解決することが純粋に楽しい」、「これを考えて解決することは役立ちそうな気がする」そういった思いをもてるとき、子どもたちは考えることに躊躇なく取り組むことができる。そういう意味で子どもたちと一緒に、学習のゴール、学習の見通しを立てていくことは非常に重要だと思います。子どもたちが納得づくで考えることと向き合えるわけですから。

その結果、友達の考えそのものに価値を見いだすとか、変容に価値を見いだすとか、そういう自分に気づいたとき、友達と考え合っていくということの価値に気がついていくということになると思います。

中村　それが振り返りのときの価値づけや自分にとっての学びの意味づけにつながっていくということですね。大塚先生どうですか？

大塚　子どもと学習計画をつくるとき、子どもがそれに参加したい問いのときは考える。仮にアプローチするまでに時間がかかったとしても、「ここにいくために、この課題とこの課題はクリアしないと無理だよね」となったときにはたどり着こうとする。でもそのゴールが価値あるということを隠しておくと、やっていることが自分たちのゴールに向かっているかどうかわからないから、途中で嫌になってしまったり、難しいとドロップアウトしてしまったりもします。ゴールをきちっと提示したり、毎回課題を確認したり、「今日は自分はどこまで考えていく回なのか」を見せていくことが大事だし、それが安心して考えるということにもなるのでしょうね。

前田　「ねらいの精度」ということを言いたい。目の前の子どもに本当に価値のあるねらいなのか。目の前の子どもにとって必要なものなのか。それに合わせた言語活動を設定していくことがすごく大事だと思っています。

　ここまでの話の中でも国語の特徴は明らかで、「この時間でどんな力が身についたらいいか」という具体的なものは指導者に委ねられている。その目指すべきものは学習指導要領の中にきちんと書かれているのだけれど、「具体的に子どもの姿でどのようなものか」は指導者がしっかり見据えないといけない、そういう教科なんだと思うんです。

　今回の学習指導要領で「見方・考え方を働かせ」という言葉がすべての教科に入りました。たとえば算数では「こういう見方・考え方を働かせていく活動を行ってください」というのが一覧表になっている。じゃあ、国語でそれができますか？といったら、不可能だと思うし、やってほしくないと、僕は思います。

　多様な言語生活を送ってきた子どもたちが、体験をもとに、一人ひとりが一生懸命考え、それが合わさった結果として価値ある「学級の言葉」が生まれてくると思うから。国語は定められるのではなくて、いまのままで進めていきたいな、と思いますが、だからこそ、教える側の人間というのは、「そこで考えてほしいことは何なのか」、「何についてどこまで考えてほしいのか」をしっかりもった上で子どもの前に立たないといけない。子どもたちに「この授業は考える授業だから考えてください」と言って、子どもが「えー？」と戸惑う、そんな授業ばかりにならないようにしたいと思います。

児童理解を深めたい

中村　いまのお話は逆説的だけれど、おもしろいですね。ねらいをシャープに絞るからこそ、逆に考えが多様に広がる。価値ある広がりや深まりが生まれる。また、子どもに委ねて行く分だけ計画を綿密に立てるけれど、一方でそれに縛られない、柔軟になっていかなければいけない。そうした両者のバランスがとれていくことで、結果的に、学習指導要領が目指す方向で授業が進んでいくことになる。

前田　僕がいまお話ししたことは全部「児童理解」をベースにしてつくる授業なんです。

中村　なるほど、「児童理解」がキーワードなのですね

前田　子どもたちに「どういう場面で、どういう問いかけ」をすれば「どういう思考」をしていくだろうと予想でき、子どもたちといい関係が築けていく。七月

くらいから予想が立つようになり、十月くらいになると、その予想の精度はどんどん上がっていきます。

若い先生方は児童理解がなかなかうまくいかないので、当然ご苦労されますし、失敗していただいた上で児童理解を深めていただきたいのですが、失敗が許されにくく、「教員たるものしかるべき結果を出せ」と求められてしまう環境にある若い先生方は、どうしても「すぐに結果が出るもの」、「何行書けるようになりました」、「漢字がこれだけ書けるようになりました」、「ごんの気持ちのこの言葉を踏まえて、この文が書けるようになりました」という授業になってしまいます。

その間に子どもの思考がどういうふうにあったのか、ではなく、結果の部分だけを簡潔に示せるような実践に走らざるを得ない、というような側面も一方にはあると思います。

けれど、児童理解に基づいた「考えさせるもの」は、精度と柔軟性の間でちゃんと両立し得るものだと思います。この問いであれば「この子たちは最大3時間悩むかもしれないけれど、4時間になることはないだろう。あわよくば1時間で終えることができるかもしれない」という意味での「予想の精度」というのも上がってくるのではないのでしょうか。

大塚　私は「子どもの表現したものだけを見てはいけない」とよく学生に言います。たとえば、振り返りに「〜がよくわかりました」と書いてあると、「ああ、理解ができたんだ」と思ってしまうけれど、「そう書けばいいや」と思っている子どもたちの隠れ蓑になっていることもあります。そう書かざるを得なかったんじゃないか、と疑ってみることも必要です。子どもの表出が全てではない。氷山の一角しか出ていない。見えないことを常に感じとろうとしてほしい。子どもを見ながら、「ああ、やっとこの表現を紡いだんだな」「やっとこの表情になったんだな」ということも含めて、児童理解をするということなんだと思います。そこができるようになってくると、集団をつくるのも早くなるし、子どもを見取ることも早くなる。そこにあわせた問いを投げることも精度が高くなっていきます。

中村　本当にそうですね。そろそろ終わりになりますが、最後につけ加えていただくことがありましたらお願いします。

前田　今回出された実践の中で、たとえば大塚先生の「モチモチの木のひみつをさぐろう」という単元名がすごく大事だと思います。子どもたちが「これが秘密だよ」というものを見つけていく学習が、単元名の向こうに見える。多分、この単元名をつけたときに、大塚先生は「一緒に秘密をさぐろう」と思っていたはずです。子どもと一緒に考えたい、とワクワクしていたんじゃないかな?と推測するのですが。

大塚　そうですね。

前田　子どもたちに積極的に考えてほしいのであれば、授業をつくる先生自身が、子どもと一緒に「わー、これ考えたいな」という課題や問いをもって授業に臨むことが、いちばん大事だと思います。

中村　そうですね。ありがとうございました。

モチモチの木

斎藤　隆介　作　（光村図書「国語」平成27年度版3年下）→本書 p.10〜33

おくびょう豆太

全く、豆太ほどおくびょうなやつはない。もう五つにもなったんだから、夜中に、一人でせっちんぐらいに行けたっていい。

ところが、豆太は、せっちんは表にあるし、表には大きなモチモチの木がつっ立っていて、空いっぱいのかみの毛をバサバサとふるって、両手を「わあっ。」とあげるからって、夜中には、じさまについてってもらわないと、一人じゃしょうべんもできないのだ。

じさまは、ぐっすりねむっている真夜中に、豆太が「じさまぁ。」って、どんなに小さい声で言っても、「しょんべんか。」と、すぐ目をさましてくれる。いっしょにねている一まいしかないふとんを、ぬらされちまうよりいいからなぁ。

それに、とうげのりょうし小屋に、自分とたった二人でくらしている豆太が、かわいそうで、かわいかったからだろう。

けれど、豆太のおとうだって、くまと組みうちして、頭をぶっさかれて死んだほどのきもすけだったし、じさまだって、六十四の今、まだ青じしを追っかけて、きもをひやすような岩から岩へのとびうつりだって、見事にやってのける。

それなのに、どうして豆太だけが、こんなにおくびょうなんだろうか――。

やい、木ぃ

モチモチの木ってのはな、豆太がつけた名前だ。小屋のすぐ前に立っている、でっかいでっかい木だ。

秋になると、茶色いぴかぴか光った実を、いっぱいふり落としてくれる。その実を、じさまが、木うすでついて、石うすでひいてこなにする。こなにしたやつをもちにこね上げて、ふかして食べると、ほっぺたが落っこちるほどうまいんだ。

「やい、木ぃ、モチモチの木ぃ、実ぃ落とせぇ。」

なんて、昼間は木の下に立って、かた足で足ぶみして、いばってさいそくしたりするくせに、夜になると、豆太はもうだめなんだ。木がおこって、両手で、「お化けぇ。」って、上からおどかすんだ。夜のモチモチの木は、そっちを見ただけで、もう、しょんべんなんか出なくなっちまう。

じさまが、しゃがんだひざの中に豆太をかかえて、

「ああ、いい夜だ。星に手がとどきそうだ。おく山じゃぁ、しかやくまめらが、鼻ぢょうちん出して、ねっこけてやがるべ。それ、シイーッ。」

って言ってくれなきゃ、とっても出やしない。しないでねると、あしたの朝、とこの中がこうずいになっちまうもんだから、じさまは、かならずそうしてくれるんだ。五つになって「シー」なんて、みっともないやなぁ。

でも、豆太は、そうしなくっちゃだめなんだ。

霜月二十日のばん

そのモチモチの木に、今夜は、灯がともるばんなんだそうだ。じさまが言った。

「霜月の二十日のうしみつにゃぁ、モチモチの木に灯がともる。起きてて見てみろ。そりゃぁ、きれいだ。おらも、子どものころに見たことがある。死んだおまえのおとうも見たそうだ。山の神様のお祭りなんだ。それは、一人の子どもしか、見ることはできねえ。それも、勇気のある子どもだけだ。」

「――それじゃぁ、おらは、とってもだめだ――。」

豆太は、ちっちゃい声で、なきそうに言った。だって、じさまもおとうも見たんなら、自分も見たかったけど、こんな冬の真夜中に、モチモチの木を、それも、たった一人で見に出るなんて、とんでもねえ話だ。ぶるぶるだ。

木のえだえだの細かいところにまで、みんな灯がともって、木が明るくぼうっとかがやいて、まるでそれは、ゆめみてえにきれいなんだそうだが、そして、豆太は、「昼間だったら、見てえなぁ――。」と、そっと思ったんだが、ぶるぶる、夜なんて考えただけでも、おしっこをもらしちまいそうだ――。

豆太は、はじめっからあきらめて、ふとんにもぐりこむと、じさまのたばこくさいむね中に鼻をおしつけて、よいの口からねてしまった。

豆太は見た

豆太は、真夜中に、ひょっと目をさました。頭の上で、くまのうなり声が聞こえたからだ。

「じさまぁっ。」

むちゅうでじさまにしがみつこうとしたが、じさまはいない。

「ま、豆太、心配すんな。じさまは、じさまは、ちょっとはらがいてえだけだ。」

まくら元で、くまみたいに体を丸めてうなっていたのは、じさまだった。

「じさまっ。」

こわくて、びっくらして、豆太はじさまにとびついた。けれども、じさまは、ころりとたたみに転げると、歯を食いしばって、ますますすごくうなるだけだ。

「医者様をよばなくっちゃ。」

豆太は、小犬みたいに体を丸めて、表戸を体でふっとばして走りだした。

ねまきのまんま。はだしで。半道もあるふもとの村まで――。

外はすごい星で、月も出ていた。とうげの下りの坂道は、一面の真っ白い霜で、雪みたいだった。霜が足にかみついた。足からは血が出た。豆太は、なきなき走った。いたくて、寒くて、こわかったからなぁ。

でも、大すきなじさまの死んじまうほうが、もっとこわかったから、なきなきふもとの医者様へ走った。

これも、年よりじさまの医者様は、豆太からわけを聞くと、

「おう、おう――。」

と言って、ねんねこばんてんに薬箱と豆太をおぶうと、真夜中のとうげ道を、えっちら、おっちら、じさまの小屋へ上ってきた。

とちゅうで、月が出てるのに、雪がふり始めた。この冬はじめての雪だ。豆太は、そいつをねんねこの中から見た。

そして、医者様のこしを、足でドンドンけとばした。じさまが、なんだか死んじまいそうな気がしたからな。

豆太は、小屋へ入るとき、もう一つふしぎなものを見た。

「モチモチの木に、灯がついている。」

けれど、医者様は、

「あ、ほんとだ。まるで、灯がついたようだ。だども、あれは、とちの木の後ろにちょうど月が出てきて、えだの間に星が光ってるんだ。そこに雪がふってるから、明かりがついたように見えるんだべ。」

と言って、小屋の中へ入ってしまった。だから、豆太は、その後は知らない。医者様のてつだいをして、かまどにまきをくべたり、湯をわかしたりなんだり、いそがしかったからな。

弱虫でも、やさしけりゃ

でも、次の朝、はらいたがなおって元気になったじさまは、医者様の帰った後で、こう言った。

「おまえは、山の神様の祭りを見たんだ。モチモチの木には、灯がついたんだ。おまえは、一人で、夜道を医者様よびに行けるほど、勇気のある子どもだったんだからな。自分で自分を弱虫だなんて思うな。人間、やさしささえあれば、やらなきゃならねえことは、きっとやるもんだ。それを見て、他人がびっくらするわけよ。は、は、は。」

――それでも、豆太は、じさまが元気になると、そのばんから、

「じさまぁ。」

と、しょんべんにじさまを起こしたとさ。

スーホの白い馬

大塚　勇三　作　（光村図書「国語」平成27年度版2年下）→本書 p.92～103

中国の北の方、モンゴルには、広い草原が広がっています。そこにすむ人たちは、むかしから、ひつじや牛や馬などをかって、くらしていました。

このモンゴルに、馬頭琴というがっきがあります。がっきのいちばん上が、馬の頭の形をしているので、馬頭琴というのです。いったい、どうして、こういうがっきができたのでしょう。

それには、こんな話があるのです。

むかし、モンゴルの草原に、スーホという、まずしいひつじかいの少年がいました。

スーホは、年とったおばあさんとふたりきりで、くらしていました。スーホは、おとなにまけないくらい、よくはたらきました。毎朝、早くおきると、スーホは、おばあさんをたすけて、ごはんのしたくをします。それから、二十頭あまりのひつじをおって、広い広い草原に出ていきました。

スーホは、とても歌がうまく、ほかのひつじかいたちにたのまれて、よく歌を歌いました。スーホのうつくしい歌声は、草原をこえ、遠くまでひびいていくのでした。

ある日のことでした。日は、もう遠い山のむこうにしずみ、あたりは、ぐんぐんくらくなってくるのに、スーホが帰ってきません。

おばあさんは、しんぱいになってきました。近くにすむひつじかいたちも、どうしたのだろうと、さわぎはじめました。

みんながしんぱいでたまらなくなったころ、スーホが、何か白いものをだきかかえて、帰ってきました。

みんながそばにかけよってみると、それは、生まれたばかりの、小さな白い馬でした。

スーホは、にこにこしながら、みんなにわけを話しました。

「帰るとちゅうで、子馬を見つけたんだ。これが、じめんにたおれて、もがいていたんだよ。あたりを見ても、もちぬしらしい人もいないし、おかあさん馬も見えない。ほうっておいたら、夜になって、おおかみに食われてしまうかもしれない。それで、つれてきたんだよ。」

日は、一日一日とすぎていきました。スーホが、心をこめてせわしたおかげで、子馬は、すくすくとそだちました。体は雪のように白く、きりっと引きしまって、だれでも、思わず見とれるほどでした。

あるばんのこと、ねむっていたスーホは、はっと目をさましました。けたたましい馬の鳴き声と、ひつじのさわぎが聞こえます。スーホは、はねおきると外にとび出し、ひつじのかこいのそばにかけつけました。見ると、大きなおおかみが、ひつじにとびかかろうとしています。そして、わかい白馬が、おおかみの前に立ちふさがって、ひっしにふせいでいました。

スーホは、おおかみをおいはらって、白馬のそばにかけよりました。白馬は、体中あせびっしょりでした。きっと、ずいぶん長い間、おおかみとたたかっていたのでしょう。

スーホは、あせまみれになった白馬の体をなでながら、兄弟に言うように話しかけました。

「よくやってくれたね、白馬。本当にありがとう。これから先、どんなときでも、ぼくはおまえといっしょだよ。」

月日は、とぶようにすぎていきました。

ある年の春、草原いったいに、知らせがつたわってきました。このあたりをおさめているとのさまが、町でけい馬の大会をひらくというの

です。そして、一等になったものは、とのさまのむすめとけっこんさせるというのでした。

　この知らせを聞くと、なかまのひつじかいたちは、スーホにすすめました。

「ぜひ、白馬にのって、けい馬に出てごらん。」

　そこでスーホは、白馬にまたがり、ひろびろとした高原をこえて、けい馬のひらかれる町へむかいました。

　けい馬がはじまりました。たくましいわかものたちは、いっせいにかわのむちをふりました。馬は、とぶようにかけます。でも、先頭を走っていくのは、白馬です。スーホののった白馬です。

「白い馬が一等だぞ。白い馬ののり手をつれてまいれ。」

とのさまはさけびました。

　ところが、つれてこられた少年を見ると、まずしいみなりのひつじかいではありませんか。そこで、とのさまは、むすめのむこにするというやくそくなどは、知らんふりをして言いました。

「おまえには、ぎんかを三まいくれてやる。その白い馬をここにおいて、さっさと帰れ。」

　スーホは、かっとなって、むちゅうで言いかえしました。

「わたしは、けい馬に来たのです。馬を売りに来たのではありません。」

「なんだと、ただのひつじかいが、このわしにさからうのか。ものども、こいつをうちのめせ。」

とのさまがどなり立てると、家来たちが、いっせいに、スーホにとびかかりました。スーホは、おおぜいになぐられ、けとばされて、気をうしなってしまいました。

　とのさまは、白馬をとり上げると、家来たちを引きつれて、大いばりで帰っていきました。

　スーホは、友だちにたすけられて、やっとうちまで帰りました。

　スーホの体は、きずやあざだらけでした。おばあさんが、つきっきりで手当てをしてくれました。おかげで、何日かたつと、きずもやっとなおってきました。それでも、白馬をとられたかなしみは、どうしてもきえません。白馬はどうしているだろうと、スーホは、そればかり考えていました。白馬は、どうなったのでしょう。

　すばらしい馬を手に入れたとのさまは、まったくいい気もちでした。もう、白馬をみんなに見せびらかしたくてたまりません。

　そこで、ある日のこと、とのさまは、おきゃくをたくさんよんで、さかもりをしました。そのさいちゅうに、とのさまは、白馬にのって、みんなに見せてやることにしました。

　家来たちが、白馬を引いてきました。とのさまは、白馬にまたがりました。

　そのときです。白馬は、おそろしいいきおいではね上がりました。とのさまは、じめんにころげおちました。白馬は、とのさまの手からたづなをふりはなすと、さわぎ立てるみんなの間をぬけて、風のようにかけだしました。

　とのさまは、おき上がろうともがきながら、大声でどなりちらしました。

「早く、あいつをつかまえろ。つかまらないなら、弓でいころしてしまえ。」

　家来たちは、いっせいにおいかけました。けれども、白馬にはとてもおいつけません。家来たちは、弓を引きしぼり、いっせいに矢をはなちました。矢は、うなりを立ててとびました。白馬のせには、つぎつぎに、矢がささりました。それでも、白馬は走りつづけました。

　そのばんのことです。スーホーがねようとしていたとき、ふいに、外の方で音がしました。

「だれだ。」

ときいてもへんじはなく、カタカタ、カタカタと、もの音がつづいています。ようすを見に出ていったおばあさんが、さけび声を上げました。

「白馬だよ。うちの白馬だよ。」

　スーホははねおきて、かけていきました。見ると、本当に、白馬はそこにいました。けれど、その体には、矢が何本もつきささり、あせが、たきのようにながれおちています。白馬は、ひどいきずをうけながら、走って、走って、走りつづけて、大すきなスーホのところへ帰ってきたのです。

　スーホは、はを食いしばりながら、白馬にささっている矢をぬきました。きず口からは、血がふき出しました。

「白馬、ぼくの白馬、しなないでおくれ。」

　でも、白馬は、弱りはてていました。いきは、だんだん細くなり、目の光もきえていきました。

　そして、つぎの日、白馬は、しんでしまいました。

　かなしさとくやしさで、スーホは、いくばんもねむれませんでした。でも、やっとあるばん、とろとろとねむりこんだとき、スーホは、白馬のゆめを見ました。スーホがなでてやると、白馬は、体をすりよせました。そして、やさしくスーホに話しかけました。

「そんなにかなしまないでください。それより、わたしのほねやかわや、すじや毛をつかって、がっきを作ってください。そうすれば、わたしは、いつまでもあなたのそばにいられますから。」

　スーホは、ゆめからさめると、すぐ、そのがっきを作りはじめました。ゆめで、白馬が教えてくれたとおりに、ほねやかわや、すじや毛を、むちゅうで組み立てていきました。

　がっきはできあがりました。これが馬頭琴です。

　スーホは、どこへ行くときも、この馬頭琴をもっていきました。それをひくたびに、スーホは、白馬をころされたくやしさや、白馬にのって草原をかけ回った楽しさを思い出しました。そして、スーホは、自分のすぐわきに白馬がいるような気がしました。そんなとき、がっきの音は、ますますうつくしくひびき、聞く人の心をゆりうごかすのでした。

　やがて、スーホの作り出した馬頭琴は、広いモンゴルの草原中に広まりました。そして、ひつじかいたちは、夕方になると、よりあつまって、そのうつくしい音に耳をすまし、一日のつかれをわすれるのでした。

雪わたり

宮沢賢治　文　（教育出版「小学国語」平成27年度版5年下）→本書 p.104〜115

その一（子ぎつねの紺三郎）

雪がすっかりこおって大理石よりもかたくなり、空も冷たいなめらかな青い石の板でできているらしいのです。

「かた雪かんこ、しみ雪しんこ。」

お日様が、真っ白に燃えてゆりのにおいをまき散らし、また雪をぎらぎら照らしました。

木なんか、みんなザラメをかけたようにしもでぴかぴかしています。

「かた雪かんこ、しみ雪しんこ。」

四郎とかん子とは、小さな雪ぐつをはいてキックキックキック、野原に出ました。

こんなおもしろい日が、またとあるでしょうか。いつもは歩けないきびの畑の中でも、すすきでいっぱいだった野原の上でも、好きな方へどこまでも行けるのです。平らなことは、まるで一枚の板です。そしてそれが、たくさんの小さな小さな鏡のようにキラキラキラキラ光るのです。

「かた雪かんこ、しみ雪しんこ。」

二人は、森の近くまで来ました。大きなかしわの木は、枝もうずまるくらい立派なすきとおったつららを下げて、重そうに体を曲げておりました。

「かた雪かんこ、しみ雪しんこ。きつねの子ぁ、よめぃほしい、ほしい。」

と、二人は森へ向いて高くさけびました。

しばらくしいんとしましたので、二人はも一度さけぼうとして息をのみこんだ時、森の中から、

「しみ雪しんしん、かた雪かんかん。」

と言いながら、キシリキシリ雪をふんで、白いきつねの子が出てきました。

四郎は、少しぎょっとしてかん子を後ろにかばって、しっかり足をふんばってさけびました。

「きつねこんこん白ぎつね、およめほしけりゃ、とってやろよ。」

するときつねが、まだまるで小さいくせに、銀のはりのようなおひげをピンと一つひねって言いました。

「四郎はしんこ、かん子はかんこ、おらはおよめはいらないよ。」

四郎が笑って言いました。

「きつねこんこん、きつねの子、およめがいらなきゃもちやろか。」

するときつねの子も、頭を二つ三つふって、おもしろそうに言いました。

「四郎はしんこ、かん子はかんこ、きびのだんごをおれやろか。」

かん子も、あんまりおもしろいので、四郎の後ろにかくれたまま、そっと歌いました。

「きつねこんこんきつねの子、きつねのだんごはうさのくそ。」

すると子ぎつね紺三郎が、笑って言いました。

「いいえ、決してそんなことはありません。あなたがたのような立派なおかたが、うさぎの茶色のだんごなんかめしあがるもんですか。わたしらは、ぜんたい、今まで人をだますなんて、あんまり無実の罪をきせられていたのです。」

四郎がおどろいてたずねました。

「そいじゃ、きつねが人をだますなんてうそかしら。」

紺三郎が熱心に言いました。

「うそですとも。けだし最もひどいうそです。だまされたという人は、たいていお酒によったり、おくびょうでくるくるしたりした人です。おもしろいですよ。甚兵衛さんがこの前、月夜の晩、わたしたちのおうちの前にすわって、一晩浄瑠璃をやりましたよ。わたしらは、みんな出て見たのです。」

四郎がさけびました。

「甚兵衛さんなら浄瑠璃じゃないや。きっとなにわ節だぜ。」

子ぎつね紺三郎は、なるほどという顔をして、

「ええ、そうかもしれません。とにかくおだんごをおあがりなさい。わたしのさしあげるのは、ちゃんとわたしが、畑を作って、まいて、草を取って、かって、たたいて、粉にして、練って、むして、おさとうをかけたのです。いかがですか。一皿さしあげましょう。」

と言いました。

と、四郎が笑って、

「紺三郎さん、ぼくらはちょうど今ね、おもちを食べてきたんだから、おなかが減らないんだよ。この次におよばれしようか。」

子ぎつねの紺三郎が、うれしがって、短いうでをばたばたして言いました。

「そうですか。そんなら今度幻灯会の時さしあげましょう。幻灯会にはきっといらっしゃい。この次の雪のこおった月夜の晩です。八時から始めますから、入場券をあげておきましょう。何枚あげましょうか。」

「そんなら五枚おくれ。」

と、四郎が言いました。

「五枚ですか。あなたがたが二枚に、あとの三枚はどなたですか。」

と、紺三郎が言いました。

「兄さんたちだ。」

と、四郎が答えますと、

「兄さんたちは十一歳以下ですか。」

と、紺三郎がまたたずねました。

「いや小兄さんは四年生だからね、八つの四つで十二歳。」

と、四郎が言いました。

すると紺三郎は、もっともらしくまたおひげを一つひねって言いました。

「それでは残念ですが、兄さんたちはお断りです。あなたがただけいらっしゃい。特別席をとっておきますから。おもしろいんですよ。幻灯は、第一が『お酒を飲むべからず』。これは、あなたの村の太右衛門さんと清作さんがお酒を飲んで、とうとう目がくらんで、野原にあるへんてこなおまんじゅうやおそばを食べようとしたところです。わたしも写真の中に写っています。第二が『わなに注意せよ』。これは、わたしどものこん兵衛が野原でわなにかかったのをかいたのです。絵です。写真ではありません。第三が『火をけいべつすべからず』。これは、わたしどものこん助があなたのおうちへ行って、しっぽを焼いた景色です。ぜひおいでください。」

二人は喜んでうなずきました。

きつねは、おかしそうに口を曲げて、キックキックトントンキックキックトントンと足ぶみを始めて、しっぽと頭をふってしばらく考えていましたが、やっと思いついたらしく、両手をふって調子をとりながら歌い始めました。

「しみ雪しんこ、かた雪かんこ、
　野原のまんじゅうはポッポッポ。
よってひょろひょろ太右衛門が、
　去年、三十八、食べた。
しみ雪しんこ、かた雪かんこ、
　野原のおそばはホッホッホ。

よってひょろひょろ清作が、
　去年十三ばい食べた。」

四郎もかん子も、すっかりつりこまれて、もうきつねといっしょにおどっています。

キック、キック、トントン。キック、キック、トントン。キック、キック、キック、キック、トントントン。

四郎が歌いました。

「きつねこんこんきつねの子、去年きつねのこん兵衛が、左の足をわなに入れ、こんこんばたばたこんこんこん。」

かん子が歌いました。

「きつねこんこんきつねの子、去年きつねのこん助が、焼いた魚を取ろとして、おしりに火がつききゃんきゃんきゃん。」

キック、キック、トントン。キック、キック、トントン。キック、キック、キック、キック、トントントン。

そして三人は、おどりながらだんだん林の中に入っていきました。赤いふうろう細工のほおの木の芽が、風にふかれてピッカリピッカリと光り、林の中の雪にはあい色の木のかげが一面あみになって落ちて、日光の当たるところには銀のゆりがさいたように見えました。

すると、子ぎつね紺三郎が言いました。

「しかの子もよびましょうか。しかの子は、そりゃ笛がうまいんですよ。」

四郎とかん子とは、手をたたいて喜びました。

そこで三人は、いっしょにさけびました。

「かた雪かんこ、しみ雪しんこ、しかの子ぁ、よめぃほしい、ほしい。」

すると向こうで、

「北風ぴいぴい風三郎、西風どうどう又三郎。」

と、細い、いい声がしました。

きつねの子の紺三郎が、いかにもばかにしたように、口をとがらして言いました。

「あれはしかの子です。あいつはおくびょうですから、とてもこっちへ来そうにありません。けれど、もう一ぺんさけんでみましょうか。」

そこで三人は、またさけびました。

「かた雪かんこ、しみ雪しんこ、しかの子ぁ、よめぃほしい、ほしい。」

すると今度は、ずうっと遠くで、風の音か笛の声か、またはしかの子の歌か、こんなように聞こえました。

「北風ぴいぴい、かんこかんこ
　西風どうどう、どっこどっこ。」

きつねはまた、ひげをひねって言いました。

「雪がやわらかになるといけませんから、もうお帰りなさい。今度月夜に雪がこおったら、きっとおいでください。さっきの幻灯をやりますから。」

そこで四郎とかん子とは、

「かた雪かんこ、しみ雪しんこ。」

と歌いながら、銀の雪をわたっておうちへ帰りました。

「かた雪かんこ、しみ雪しんこ。」

その二（きつね小学校の幻灯会）

青白い大きな十五夜のお月様が、静かに氷の上山から上りました。

雪はチカチカ青く光り、そして今日も寒水石のようにかたくこおりました。

四郎は、きつねの紺三郎との約束を思い出して、妹のかん子にそっと言いました。

「今夜きつねの幻灯会なんだね。行こうか。」

するとかん子は、

「行きましょう。行きましょう。きつねこんこんきつねの子、こんこんきつねの紺三郎。」

とはね上がって、高くさけんでしまいました。

すると、二番めの兄さんの二郎が、

「おまえたちはきつねのとこへ遊びに行くのかい。ぼくも行きたいな。」

と言いました。

四郎は、こまってしまって、かたをすくめて言いました。

「大兄さん。だって、きつねの幻灯会は十一歳までですよ、入場券にかいてあるんだもの。」

二郎が言いました。

「どれ、ちょっとお見せ。ははあ、学校生徒の父兄にあらずして十二歳以上のらいひんは入場をお断り申しそうろう。きつねなんて、なかなかうまくやってるね。ぼくは行けないんだね。しかたないや。おまえたち行くんなら、おもちを持っていっておやりよ。そら、この鏡もちがいいだろう。」

四郎とかん子は、そこで小さな雪ぐつをはいて、おもちをかついで外に出ました。

兄弟の一郎・二郎・三郎は、戸口にならんで立って、

「行っておいで。大人のきつねに会ったら、急いで目をつぶるんだよ。そら、ぼくらはやしてやろうか。かた雪かんこ、しみ雪しんこ、きつねの子ぁ、よめぃほしい、ほしい。」

とさけびました。

お月様は空に高く上り、森は青白いけむりに包まれています。二人は、もうその森の入り口に来ました。

すると、むねにどんぐりの記章をつけた白い小さなきつねの子が立っていて、言いました。

「こんばんは。おはようございます。入場券はお持ちですか。」

「持っています。」

二人はそれを出しました。

「さあ、どうぞあちらへ。」

きつねの子が、もっともらしく体を曲げて、目をパチパチしながら、林のおくを手で教えました。

林の中には、月の光が青いぼうを何本もななめに投げこんだようにさしておりました。その中の空き地に、二人は来ました。

見ると、もうきつねの学校生徒が、たくさん集まって、くりの皮をぶっつけ合ったりすもうをとったり、ことにおかしいのは、小さな小さなねずみぐらいのきつねの子が、大きな子どものきつねのかたぐるまに乗って、お星様を取ろうとしているのです。

みんなの前の木の枝に、白い一枚のしきふが下がっていました。

不意に後ろで、

「こんばんは、よくおいでした。先日は失礼いたしました。」

と言う声がしますので、四郎とかん子とは、びっくりしてふり向いて見ると、紺三郎です。

紺三郎なんか、まるで立派なえんび服を着て、すいせんの花をむねにつけて、真っ白なハンケチでしきりにそのとがったお口をふいているのです。

四郎は、ちょっとおじぎをして言いました。

「このあいだは失敬。それから今晩はありがとう。このおもちをみなさんであがってください。」

きつねの学校生徒は、みんなこっちを見ています。

紺三郎は、むねをいっぱいに張って、すましてもちを受け取りました。

「これはどうもおみやげをいただいてすみません。どうかごゆるりとなすってください。もうすぐ幻灯も始まります。わたしはちょっと失礼いたします。」

紺三郎は、おもちを持って、向こうへ行きました。

きつねの学校生徒は、声をそろえてさけびました。

「かた雪かんこ、しみ雪しんこ、かたいおもちはかったらこ、白いおもちはべったらこ。」

まくの横に、

「寄贈、おもちたくさん、人の四郎氏、人のかん子氏」と、大きな札が出ました。きつねの生徒は、喜んで、手をパチパチたたきました。

その時、ピーと笛が鳴りました。

紺三郎が、エヘンエヘンとせきばらいをしながらまくの横から出てきて、ていねいにおじぎをしました。みんなはしんとなりました。

「今夜は美しい天気です。お月様は、まるで真珠のお皿です。お星様は、野原のつゆがキラキラ固まったようです。さて、ただ今から幻灯会をやります。みなさんは、またたきやくしゃみをしないで、目をまんまろに開いて見ていてください。それから、今夜は大切な二人のお客様がありますから、どなたも静かにしないといけません。決して、そっちの方へくりの皮を投げたりしてはなりません。開会の辞です。」

みんな喜んで、パチパチ手をたたきました。そして四郎が、かん子にそっと言いました。

「紺三郎さんはうまいんだね。」

笛がピーと鳴りました。

『お酒を飲むべからず』大きな字がまくにうつりました。そして、それが消えて、写真がうつりました。一人のお酒によった人間のおじいさんが、何かおかしな丸いものをつかんでいる景色です。

みんなは、足ぶみをして歌いました。

キックキックトントンキックキックトントン、
しみ雪しんこ、かた雪かんこ、
野原のまんじゅうはポッポッポ。
よってひょろひょろ太右衛門が、
去年、三十八、食べた。
キックキックキックキックトントントン。

写真が消えました。四郎は、そっとかん子に言いました。

「あの歌は紺三郎さんのだよ。」

別に写真がうつりました。一人のお酒によったわかい者が、ほおの木の葉でこしらえたおわんのようなものに顔をつっこんで、何か食べています。紺三郎が白いはかまをはいて、向こうで見ている景色です。

みんなは、足ぶみをして歌いました。

キックキックトントン、キックキック、トントン、
しみ雪しんこ、かた雪かんこ、
野原のおそばはホッホッホ。
よってひょろひょろ清作が、
去年十三ばい食べた。
キック、キック、キック、キック、トン、トン、トン。

写真が消えて、ちょっと休みになりました。

かわいらしいきつねの女の子が、きびだんごをのせたお皿を二つ持ってきました。

四郎はすっかり弱ってしまいました。なぜってたった今、太右衛門と清作との悪いものを知らないで食べたのを見ているのですから。

それにきつねの学校生徒が、みんなこっちを向いて、「食うだろうか。ね。食うだろうか。」なんて、ひそひそ話し合っているのです。かん子は、はずかしくてお皿を手に持ったまま、真っ赤になってしまいました。すると四郎が、決心して言いました。

「ね。食べよう。お食べよ。ぼくは、紺三郎さんがぼくらをだますなんて思わないよ。」

そして二人は、きびだんごをみんな食べました。そのおいしいことは、ほっぺたも落ちそうです。きつねの学校生徒は、もうあんまり喜んで、みんなおどり上がってしまいました。

キックキックトントン、キックキックトントン。
「昼はカンカン日の光
夜はツンツン月明かり
たとえ体をさかれても
きつねの生徒はうそ言うな。」
キック、キックトントン、キックキックトントン。
「昼はカンカン日の光
夜はツンツン月明かり
たとえこごえてたおれても
きつねの生徒はぬすまない。」
キックキックトントン、キックキックトントン。
「昼はカンカン日の光
夜はツンツン月明かり
たとえ体がちぎれても
きつねの生徒はそねまない。」
キックキックトントン、キックキックトントン。

四郎もかん子も、あんまりうれしくて、なみだがこぼれました。

笛がピーと鳴りました。

『わなをけいべつすべからず』と、大きな字がうつり、それが消えて、絵がうつりました。きつねのこん兵衛が、わなに左足をとられた景色です。

「きつねこんこんきつねの子、
去年きつねのこん兵衛が
左の足をわなに入れ
こんこんばたばた
こんこんこん。」

と、みんなが歌いました。

四郎が、そっとかん子に言いました。

「ぼくの作った歌だねい。」

絵が消えて、『火をけいべつすべからず』という字が現れました。それも消えて、絵がうつりました。きつねのこん助が焼いたお魚を取ろうとして、しっぽに火がついたところです。

きつねの生徒が、みなさけびました。

「きつねこんこんきつねの子、
去年きつねのこん助が
焼いた魚を取ろうとして
おしりに火がつき
きゃんきゃんきゃん。」

笛がピーと鳴り、まくは明るくなって、紺三郎がまた出てきて言いました。

「みなさん。今晩の幻灯はこれでおしまいです。今夜みなさんは、深く心にとめなければならないことがあります。それは、きつねのこしらえたものを、かしこい少しもよわない人間のお子さんが食べてくだすったということです。そこでみなさんは、これからも、大人になっても、うそをつかず、人をそねまず、わたしどもきつねの今までの悪い評判をすっかりなくしてしまうだろうと思います。閉会の辞です。」

きつねの生徒は、みんな感動して、両手を上げ、ワーッと立ち上がりました。そして、キラキラなみだをこぼしたのです。

紺三郎が、二人の前に来て、ていねいにおじぎをして言いました。

「それでは。さようなら。今夜のご恩は決してわすれません。」

二人も、おじぎをして、うちの方へ帰りました。きつねの生徒たちが、追いかけてきて、二人のふところやかくしに、どんぐりだのくりだの青光りの石だのを入れて、

「そら、あげますよ。」

「そら、取ってください。」

なんて言って、風のようににげ帰っていきます。

紺三郎は笑って見ていました。

二人は、森を出て、野原を行きました。

その青白い雪の野原のまん中で、三人の黒いかげが、向こうから来るのを見ました。それは、むかえに来た兄さんたちでした。

あとがき

学習指導要領が新しく変わることで、より注目を浴びることとなった「主体的・対話的で深い学び」という言葉。この実現に向けて、国語の授業はどう更新させていけば良いのでしょう。そう問うたとき、「子どもが頭をフル回転させて考える国語科の授業をつくりましょう」と、明快に中村和弘先生はお答えになりました。

子どもが授業で考える。この当たり前であることを、もう一度丁寧に見つめていくことこそが、よりよい授業づくりへとつながる根本であると受け取りました。

子どもたちは授業中、本当に「考えている」のでしょうか。教師が「これはどうしてですか」「○○を説明しなさい」と問えば、答えるでしょう。「○○しましょう」と誘えば、大概は賛同します。また、教師用指導書を見ると、学習課題が丁寧に載っています。その課題を提示すれば、子どもたちは楽しそうに活発に活動します。そして、淀みなく授業も流れていきます。

しかし、本当の意味で子どもたちは考えたのでしょうか。

今回、私の実践を含む7つの実践から共通して感じられることは、教師が子どもたちと課題作りを丁寧に行っているということ。子ども一人ひとりの歩みに寄り添っていること。そして、学級が学ぶ集団として育っていることが挙げられます。

子どもが、自分事の課題として向き合ったり学習課題に没頭したりしながら言語活動を行っていくと、その考えや思いが更新される瞬間に出合います。この考えや思いが更新されるまでの一連の過程があってこそ、本当に考えたと言ってよいのではないかと、私は考えています。

考える授業とは、子どもと共に行きつ戻りつしながらも、丁寧な言葉の往還によって育まれ、鍛えられ、花開きます。教師が子どもたちを信じ、自信をもって一歩を踏み出せる、そんな道しるべ兼応援歌となれば、この本の使命は半分達成されます。残りの半分は、これらの実践に触発された先生方が、目の前の子どもたちと紡いでいって完成です。

最後になりましたが、『学級担任のためのカリキュラムマネジメント』に続き、出版企画をしていただきました、文溪堂の岸様、所様。取材、誌面レイアウト、鼎談の企画までお世話になりました装文社の池田様。国語を中心に据えた授業展開が伝わるすてきな書籍となりました。感謝申し上げます。

また、具体的実践と共に、実践する上で貴重な先生自身の授業中の判断の裏側や教室掲示などまで提供してくださいました、成家先生、高須先生、土屋先生、今村先生、西川先生。おかげさまで3領域6学年を揃えることと共に、生き生きと伝わる紙面となりました。ありがとうございます。

そして、公務でお忙しいところを趣旨に賛同くださった前田先生。第3章の鼎談では、「考える」力を高める国語科の授業が、公立小学校においても大切であることを示唆いただき、あらためて心強く思っております。

最後は、手にとってくださった先生方です。実践された内容や感想を研究会等でお聞かせいただけると、一実践者として励みになります。これからも、お互いに、考える力を高める笑顔はじける授業はどうあるべきか、実践していけるとうれしく思います。

大塚 健太郎

編著者紹介

東京学芸大学 准教授

中村《なかむら》 和弘《かずひろ》

愛知県生まれ。川崎市内の公立小学校教諭、東京学芸大学附属世田谷小学校教諭を経て、現職。専門は国語科教育学。中央教育審議会「国語ワーキンググループ」委員、同「言語能力の向上に関する特別チーム」委員、学習指導要領等の改善に係る検討に必要な専門的作業等協力者（小学校国語）として学習指導要領の改訂に携わる。

東京学芸大学附属小金井小学校　教諭

大塚《おおつか》 健太郎《けんたろう》

兵庫県生まれ。横浜市内の公立小学校教諭、東京学芸大学附属小金井小学校、世田谷小学校教諭を経て、現職。
国語授業づくり研究会代表。
学習指導要領等の改善に係る検討に必要な専門的作業等協力者（小学校国語）。

著者紹介（執筆順）

成家　雅史　東京学芸大学附属小金井小学校
高須 みどり　東京学芸大学附属竹早小学校
土屋　晴裕　東京学芸大学附属大泉小学校
今村　　行　東京学芸大学附属大泉小学校
西川　義浩　東京学芸大学附属世田谷小学校

前田　　元　東京都昭島市立拝島第二小学校

編 集 協 力：池田直子（株式会社 装文社）
デザイン・DTP：有限会社 野澤デザインスタジオ
写　　　真：佐藤正三（株式会社 スタジオオレンジ）

考える力を高める国語科の授業づくり
～「主体的・対話的で深い学び」の実現に向けて～

2019年2月　第1刷発行

編　著　者　　中村和弘・大塚健太郎
発　行　者　　水谷泰三
発　行　所　　株式会社**文溪堂**
東京本社／東京都文京区大塚 3-16-12　〒112-8635
TEL（03）5976-1311（代）
岐阜本社／岐阜県羽島市江吉良町江中 7-1　〒501-6297
TEL（058）398-1111（代）
大阪支社／大阪府東大阪市今米 2-7-24　〒578-0903
TEL（072）966-2111（代）
ぶんけいホームページ　http://www.bunkei.co.jp/

印刷・製本　サンメッセ株式会社

ISBN978-4-7999-0317-9　NDC375　136P　257mm × 182mm